HISTORIA ANTIGUA DEL ARTE DE CURAR

Juan Rodenas Cerdá

La presente edición ha sido revisada atendiendo a las normas vigentes de nuestra lengua, recogidas en la *Ortografía de la lengua española* (2010), *Diccionario Panhispánico de Dudas* (2005) y *Diccionario de la Real Academia de la lengua Española* (2001). Estas dos últimas están en proceso de adaptación a la *Nueva gramática de la lengua española* (2009) y a las normas de la nueva edición de la *Ortografía de la lengua española* (2010).

Historia antigua del arte de curar

© Juan Rodenas Cerdá

ISBN: 978-84-15941-55-2
Depósito legal: A 796-2014

Edita: Editorial Club Universitario Telf.: 96 567 61 33
C/ Decano, n.º 4 – 03690 San Vicente (Alicante)
www.ecu.fm
e-mail: ecu@ecu.fm

Printed in Spain
Imprime: Imprenta Gamma Telf.: 96 567 19 87
C/ Cottolengo, n.º 25 – 03690 San Vicente (Alicante)
www.gamma.fm
gamma@gamma.fm

A mi hija Nerea

PRÓLOGO

El nivel del conocimiento actualmente alcanzado por la Medicina con la sofisticación de los métodos diagnósticos y terapéuticos hace fácilmente pensar en que ello es un logro de reciente y rápida consecución o en que siempre fue así o ya desde hace mucho tiempo. Nada más lejos de ambas suposiciones, baste pensar que los hospitales aunque existían ya en la Edad Media, no tienen nada que ver con los de hoy, puesto que el hospital moderno es un invento del siglo XX.

La enfermedad, su interpretación causal y la aproximación terapéutica a la misma vienen acompañando al hombre desde siempre, pues en todos los tiempos y espacios los grupos humanos han convivido con problemas de salud. Pero no todos han entendido la enfermedad del mismo modo, ya que tanto las causas como el modo de asumir la enfermedad y su tratamiento han ido variando, según la interpretación que de ellas han elaborado las diferentes culturas, acordes con el pensamiento y los conocimientos del momento en que vivieron. Cuando los primeros homínidos, mimetizando quizás el comportamiento de otros animales, comienzan a aplicar cuidados a las heridas propias o a las de otros, se inicia un largo camino que vendría a alumbrar al arte de curar como una de las ciencias más antiguas de la humanidad y que más unida ha estado al deseo de sobrevivir de sus individuos.

No es fácil exponer en un libro el enrevesado camino que para comprender y tratar la enfermedad ha ido recorriendo la humanidad. La mayoría de los mismos por estar dirigidos a estudiosos

5

son muy extensos, lo que dificulta una visión de conjunto y así uno puede perderse el hilo conductor con el que el hombre trajo la medicina hasta aquí y no bien comprender lo que en realidad ha venido a ocurrir. Algunos priorizan la exaltación de grandes personalidades sin que nos llegue el eco de antecedentes o predecesores, mientras que otros destacan relevantes descubrimientos sin que podamos descubrir el influjo del pensamiento, la acumulación de determinados conocimientos o los hechos sociales que los permitieron. Pocos son los que, al ocuparse de la historia de la medicina, consiguen engarzar el estado o el avance del conocimiento médico en un momento dado con los procesos del entorno sociocultural del momento en los que se produjeron.

La obra que estamos leyendo va dirigida no solo al estudioso de cualquier edad, sino también al público interesado en comprender cómo se ha venido a entender la enfermedad y su atención, hasta llegar a lo que hoy tenemos. En este sentido contiene cinco grandes períodos, que van desde la prehistoria y la Edad Antigua hasta la Edad Media y Moderna, y que contemplan las diferentes visiones del mundo y de la propia medicina como arte hasta llegar a la Contemporánea. Pero más que una mera descripción cronológica del estado o evolución de la misma como una ciencia aislada, lo que consigue esta obra es hacer comprender el significado que en ella han tenido siempre las circunstancias sociales y la cultura de cada momento. El autor logra centrar el eje del carrusel de la historia en el pensamiento y en el marco sociocultural que corresponde a cada época y los asocia junto al empirismo al lento progreso del conocimiento. Nos muestra cómo en ese recorrido la medicina no se ha desarrollado a modo de un progreso continuo y que muchas han sido las circunstancias que han ido condicionando el lento devenir de esta bella ciencia, como comportamientos sociales o modos de pensar, condicionamientos religiosos, acontecimientos políticos, bélicos o interrelaciones entre diferentes culturas. Un camino también lleno de

6

incertidumbres, estancamientos y elucubraciones, en el que la sociedad ha ido siempre por delante de los propios conocimientos de una actividad humana que vino a convertirse en ciencia. De su lectura se desprende cómo bajo el prisma de cada coyuntura cultural los grupos humanos han ido buscando las razón de las enfermedades, así como la mejor forma posible de recuperar la salud, lo que vino a dar diferentes concepciones de la enfermedad y de su tratamiento. Unas fueron mágicas, otras basadas en principios religiosos o filosóficos, muchas han sido empíricas, hasta llegar finalmente —bien acompañada por otras ciencias— a una denominada como racional, observacional y experimental, o sea, científica. La exposición cronológica de las diferentes épocas no impide que el lector pueda en cualquier momento dirigirse a un determinado capítulo aislado, para una aclaración complementaria o detenerse en ella.

Al leer el libro se puede apreciar la capacidad expositiva del autor, adquirida durante su larga experiencia como profesor de Historia de la Medicina en el Hospital Universitario de Bellvitge. A estas circunstancias de ser médico y docente, se une el hecho de haber estudiado Geografía e Historia, lo que le permite disponer de una visión más amplia y relacionada del devenir de los acontecimientos históricos. Ello le posibilita situar con precisión la época, el lugar y el momento sociocultural en los que aquellos se fueron generando.

En un novedoso ejercicio pedagógico interacciona con el lector o estudioso interesado, cediéndole un protagonismo virtual en el desarrollo de cada parte del libro. Así, a diferencia de la habitual exposición epicrítica de sucesos acontecidos, la narración de la historia se desenvuelve en forma de diálogos en una clase virtual, en la que cada vez se induce a un discente potencial a elaborar y presentar una introducción de la época en consideración. Evaluada y complementada por el autor, este plantea las preguntas que todo lector curioso se haría al adentrarse en los

7

razonamientos de las vivencias expuestas. Preguntas precisas que se acompañan de unas respuestas que permiten la adecuada interpretación de los hechos.

En definitiva, una historia larga, sugerente y atractiva llena de avances y retrasos, éxitos y fracasos, que ha marcado hasta hoy, ¡y cómo!, la vida de sucesivas generaciones humanas, magistralmente descrita en la obra que nos ocupa. En un lenguaje cercano, ameno y hasta familiar, pero bien documentado, se van exponiendo los diferentes escenarios en los que se ha movido el desarrollo de tan hermosa ciencia. Ello hace que la lectura sea atrayente y fácil. Si alguien quiere satisfacer su curiosidad humanística por comprender lo que ha sido el largo y tortuoso camino de la medicina en su historia, y al mismo tiempo disfrutar leyendo, este es su libro.

Justo Medrano Heredia

Catedrático de Patología Quirúrgica Universidad Miguel Hernández de Elche
Vicepresidente de la Real Academia de Medicina de la Comunidad Valenciana.

PRÓLOGO

El hombre siempre se ha preocupado por sobrevivir en las más difíciles circunstancias, por eso el vencer a las enfermedades de todo tipo ha sido una obsesión constante en la historia de la humanidad. En cada época se ha procurado encontrar soluciones para todos esos problemas. Las diferentes culturas y civilizaciones nos muestran su modo de concebir dichas soluciones, de ahí la importancia del arte de curar a través de los siglos, como muestra de la eterna preocupación del hombre por dar soluciones que permitan alargar un poco más su vida material, que en definitiva es la única que conoce, aunque para ello tenga que hacer constantes llamadas a la vida espiritual, panacea futura a la que espera llegar, pero que teme por desconocida.

El Dr. Juan Rodenas Cerdá ha escrito un ágil libro, lo suficientemente ameno, documentado y claro como para poder llegar al gran público y al lector interesado, objetivo que consigue perfectamente. Utilizando el diálogo, el autor responde de modo claro y conciso las dudas que asaltan a los imaginarios alumnos de una hipotética clase. La forma tiene sus ventajas y refleja la afición a la docencia del Dr. Juan Rodenas, docencia que imparte precisamente explicando Historia de la Medicina a los futuros médicos. La experiencia adquirida a lo largo de sus clases ha sido fundamental en el modo y forma de concebir la obra, que es fruto de la experiencia docente, el rigor científico y la preocupación que tiene todo profesor para que sus explicaciones sean atendidas y asimiladas.

9

El libro consta de cinco partes cronológicas bien definidas: la prehistoria, la Edad Antigua, la Edad Media, la Edad Moderna y la Edad Contemporánea; en todas ellas se van desvelando las dudas que cualquier persona medianamente culta tendría sobre la evolución del arte de curar por el sistema antes señalado de preguntar al doctor o al profesor.

La prehistoria médica para el mundo clásico, oriental y en general europeo, desarrolla una serie de ritos y actuaciones que están en pleno vigor todavía en el siglo XX en amplias áreas del planeta y en determinados medios sociológicos, por eso el autor habla de «medicina primitiva en el siglo XX», con sus protagonistas intemporales como son hechiceros, el vudú, etc.

La Edad Antigua supone una práctica mágico-religiosa basada en el interrogatorio y la adivinación, con unos tratamientos a partir de exorcismo, plegaria y ceremonia. Entre los aspectos más interesantes tratados está la descripción del arte de embalsamar en el antiguo Egipto, las recetas para evitar la caída del cabello, a base de usar ingredientes animales, y la referencia a las incompatibilidades médicas que se encuentran en el Código de Hammurabi. Llama la atención lo que podríamos denominar antecedentes de la seguridad social, que aparece en las Leyes de Manú en la India, en las que se establece que «el individuo que caiga enfermo, cobrará su salario durante el tiempo de enfermedad».

El recato con que ciertas culturas tratan la visita al médico, como es el caso de China, utilizándose una figura para indicar los puntos dolorosos, muestra un comportamiento vigente aún hoy en día en muchos pueblos y países.

El mundo antiguo finalizará con los adelantos médicos griegos, en donde la figura de Hipócrates y el foco médico de Alejandría conducirán hacia el mundo romano y Galeno.

La Edad Media, con la aparición de las facultades de Medicina en Salerno y Montpellier, y después su extensión a casi todas las universidades en la Baja Edad Media, deja bien claro que no es una época más oscura que otras, es simplemente un período más dentro de la evolución médica de la humanidad. Los adelantos quirúrgicos plasmados en el libro de Mondino de Luzzi de Bolonia son suficientemente elocuentes al respecto. Pero el punto más interesante son las explicaciones que se dan sobre las pestes medievales, en donde la peste negra y el fuego de San Antonio quedan claramente descritos, así como la referencia a las epidemias mentales, aunque habría que hacer constar que no son privativas únicamente de los tiempos medios.

La Edad Moderna con el Renacimiento supondrá un cambio importante en la concepción de la medicina; el descubrimiento de la circulación mayor de la sangre por Harvey, la aparición de los grandes sistemáticos de la medicina en el siglo XVII, como Boerhaave, Stahl y Hoffmann, y el inicio de las transfusiones de sangre marcan la época del Barroco y abren las puertas de la medicina contemporánea, a partir del siglo XVIII, con las reales academias, la fisiología del Positivismo, la microbiología con Pasteur, las vacunas, la psiquiatría moderna, para acabar con la figura de Fleming y la utilización de los agentes antibacterianos.

Esta es la evolución cronológica de una obra interesante, que desvelará numerosos aspectos ignorados de la historia de la medicina a un público que no contaba con algo parecido a este nivel, sin tener que recurrir a las historias ya consagradas y tradicionales de más densa lectura.

Salvador Claramunt Rodríguez

Catedrático de Historia Medieval y exdecano de la Facultad de Historia de la Universidad de Barcelona

11

PRESENTACIÓN

Escribí este libro para los alumnos del Hospital Universitario de Bellvitge cuando inauguró su Unidad Docente, Universidad de Barcelona, y me hice cargo de las clases de Historia de la Medicina como profesor asociado.

Pasados los años confieso que también lo escribí para mí con el fin de ensayar una aproximación al docente. Entonces me sirvió, fue útil para los alumnos, y ahora puede entretener a quienes se interesan por los manejos que se han llevado a cabo para prestar atención médica: creo que puede satisfacer la curiosidad por la historia del arte de curar.

Imaginé el libro como deseaba que fuera la clase y lo compuse haciendo participar en las lecciones a unos supuestos alumnos que formulan las preguntas que uno desearía que le hicieran en clase. Las preguntas que nos hacemos todos, alguna vez, para saciar nuestra curiosidad y saber acerca de la historia de la materia médica.

Como quiera que a la vez que comencé, hice mi licenciatura en Historia y Geografía, comprendí que al explicar la materia médica era obligado hacer una introducción referente al período que se iba a tratar. En el libro un alumno hace esa introducción, que previamente ha preparado, y sirve para situar a sus compañeros, y ahora al lector, en el momento histórico del que se van a decir los modos usados para curar. El profesor avanza a continuación los momentos históricos y sus principales hechos médicos, para presentar en los capítulos correspondientes los acontecimientos más importantes de la medicina. Al inicio de cada capítulo el profesor ofrece una entradilla y comienza una tanda de preguntas.

El prólogo del catedrático de Historia Medieval don Salvador Claramunt Rodríguez, que agradezco, decano de la Facultad de Historia de la Universidad de Barcelona en aquel momento, ha tenido que esperar, pero no ha perdido actualidad en lo que anuncia. El libro ofrece una visión del arte de curar que acaba en un período de la historia en que, por pasado, no caben modificaciones pese a las aportaciones que ofrecen investigaciones posteriores y aquí no aparecen.

He querido que el libro tuviera también el comentario de un médico para su presentación, y tengo que agradecer el prólogo del catedrático de Patología Quirúrgica de la Universidad Miguel Hernández de Elche, don Justo Medrano Heredia, vicepresidente de la Real Academia de Medicina de la Comunidad Valenciana, quien encuentra que la obra va dirigida no solo al estudioso de cualquier edad, sino también al público interesado, y que en un novedoso ejercicio pedagógico interacciona con el lector cediéndole un protagonismo virtual en el desarrollo de cada parte del libro.

Todo me anima a permitir que el texto vea la luz, con la única pretensión de entretener desde la información recabada, a la que es preciso recurrir para saber más.

En la primavera barcelonesa del año 2013.
El autor

14

PRIMERA PARTE

PREHISTORIA

Para conocer la cultura del hombre que vivió durante la prehistoria, a falta de fuentes escritas es preciso recurrir a la arqueología, que estudia las civilizaciones de la antigüedad para reconstruir su historia. Lo hace partiendo de los restos materiales que el hombre dejó a su paso.

El estudio de la prehistoria es reciente y hasta hace apenas, algo más de ciento cincuenta años, se ignoraba que el hombre tuviera un pasado tan remoto.

Con la revolución intelectual y la publicación de El *origen de las especies* de C. Darwin, en 1859, comenzó a aceptarse la relación de ciertos utensilios de manufactura humana con sedimentos terrestres, de la época denominada Pleistoceno, y se admitió la existencia de hombres en aquel período.

En el Renacimiento se despertó un gran interés por los objetos artísticos de la Grecia y la Roma clásicas. Movidos por ello, Donatello y Bruneschi viajaron a los lugares originarios para estudiarlos. En la época napoleónica surgió en Europa un gran deseo por conocer las antigüedades de Oriente Próximo relacionadas con la Biblia, y los hallazgos encontrados ofrecieron datos sobre el origen del hombre.

En Egipto, Mesopotamia y más tarde en Palestina, se encontraron restos arqueológicos que aportaron importantes conocimientos históricos; pero nada se aventuró más allá de lo que constituía la historia documentada con fuentes escritas conocidas y se decía en la Biblia.

La curiosidad despertada con la teoría de Darwin hizo que comenzaran a verse las ruinas del pasado más que como objetos de arte, como reflejo de las antiguas formas de vida que eran en

17

realidad. Se inició así el estudio de culturas a las que no se había prestado atención hasta entonces y eran sin embargo indispensables para construir la verdadera historia de la humanidad. Nació así la arqueología antropológica, a la que debemos casi todo lo que hoy conocemos sobre la prehistoria.

Los documentos arqueológicos como son los utensilios domésticos, adornos, armas y los considerados como obras artísticas; construcciones tales como túmulos, hogares y tumbas, e incluso las erosiones y los cambios que el paso del hombre ha producido cn cl terreno sobre el que se asentó sirven para estudiar la cultura de los pueblos. Recuperados de sus yacimientos, analizados e interpretados, situados en su medio y reconstruido el medio ecológico al que pertenecieron, es posible proceder a poner fecha al pasado y a ubicar al hombre en su historia.

Para saber del corto período de tiempo que denominamos Historia, con mayúsculas, existen fuentes escritas. El tiempo más largo y lejano a nosotros, de la existencia del hombre sobre la tierra, es la prehistoria, en la que no se conoce todavía la escritura.

La prehistoria fue larga. Representa el 99 % de la permanencia del ser humano sobre el planeta y estuvo llena de grandes acontecimientos. Menos las revoluciones intelectual e Industrial, todo lo importante ocurrió en la prehistoria: el descubrimiento de la rueda, la metalurgia y la confección textil, la creación de la cerámica, el control del fuego y sobre todo la revolución agrícola durante el Neolítico, con el cultivo de las plantas y la domesticación de los animales. Hechos, todos ellos, que han servido de base a nuestra tecnología actual.

El origen del mundo tuvo lugar hace dieciocho mil millones de años, cuando la materia hizo explosión en el espacio y se consolidaron las galaxias, iniciándose la formación de las estrellas. Se piensa que el Sol se formó a partir de un disco de polvo y gas, cuyo centro, sometido a un movimiento de rotación, se convirtió en la estrella que es actualmente. Las partes externas dieron lugar

18

a los planetas cuando las partículas, que componían la masa de gas, se unieron por la fuerza de la gravedad. Se produjo una gran cantidad de energía, el Sol se calentó y comenzó a brillar. Hace de ello cinco mil millones de años. Entre los planetas que se constituyeron al helarse las partes externas de aquel disco, estaba la Tierra, y por lo que hasta ahora sabemos es de todos ellos el único donde ha sido posible que se desarrollara la vida.

Cuando la Tierra se enfrió y solidificó, después de que cayeran las lluvias y se formaran los mares, todo quedó preparado para el nacimiento de la vida.

Durante el período llamado Triásico, en el Mesozoico, hace doscientos veinticinco millones de años, los continentes estaban unidos entre sí formando una gran masa de tierra llamada Pangea. Al iniciarse el período terciario los futuros continentes empezaron a desgajarse y desplazarse hacia sus actuales posiciones. No es extraño que en ellos quedaran las iniciales formas de vida y que en todos se hayan encontrado restos de formas de vida que han sido precursoras del hombre actual, en estadios diferentes de evolución.

Según la teoría evolucionista, animales y plantas proceden de organismos muy simples y a comienzos de la era llamada paleozoica, hace cuatrocientos setenta millones de años, había en los mares diferentes formas de vida que fueron modificándose. A las primeras criaturas marinas, cubiertas de una concha dura, siguieron los primeros animales vertebrados que aparecieron sobre la Tierra hace ahora trescientos cincuenta millones de años. Eran anfibios que comenzaron a extinguirse a finales del Pleistoceno para dar paso a los reptiles, animales extraños y voraces, que en la época triásica dieron lugar a dinosaurios que convivieron con los primeros mamíferos de pequeño tamaño.

Al final de la era mesozoica, hace ciento treinta y cinco millones de años, los dinosaurios comenzaron a desaparecer. En el Cenozoico y ya en la época llamada Oligoceno, treinta y ocho millones de años antes que nosotros, surgieron los primeros simios.

19

Numerosos simios en África podrían ser los antepasados del hombre moderno. A partir de ellos, en los prados, se desarrollan manadas de herbívoros y, a finales del Terciario, durante el Plioceno, unos siete millones de años atrás, cuando en un clima cálido los bosques sustituyeron a los prados, aparecen los simios antropoides.

Durante el Pleistoceno, seis millones de años más tarde, hace ya un millón de años desde nuestros días, se presenta en África el australopitecus junto a numerosos tipos de elefantes y otros grandes mamíferos.

Por fin en el Cuaternario, en un clima más bien frío y de largos períodos glaciares, aparecen el hombre de Java y el de Pekín, que, procedentes de los primeros homínidos, terminaron por dar origen al hombre actual, que se enfrentó en aquellos países, en condiciones árticas, a los rinocerontes lanudos y a los mamuts.

Los cambios tecnológicos que se produjeron en el oeste europeo permiten hacer una división de la prehistoria. Por un lado, la Edad de la Piedra tallada, durante el período glaciar o Cuaternario, en cuya época denominada Musteriense tiene lugar la cultura del hombre de Neandertal; aquí, en el Paleolítico superior, se da la cultura de las lascas relacionadas con el *Homo sapiens*. Por otro lado, cuando las piedras son trabajadas por descamación y pulido, durante el Neolítico, en el mundo occidental tiene lugar la gran revolución socioeconómica relacionada con la producción controlada de alimentos, con el cultivo de las plantas y la domesticación de los animales, que da como resultado una comunidad con unidad social que se constituye en población.

Posteriormente al Neolítico, en la Europa Occidental tienen lugar la Edad de Bronce y la de Hierro, en cuyas últimas fases se entra definitivamente en la historia, hace cuatro mil quinientos o cinco mil años, al inventar el hombre la escritura y comenzar a dejar documentos que constituyen fuentes primarias que nos permiten saber de él.

—*Todo esto que acabo de decir y que he preparado para situar al hombre sobre la tierra es información obtenida de diversos tratados. Han sido esas mis fuentes escritas y algunas las he medio fusilado, porque mis conocimientos eran escasos. Las referencias de estas notas os las daré al final.*

»Ahora y desde el principio, se me plantean muchas preguntas. La primera es cuándo comenzó el hombre a padecer enfermedades. Cuándo, cuáles y cómo podemos saberlo.

»Una ciencia llamada paleopatología nos ayuda a conocer las enfermedades que el hombre padeció antes de dejar documentos escritos, a partir de los restos materiales que les pertenecieron: bien sean óseos o utensilios manufacturados por él. Cuando el hombre comienza a dejar fuentes escritas hay más facilidad para saber qué enfermedades sufrió.

»El estudio de los restos óseos y de algunas representaciones antropomórficas que han llegado hasta nosotros, como la Venus de Willendorf, permiten concluir que nuestros antepasados prehistóricos sufrieron, entre otras anomalías, enfermedades congénitas, alteraciones acondroplásicas, trastornos endocrinológicos como gigantismo, acromegalia y enanismo; lesiones carenciales; enfermedades infecciosas y tumorales, heridas, contusiones y secuelas traumáticas.

»Como muchas enfermedades no dejan vestigios sobre el organismo, el hombre primitivo tuvo que sufrir más enfermedades de las que podemos reconocer estudiando los restos que de él han quedado.

»Me gustaría saberlo y tener respuesta a las preguntas que ha despertado en mí preparar esta introducción a la prehistoria.

21

Creo que la introducción que ha presentado el alumno, nuestro compañero, para acercarnos a la historia de la aparición del hombre sobre la tierra ofrece información suficiente para que también nosotros, ahora, nos preguntemos sobre las enfermedades que padeció y qué medicina hizo para curarlas.

MEDICINA PRIMITIVA Y DE LAS CULTURAS ARCAICAS

INTRODUCCIÓN

La medicina prehistórica es la que se practicó en la época que va desde que al hombre se le considera como tal en nuestro planeta hasta que deja sus primeras referencias escritas, como hace en el Código de Hammurabi, hacia el 2250 a. C. Las atenciones que se ofrecen al hombre enfermo en ese primer y largo período de la historia constituyen la medicina prehistórica o de las culturas primitivas. Hoy, pasados los años, algunos pueblos viven como aquellos primeros seres y practican una medicina en la que conviene fijarse, para presumir qué hicieron los hombres prehistóricos para curar. La medicina de las civilizaciones primitivas no ha evolucionado.

Los pueblos que crearon la escritura, que reciben el nombre de civilizaciones o culturas arcaicas, han dejado documentos que facilitan el conocimiento de su medicina. Las prácticas médicas de algunos de estos últimos pueblos quedaron estancadas, pese al esplendor alcanzado en algún momento de su historia, como es el caso de Mesopotamia, Egipto, India o la China antigua.

Otras civilizaciones arcaicas evolucionaron y sus conocimientos entroncan, en algún momento de la historia, con los de pueblos cercanos a nuestra civilización. Es el caso de Grecia y de la medicina clásica helenística, cuyo conocimiento sirve para que comprendamos mejor lo que hacemos actualmente para curar al hombre enfermo.

Al hacer su correcta presentación, nuestro compañero se ha excusado por haber medio fusilado, decía él, parte de la información recogida. Fusilar es un vocablo sinónimo, burlesco, de plagiar. «Entre plagiar y copiar consiste la diferencia en que el primero significa dar como propias ideas, palabras u obras ajenas. Copiar es una labor honrada; plagiar implica siempre fraude». El entrecomillado que acabo de citar está copiado del diccionario de sinónimos de S. Gili Gaya, las palabras le pertenecen y para evitar plagiar su idea, me he remitido ahora al autor. Para no incurrir en falta están las citas y las notas. Las primeras, las citas, son breves indicaciones que hacemos sobre la fuente o bibliografía crítica para aclarar la información de nuestro relato; la cita consiste en la reproducción textual de una obra o de la opinión de otro autor, que normalmente se pone entre comillas.

Las notas han de indicar con la mayor exactitud posible la obra utilizada y su referencia bibliográfica. Aquí, para no distraer la lectura, al final hacemos referencia a la bibliografía utilizada, es decir, a la relación de libros y escritos utilizados para confeccionar la materia que estamos mostrando.

En este sentido y volviendo a lo nuestro, dice Laín Entralgo que, desde el principio del hombre y hasta hoy, este ha prestado ayuda a su semejante, si necesitaba atención médica, de cuatro formas diferentes. Primero le ofreció una asistencia que podemos calificar de medicina espontánea, simple ayuda como es intentar detener la hemorragia de una herida haciendo un torniquete; después fue una medicina empírica la que pudo ofrecer, al ir conociendo con su experiencia qué era más útil para curar; más tarde y por este orden, hizo una medicina mágica que suponía el reconocimiento de fuerzas superiores sobrenaturales y, por fin, cuando alcanzó a conocer la naturaleza de la enfermedad, del enfermo y del fármaco que empleaba para curar, comenzó la práctica de la medicina técnica.

24

En las culturas arcaicas, al inicio de la historia, la medicina, apoyándose en creencias mágico-religiosas, alcanzó cierto grado de complejidad; tenía ejecutores especializados y contaba con observaciones prácticas, empíricas, que llegaron a ser cuasitécnicas sin alcanzar una base científica. Esto último son palabras de López Piñero, pero, como decíamos antes, vamos a dejar de hacer referencia a los autores para agilizar la lectura. Mencionaremos sus obras al final de esta historia del arte de curar, para que sirva de fuente bibliográfica.

De cualquier forma, lo que las prácticas médicas pretenden es restablecer el equilibrio en el individuo enfermo para devolverle la salud. La salud, para la OMS, es el equilibrio físico y psíquico del individuo en la sociedad a la que pertenece.

Las prácticas que el sanador realiza para curar tienden a restablecer el equilibrio alterado del enfermo y veremos que siempre están condicionadas, en todas las culturas, a las características sociales, religiosas e incluso económicas del lugar donde se hacen.

MEDICINA PREHISTÓRICA

Tenemos suerte de vivir en este siglo porque cuando enfermamos disponemos de una medicina evolucionada, que cada día alcanza cotas más altas de desarrollo. Instalados en esta situación de privilegio y viendo el estado actual de la medicina, cabe preguntarse cuándo comenzó el hombre a padecer enfermedades por primera vez. No es difícil suponer que desde el primer momento en que apareció sobre la tierra.

Según el arzobispo irlandés James Ussher, que vivió en el siglo XVII, el mundo fue hecho por Dios en la noche del doce de octubre el año 4004 antes de Cristo. Esta interpretación, que hizo Ussher leyendo la Biblia, confiere a la humanidad una antigüedad no superior a seis mil años. Lo cierto es que el primer hombre que apareció sobre la tierra y al que podemos considerar como tal, el llamado *Homo sapiens* u hombre de Cromañón, habitó nuestros suelos hace cincuenta mil años y en él hay que buscar los vestigios de la primera enfermedad.

Veamos qué enfermedades sufrieron nuestros antepasados durante la prehistoria. Lo lógico es pensar que la primera enfermedad que padeció el *Homo sapiens* fue consecuencia de su adaptación al medio. Al erguirse para caminar sobre dos piernas comenzaría a sufrir enfermedades de tipo osteoarticular en su aparato locomotor. Desde ese momento comienza a sufrir todo tipo de enfermedades y el origen de las mismas habría que buscarlo tanto en los traumatismos secundarios a su género de vida como en los gérmenes patógenos; algunos de los cuales, probablemente, serían los mismos que ahora existen.

Si atendemos al Génesis, la primera enfermedad sufrida por el hombre sería la privación de la costilla con la que Dios hizo a la mujer. Aunque incruento, este sería el primer traumatismo sufrido por el hombre. En la historia natural no disponemos de datos escritos, cuando hablamos de la prehistoria, para saber qué enfermedades sufrió el hombre primitivo de aquella época.

¿De qué fuentes disponemos para conocer las enfermedades que padecieron nuestros antepasados prehistóricos?

Tenemos que recurrir a los restos que estos precursores nuestros han dejado: bien sean sus huesos, la sangre desecada o los utensilios fabricados por ellos y las figuras que han llegado hasta nosotros. Representaciones antropomorfas, como la Venus de Willendorf, podrían expresar una enfermedad endocrinológica.

El estudio de estas fuentes por métodos físicos y químicos, la utilización de rayos X, de carbono 14 para datar la antigüedad y el empleo, en fin, de ciencias

26

auxiliares para determinar qué enfermedades sufrió el hombre de épocas remotas a partir del estudio de sus restos constituye una ciencia que se denomina paleopatología. La creó *sir* Armand Ruffer, en 1913, y es la ciencia de las enfermedades que pueden ser demostradas en los restos humanos procedentes de épocas remotas.

Durante la prehistoria, ¿el hombre enfermo se quedaba sin atención sanitaria, o había alguien que hacía el papel de médico?

En principio es lógico que al prójimo se le ofreciera una atención de ayuda espontánea. Después apareció el chamán, hechicero o brujo. El sanador, en definitiva, que hizo las funciones de médico y comenzó a tratar la enfermedad practicando una medicina primitiva.

¿Y qué tipo de medicina hacían esos primeros médicos prehistóricos?

En esquema, la medicina que ofrecieron al principio tuvo que ser mágica y empírica. Es decir, basada en las creencias religiosas y en la experiencia; apoyada en los poderes del más allá y consecuencia de la observación.

Hoy en día se conoce el origen de la mayoría de las enfermedades y el mecanismo por el que sus causas hacen enfermar, pero ¿qué interpretación hacía de la enfermedad el hechicero durante la prehistoria?

En esencia, el hechicero creyó básicamente que la enfermedad era consecuencia de la pérdida del alma o del ingreso en el organismo de espíritus malignos. Es decir, la falta de algo que le era necesario o la presencia en el cuerpo de algo que sobraba o dañaba. Este sentido debía encaminar sus prácticas para devolver la salud al enfermo y mediante ritos, ceremoniales e invocaciones, intentaba devolver el alma al paciente o hacer salir del organismo del enfermo los espíritus malignos que alteraban su salud.

¿Es cierto que los hombres prehistóricos practicaron trepanaciones craneales?

Efectivamente. Durante el Neolítico se practicaron en toda la cuenca del Mediterráneo. Lo sabemos por los cráneos encontrados con signos de haber sufrido estas manipulaciones quirúrgicas, cuya finalidad era abrir una ventana por donde pudieran escapar los espíritus malignos referidos, causantes de la enfermedad.

Muchos de estos pacientes sobrevivieron a la práctica de la trepanación, como demuestra la existencia de un rodete de osificación o callo de crecimiento, donde se llevaba a cabo la técnica trepanatoria, que, por lo general, se hacía en la parte frontal o lateral de la cabeza. Como veremos, todavía hoy, en África, hay sitios donde se siguen realizando estas prácticas.

MEDICINA PRIMITIVA EN EL SIGLO XX

Si nos sorprende por su primitivismo la medicina que practicó el hombre durante los primeros años que pobló la tierra, más debe llamarnos la atención que en pleno siglo XXI, a pesar del advenimiento de la técnica, en algunos lugares del planeta todavía no haya desaparecido el médico hechicero.

A finales del siglo veinte, junto a una medicina evolucionada, la humanidad conserva todavía la práctica de una medicina primitiva casi en la totalidad de la geografía del globo terráqueo. Hoy,

28

a excepción de Europa, donde solo los lapones en la zona ártica conservan prácticas primitivas; en Oceanía, los papúes, indonesios, melanesios, y en sitios de tanta belleza como Samoa o Tahití, siguen realizando prácticas médicas primitivas. En África, sudaneses y bosquimanos; en América del Norte y del Sur y en las regiones árticas americanas, en este momento y en estos lugares, continúan las plegarias propiciatorias y las prácticas médico-religiosas para luchar contra la enfermedad.

¿Estos pueblos primitivos actuales creen que la enfermedad es consecuencia de una posesión diabólica por espíritus malignos?

Sí, exactamente igual que ocurría durante la prehistoria. Tanto es así que todavía, en sitios como la Polinesia y África, continúan pensando que es posible enfermar a otra persona haciendo actuar fuerzas mágicas sobre sus cabellos, secreciones corporales o sus representaciones morfológicas. Esto es vudú. Con él creen poder conseguir, a distancia, que una determinada persona enferme.

¿Y el brujo u otra persona con poderes pueden romper el hechizo?

Según sus creencias, sí, y basta con llevar a cabo unas prácticas mágicas que contrarrestan la enfermedad.

¿Hasta dónde alcanza el poder del hechicero o brujo?

Piensan las civilizaciones primitivas que el poder del brujo es absoluto, porque tiene relaciones con lo sobrenatural. En esto el brujo va muy por delante del médico actual, que es un humano del que los pacientes saben que no tiene más poderes que los que puede haber en otro hombre. Por el contrario, para el enfermo de una cultura primitiva, el poder del hechicero es tan grande que la

29

seguridad que este le confiere es máxima. Los hechiceros realizan sus prácticas médicas de diversas maneras y siempre revestidos con ropajes característicos. De tal modo, el hombre-medicina, entre los indios americanos, lleva en un zurrón distintos huesos de animales y una caña hueca para aspirar las enfermedades; el chamán de los esquimales lleva un tambor y un sombrero y se cubre la cara con una máscara. Todos los sanadores primitivos llevan símbolos que forman parte del aparato con el que se adornan para tener una cierta influencia sobre los enfermos. Si nos fijamos, incluso el médico actual utiliza una bata blanca que en definitiva sirve para distinguirlo, tener cierto poder y beneficiar al enfermo.

¿Cómo se lo monta el hechicero para restituir la salud?

Pues, sin conocer por supuesto el método de Hipócrates, hace más o menos lo que el médico actual y llegan a poner en práctica algo similar. Primero escuchan al paciente y esto equivale a la anamnesis o interrogatorio que hacemos los médicos en la actualidad, para obtener la historia clínica; después el hechicero entra en trance para consultar con los dioses. Esto por supuesto no lo hacemos los médicos, pero, en cualquier caso, consultamos nuestros libros.

El hechicero, cuando establece un juicio clínico, pone en práctica una serie de rituales y ceremonias, baila y utiliza para curar plantas eméticas, laxantes y diuréticas, con las que hace vomitar, orinar o deponer al enfermo, con la intención de que expulse los espíritus malignos que le provocan la enfermedad. También, otras veces, intenta reconciliarse con los dioses para que devuelvan al enfermo el alma perdida.

¿En algo tan importante como la atención a los partos, qué papel hace el brujo o hechicero?

Actualmente varía en las distintas culturas primitivas existentes, pero casi siempre la actuación del hechicero es indirecta y deja las cosas en manos de una comadrona. Lo llamativo es el comportamiento de los componentes de la tribu ante el advenimiento extraordinario que representa un parto. Mientras que los indios cunas en el Paraná o los chagas en Tanganica alejan a los niños del lugar donde está la parturienta porque consideran que se trata de un acto oscuro y reprobable, los navajos de América practican lo que podríamos llamar un parto público haciendo asistir a los niños para que estén presentes en lo que consideran el acontecimiento más importante de la vida del hombre.

En general, en América del Sur, en Oceanía o en Oriente Medio, los allegados a la parturienta, como la madre, la suegra o las amigas, le ayudan con masajes, bebidas tonificantes y calor. Esta ayuda es tan importante como la que se ofrece en la actualidad, y en el Alto Orinoco o en el Amazonas, mientras la mujer está pariendo, el marido finge con gritos y gemidos el parto. Es lo que se denomina covada, y así el marido pretende asistir psíquicamente a la partera liberándola de los dolores. El hechicero, realmente, no participa directamente más que en los casos difíciles. Por lo general, deja las cosas en manos de las comadronas. Esto es lo que el médico ha solido hacer siempre. En el siglo XV un español, llamado Damián Carbón, escribió el *Libro de comadres*, en el que dejó las cosas dispuestas y ordenadas para que las comadronas pudieran asistir los partos con conocimientos adecuados.

31

¿Qué cirugía hacen los pueblos primitivos actuales?

Fundamentalmente atienden heridas y lesiones óseas. De tal modo, los norteamericanos de Dakota cosen los desgarros musculares con tiras de tendón animal, usando agujas de hueso, y colocan cortezas entre los bordes de las heridas a modo de drenaje. Otros, para las fracturas, construyen férulas de cuero húmedo que moldean sobre el miembro dañado de modo que, al secarse y endurecerse el cuero, producen inmovilidad del hueso roto.

No hace mucho todavía se practicaban trepanaciones craneales como se hacía durante el Neolítico. Así lo informaron en 1958 unos misioneros africanos de Kenia. En 1962 se supo que tribus cercanas al lago Victoria las llevaban a cabo y, en 1971, se consiguió filmar todo un proceso de trepanación craneal. En 1982 se mandó una expedición científica que informó que en un radio de cincuenta kilómetros, donde viven los kissi y los gussi y habitan cerca de un millón de individuos, se practicaban anualmente unas doscientas trepanaciones. Los pacientes estudiados por la expedición se prestaron a esta práctica principalmente por cefaleas y parece haber en todo ello menos manipulación mágica de la que hubo entre las tribus prehistóricas que las llevaron a cabo. De todos modos, el instrumental usado es primitivo y los practicantes también carecen de conocimientos médicos técnicos. Sirve todo esto para imaginar qué hizo el hombre prehistórico para curar las enfermedades. Se puede suponer observando qué hacen para ello actualmente las civilizaciones primitivas existentes e incluso los animales, sobre todo los primates en su medio.

SEGUNDA PARTE

EDAD ANTIGUA

El lento pero importante caminar que convirtió a los primeros hombres cazadores y nómadas en recolectores y pastores sedentarios se llevó a cabo en los altos valles que rodean Mesopotamia. Allí se agruparon en poblados permanentes y crearon una estructura social. Allí, en el valle del Nilo, como en los ríos de China y también a orillas del Indo, se formaron los primeros núcleos urbanos.

En Egipto, casi 3000 años a. C., las primeras culturas neolíticas dieron paso a un Estado unificado, y el río Nilo fue escenario y asiento de diversas capitales: Tinis, Menfis, Tebas, Heracleópolis, durante los tres imperios en que se configura la historia egipcia. Su expansión geográfica que llegó cerca del Éufrates, y su poder económico le permitieron desarrollar una gran actividad comercial y cultural, y perdurar hasta el inicio de las invasiones de los pueblos del mar. En ese momento Egipto comienza a perder sus posesiones asiáticas y su poderío acaba cayendo bajo el vasallaje de Alejandro Magno, 332 años antes de comenzar nuestra era.

Años atrás, casi a la vez que Egipto comenzaba su historia, se unificaban como Estado las ciudades de Ur, Lagash, Umma y Uruk, que se disputaban entre sí la hegemonía hasta que Sargón I reunió, bajo su mando, todo el territorio de Mesopotamia, Asiria, Sumeria y Acadia. Todos los reinos de Mesopotamia acabaron gobernados por el semita Hammurabi cuando ocupó el reino de Babilonia. Su famoso código, además de mostrar el tipo de sociedad en que se vivió, al ser una fuente escrita nos adentra por primera vez en la historia.

Babilonia cayó en manos de los llamados casitas sobre el año 1530 a. C. y otra vez bajo el poder del Imperio persa, que fundara Ciro II el Grande mil años más tarde, cuando Creso, rey de Libia, se convirtió en el soberano más poderoso del mundo, su sucesor Cambises incorporó Egipto al imperio y Darío conquistó el Indo, pero fracasó ante Grecia, derrumbándonse al fin el Imperio persa, de una manera definitiva, ante la rápida conquista de Alejandro.

Conviene tener presente que la historia de civilizaciones distintas es paralela en el tiempo. Dos mil años antes de Cristo comienza en Cnosos la civilización cretense. Cuatrocientos años más tarde, en la Grecia continental, se desarrollaba la civilización micénica, y son Micenas, Tirinto y Pilos las que dominan los mares de la talasocracia aquea. Esta sociedad incorporó a su civilización la de Creta.

Ya desde 1900 a. C. habían llegado a Grecia los primeros helenos, pueblos indoeuropeos cuya cultura entronca con la micénica trescientos años más tarde, y en el transcurso de doscientos años más los períodos denominados Heládico Reciente y Micénico Antiguo, de ambas civilizaciones, serán lo mismo; por eso algunos autores, como he podido ver, dicen que la cultura griega nace del mundo micénico-cretense. Los hijos de esta nueva civilización buscan terrenos cultivables para aliviar la superpoblación de la metrópolis y fundan colonias independientes conservando los lazos culturales.

Por otro lado, la política expansiva de Darío el Persa provocó la sublevación de las ciudades griegas del Asia Menor y se iniciaron las famosas guerras médicas. Como Atenas apoyó a las ciudades jónicas, Darío se dispuso a invadir Grecia, pero sufrió su primer descalabro en la batalla de Maratón el año 490 a. C., al ser vencido por los atenienses que dirigía Melcíades. Los griegos consiguieron formar una liga bajo la denominación de Esparta y lograron derrotar de nuevo a los persas, y aunque Atenas y Esparta acabaron con ellos, no lograron sobrevivir unidas entre sí y al final Atenas fue la vencedora, convirtiéndose en la primera potencia económica de Grecia.

36

El siglo V, anterior a la era cristiana, representa la hegemonía de la civilización ateniense una vez acabada la guerra contra los persas, y hablar de la Grecia Clásica es hablar de Atenas. El siglo V es el siglo de la democracia, del auge económico, del esplendor filosófico y de la creación artística; es el siglo del milagro griego: el siglo de Pericles. El siglo de Pericles es el del gran cambio de la medicina, que se convierte en técnica. En ese siglo el médico Alcmeón de Crotona escribe un texto que puede considerarse el inicio de la medicina racional.

Ya en el siglo VI a. C., del que tenemos información directa a través de los filósofos presocráticos, aparece un nuevo enfoque del saber: el intento de explicar todos los fenómenos desde un punto de vista natural y no a partir de la magia y la religión. Ellos crearon los términos *physis*, o naturaleza, y *tekhné*, como en griego se denomina al arte, que sirvieron para acuñar el nuevo concepto de medicina técnica.

—Creo no haberme quedado atrás respecto a mi compañero en la práctica de fusilar. Siento que mi presentación haya sido tan exhaustiva. Quería completar el tema lo más posible, pero leo en el Diccionario de la Lengua *que exhaustivo significa que agota o apura por completo. Lo siento si os he cansado.*

—Está bien. A nosotros no nos has agotado. Has apurado la presentación por completo y, como creo que todavía nos queda algo de fuerza, para acabar esto, yo quiero decir ahora que el oficio de curar se convierte en este momento en tekhné iatriké *o arte de curar, y desde este momento, aunque siempre habrá prácticas supersticiosas y populares junto a ella, ya nunca dejará de ser técnica y después científica la profesión del médico, como afirma Laín Entralgo.*

37

Roma no solo copiará de Grecia su ciencia y su religión, sino que heredará también su medicina y le imprimirá pocas modificaciones.

El concepto de enfermedad ya no va a cambiar hasta el siglo I de nuestra era, con el nacimiento del cristianismo y su difusión entre los siglos II y III. Con la promulgación del Edicto de Milán, en el año 313, por Constantino, se inicia la expansión de la nueva religión que transforma la sociedad y la cultura de la época e indirectamente el concepto de atención al paciente y de la medicina. Conceptos que llevan a la creación de los monasterios benedictinos en el siglo V de nuestra era, en que la medicina y la historia del hombre entran en una nueva época: la Edad Media. Pero no corramos, que todavía queda mucho para llegar a ello.

MEDICINA DE LAS CULTURAS ARCAICAS

Al inventar la escritura el hombre comenzó a dejar documentos sobre piedra, tablillas de barro u otros materiales. Se denominan culturas arcaicas las de las civilizaciones que supieron escribir. Entre las prácticas médicas de estas civilizaciones de las que tenemos noticia, el sistema médico mejor conocido en la actualidad, merced a fuentes escritas, es aquel que se desarrolló en Mesopotamia hace cinco mil años gracias a tres pueblos que se fueron sucediendo: los acadios, los asirios y babilonios.

¿Dónde estaba situada Mesopotamia en el mapa político actual?
Concretamente en la zona conflictiva actual del Oriente Medio, en el territorio que ocupa Irak, entre Irán y Arabia Saudí. Allá donde hay ciudades en la actualidad como son Bagdad, Babilonia y las ciudades del Ur, es decir, la zona que hay entre los ríos Tigris y Éufrates.

Asiria, Bagdad, Babilonia son lugares de la antigüedad llenos de historia, donde el rey asirio Asurnasipal hizo edificar la legendaria torre de Babel y Nabucodonosor mandó construir, para su prometida Semiramis, los famosos jardines colgantes, maravilla de la Antigüedad. Pero, además, aparte de ser donde se inventó la rueda, allí se desarrolló una escritura que fue base para la alfabética que más tarde crearon los fenicios, a su vez principio de la nuestra. Desde ese momento tenemos noticias escritas y sabemos, a partir de ellas, qué medicina hizo el hombre de aquel tiempo.

Las fuentes que nos llegan ya no son simples restos materiales, sino documentos. Existen tablillas escritas de esa época y sobre todo una estela de piedra basáltica en la que está escrito, en caracteres cuneiformes, el Código de Hammurabi. Esta estela o piedra se conserva en el Museo del Louvre y en ella se hace referencia a las leyes, la religión y la medicina que en Mesopotamia se practicó hace tres mil años.

¿Qué medicina se hizo en Mesopotamia?

Fue resultado de las características propias de aquella civilización, en la que la sociedad estaba sometida como ninguna otra lo estuvo durante la antigüedad a los designios de sus dioses. Como consecuencia, concibieron la enfermedad como un castigo y la medicina fue una práctica mágico-religiosa, basada en el interrogatorio y la adivinación.

El tratamiento tuvo su asiento en el exorcismo, la plegaria y la ceremonia. Sin embargo también hubo una medicina de carácter empírico pues en las tablillas se hace referencia a doscientas cincuenta plantas medicinales, ciento cincuenta substancias minerales y ciento ochenta

39

animales con propiedades curativas, y se mencionan prácticas médicas como los masajes, la evacuación de abscesos, operaciones de cataratas y extracciones dentales, y aparece el primer nombre de médico que se conoce actualmente, Ur-Lugal, que fue un sacerdote y famoso dentista. También hubo en aquella época médicos laicos, adivinadores y exorcistas, como tampoco faltaron los sanadores y cirujanos barberos. No sabemos si estos médicos tenían problemas de incompatibilidad laboral, pero parece ser que algo de esto hubo, por lo que se desprende de la lectura del Código de Hammurabi.

¿Qué hay escrito referente a la medicina en ese código?

El contenido del Código de Hammurabi, donde al menos trece artículos hacen referencia a cuestiones médicas, es de gran importancia legislativa y social. El artículo 215 dice:

El médico que, mediante la lanceta de bronce, cure a
un hombre libre de una herida grave,
o le quite una nube del ojo y lo cure,
percibirá diez siglos de oro.
Si se trata de un plebeyo percibirá cinco siglos de oro.

Con lo cual se aprecia una acusada diferencia entre las clases sociales. Pero sigamos:

Si al practicar estas operaciones muere el hombre
libre, o lo deja ciego,
se le cortarán las manos al médico.
Si se trata de un esclavo y lo mata,
pagará a su dueño cinco siglos de oro,
y, si lo deja ciego, lo restituirá por otro.

Como se ve, el contenido social y legislativo de este código es de una gran fuerza y la vocación del médico tenía que serlo más. Hay que destacar que la medicina de esta civilización tiene gran interés, porque influyó en la medicina egipcia, que a su vez lo hizo en la griega, y esta, como veremos, determinó de modo decisivo la que estamos practicando actualmente.

LA MEDICINA EN EL EGIPTO ANTIGUO

Hace cuatro mil años, en Egipto, cien mil hombres trabajaban diariamente en la construcción de la obra más representativa de la civilización antigua de aquel país: las tres pirámides de Guiza, en las orillas del Nilo. La historia de Egipto parece estar relacionada con la historia del río Nilo. Todas las civilizaciones antiguas se han desarrollado alrededor de grandes ríos: Mesopotamia, entre el Tigris y el Éufrates; la civilización hindú, a orillas del Indo, y en Egipto, el Nilo, en cuyas riberas 3000 años a. C. comienza a desarrollarse una grandiosa civilización, en el esplendor de tres imperios y de treinta y dos dinastías faraónicas. En ese tiempo se llevaron a cabo trabajos tan importantes como la construcción de las pirámides y se desarrolló una escritura jeroglífica, cuyo conocimiento nos permite saber cuál fue su cultura.

¿Cómo llegó a descifrarse la escritura jeroglífica?
Gracias a Champollion que descifró la piedra de Roseta, descubierta el año 1799 durante la campaña de Napoleón por Egipto. Él tuvo ocasión de estudiarla y de observar que tenía el mismo texto escrito en griego, demótico y caracteres jeroglíficos. Champollion hizo una traducción simultánea que le permitió descifrar los carac-

41

teres egipcios y gracias a ello hoy podemos conocer de Egipto su historia, su religión y su medicina.

¿Qué concepto de la enfermedad tenían los egipcios?
Como quiera que esta civilización fue netamente religiosa, la enfermedad estaba considerada como un castigo de los dioses y una acción maligna de los muertos, que tuvieron una gran trascendencia en esta cultura. Aunque hay que decir que, en muchos casos, reconocieron las causas naturales de las enfermedades.

¿Cómo eran realmente los sanadores egipcios, a los que es fácil imaginar misteriosos y enigmáticos?
Los primeros médicos egipcios fueron los propios dioses y Sekmet, la diosa suprema, tenía dos auxiliares varones, Ibis y Thot, que le ayudaban en su quehacer. Además, los sacerdotes también fueron sanadores y, por supuesto, los médicos laicos, que también los hubo en la civilización egipcia, y se encargaban de restablecer la salud a los enfermos. De todos, el médico más importante era el faraón, en quien concurría la condición de ser dios, gobernador y sacerdote supremo de cuerpos y almas.

Unos y otros, todos sanadores, procuraban la paz espiritual y corporal del paciente con ritos, invocaciones, oraciones y sacrificios, y como la historia de Egipto es larga, en el transcurso de ese tiempo, la medicina que se hizo cambió desde los tiempos de Sekmet a la practicada mil años después, descrita en los papiros, que fue más racional y casi técnica.

¿De qué fuentes disponemos actualmente para saber la medicina que se hizo en el antiguo Egipto?
Los papiros constituyen la primera fuente. En ellos podemos leer qué tipo de medicina se efectuó. Los papiros

42

existentes hoy fueron descubiertos hace más de un siglo y escritos hace tres mil años. Sus nombres: Ramesseum, Kahun, Ebers, Edwin-Smith, Londres, Berlín y otros, derivan del propio de quien los encontró, los tuvo en propiedad o el lugar donde se conservan actualmente.

El contenido médico de los papiros es distinto en cada uno de ellos y así, en el de Ramesseum, que pertenece a la XII Dinastía del Imperio Medio, unos mil años antes de Cristo, se hace referencia al parto y los cuidados del recién nacido, la fecha del alumbramiento y contiene a la vez recetas anticonceptivas.

El de Kahun, de la misma época, ofrece métodos para predecir el embarazo y el sexo del hijo, no nacido aún, basándose en el aspecto de los senos y la apariencia de la cara y los ojos de la mujer.

El papiro de Smith, de la XVII Dinastía, 1600 años a. C., contiene saberes quirúrgicos. El de Ebers hace referencia a las enfermedades del aparato digestivo, oídos y ojos, y describe la angina de pecho. En ellos, en suma, se encuentran infinidad de recetas para las distintas enfermedades, abrir el apetito y evacuar el vientre, como la asociación de piña, grasa de ganso, miel, cerveza dulce, granos de ricino, dátiles, algarrobo y fruto de sicómoro a partes iguales.

Y se describen incluso recetas para evitar la caída del cabello. Para ello se usaba hígado de león, cocodrilo, gato, serpiente y cabra montés, en diversas proporciones y aplicación local. Recetas que no por poco racionales, son menos efectivas que las de ahora. También las hay para la hemicránea, como frotar una cabeza de pescado contra la zona dolorosa durante cuatro días, que, aunque a nosotros hoy nos parezca chocante, ellos se tomaban muy en serio.

LOS EMBALSAMAMIENTOS EN EL ANTIGUO EGIPTO

La medicina egipcia, según los clásicos griegos, gozó de fama en la antigüedad. Los papiros informan del desarrollo alcanzado por la medicina del antiguo Egipto, pero cabe preguntarse si existen otras fuentes para conocer la medicina que allí se hizo. Los papiros constituyen indiscutiblemente las fuentes primarias, pero existen otras. Son fuentes secundarias, no por ello menos importantes, constituidas por restos arqueológicos con representaciones del cuerpo humano que, estudiados detenidamente, pueden dar información sobre las enfermedades que se padecieron en aquella época. Los textos religiosos, que tienen casi siempre citas médicas, son otra fuente secundaria, y sobre todo las momias de los cuerpos embalsamados, cuyo estudio revela malformaciones congénitas o adquiridas que tuvieron aquellos seres, o los defectos óseos causados por enfermedades; incluso las lesiones dérmicas que sufrieron, como puede ser la viruela.

¿Por qué embalsamaban a los muertos en el antiguo Egipto y tenían tanto interés en conservarlos?

Tenían mucho interés porque era el pasaporte para ser reconocidos, en el más allá, cuando intentaban entrar en el Reino de las Tinieblas de Set. En su creencia religiosa pensaban que después de la muerte había otra vida y creían en la reencarnación. Después de la muerte era preciso mantener el cuerpo incorrupto, para conservar el mismo aspecto que durante la vida, de modo que al llegar al Reino de las Tinieblas no hubiera despistes por parte de los guardianes y, tras ser reconocidos, les facilitaran el acceso.

Tenían la costumbre de enterrarse con sus tesoros y un número de monedas suficiente para poder pagar los esclavos necesarios y mantener su condición social. Así,

44

Tutankamón se hizo enterrar con el dinero que le permitiera tener a su servicio doscientos cincuenta esclavos y cuatro capitanes que en su próximo gobierno, al reencarnarse, coordinaran su reinado. Pero hay más. Enterraban embalsamados todos sus animales domésticos y se llevaban los enseres más habituales y queridos, para servirse de ellos en la otra vida, incluidas en ocasiones sus mujeres.

¿Siempre existió la costumbre de practicar embalsamamientos?

En un principio, durante los períodos predinásticos, las momias fueron producto de una desecación natural. Los pobres eran enterrados en el suelo de sus propias casas, en las orillas del río Nilo, allá donde trabajaban y había transcurrido su vida. En estos nichos, por la humedad, pronto se pudrían los cadáveres. Sin embargo, los ricos que eran enterrados en el desierto sufrían un proceso de desecación y se convertían en momias naturales, lo que les facilitaba la entrada en el Reino de los Muertos, al conservar casi intacto el aspecto que habían tenido en vida. Cuando las clases obreras y artesanales vieron que los ricos mantenían su apariencia natural, gracias a esta conservación del cuerpo, comenzaron a practicar embalsamamientos a sus muertos; en las distintas dinastías varió más o menos la técnica, pero en definitiva se trató de conservar el aspecto que les caracterizaba para poder acceder al paraíso de los mortales.

Es de suponer que practicar embalsamamientos les otorgaría unos grandes conocimientos de la anatomía humana.

Efectivamente, en los papiros hay descritos por lo menos doscientos catorce términos o vocablos anató-

45

micos, pero, curiosamente, como quienes practicaban las técnicas no eran los médicos, sino los sacerdotes o los siervos de la casa de los muertos, eran estos quienes tenían grandes conocimientos de anatomía humana; mientras que los médicos carecían de ellos. Hubo sin embargo un gran número de sanadores y los que trabajaban en las pirámides describen, en los papiros, más de cuarenta y ocho términos médicos que hacen referencia sobre todo a fracturas, luxaciones y lesiones, que los obreros sufrieron durante la construcción de las tumbas faraónicas.

¿Cómo se llevaba a cabo el proceso de embalsamar?
A nosotros puede parecernos macabro, pero para ellos era una técnica, de uso habitual, que comenzaba lavando el cadáver con una solución de sosa. Después, mediante la introducción de unos garfios por los orificios nasales e incisiones en el tórax y el abdomen, se les extraían las vísceras. Esta operación era practicada por los paracentetas, para que después otros individuos, llamados tarachuetas, rellenaran el cuerpo con materiales olorosos y cosieran las incisiones hechas.

Las vísceras extraídas, hígado, pulmones, estómago y los intestinos, se dejaban en unos vasos canópicos cuya tapadera representaba a un mono, un halcón, un chacal y al hombre, todos ellos hijos del dios Horus. Todo, al lado del féretro, buscando la protección de los dioses y para que le dieran eternamente vida al cadáver, que previamente había sido lavado con natrón, rellenado de substancias aromáticas y vendado cuidadosamente con tiras de lino empapadas en resinas.

El cuerpo embalsamado desarrollaba un papel importante porque en el momento de la muerte era abandonado por la chispa espiritual o Ba, que lo mantenía en vida, pero

46

quedaba de él el alma verdadera, llamada Ka, que residiría allí para siempre. Embalsamado se convertía en morada eterna hasta la reencarnación.

Respecto a la enfermedad, ¿qué creencia tenían los antiguos egipcios sobre cómo se llegaba a perder la salud?

El mecanismo de la enfermedad en el antiguo Egipto es importante porque posteriormente influyó en el pensamiento griego. Los egipcios pensaban que el cuerpo estaba surcado por una serie de canales, llamados *metwu*, que transportaban aire, agua, orina, heces, saliva, esperma, lágrimas y otros humores hacia el estómago, los pulmones, la boca, los ojos y el ano. Las enfermedades entraban por los poros del organismo y sus orificios naturales y originaban obstrucciones de los humores referidos en los canales, con lo que su transporte se veía dificultado o era imposible. Por ello sobrevenía la enfermedad.

Eran causas externas de enfermedad el hambre, los excesos y los vientos, la embriaguez, los gusanos y los insectos. Y existían además causas internas como la tristeza, la nostalgia y los amores mal correspondidos. Ya había melancolías en la antigüedad del Egipto faraónico, que conducían a depresiones y a la enfermedad somática.

¿Los médicos egipcios han sido los mejores de la antigüedad clásica?

Fueron grandes médicos, influyeron en el medicina de la antigüedad clásica griega, arranque de la medicina técnica actual, y en su época quizás los más técnicos pese a lo que su medicina tuvo de mágico-religiosa.

Es obligado mencionar el papel de Alejandría en la secuencia evolutiva de la medicina egipcia. Pese a ser esta civilización antigua un pueblo de cultura arcaica, con

47

medicina extinguida, jugó un gran papel en la medicina de la Grecia clásica.

Alejandría recibe el nombre de Alejandro Magno en el siglo IV antes de Cristo. Pasó entonces a ser griega, y los conocimientos de la fisiología egipcia y el concepto de enfermedad que allí se tenía han tenido que ver en el concepto de enfermedad humoral griego, que tendremos ocasión de conocer. Alejandría, como veremos, ha jugado un importante papel en la historia de la medicina.

MEDICINA DE LA INDIA ANTIGUA

Hace cinco mil años, a orillas del río Indo, surgió una civilización, origen de la actual cultura india, que se caracterizó por el desarrollo de su higiene y la salubridad de sus ciudades. Fue muy brillante, tres mil años antes de Cristo y al nordeste de la India, en el Pakistán actual, existieron dos ciudades, Mohenjo Daro y Harapa, que son famosas por su urbanización: contaron con pozos, retretes, baños públicos y sobre todo con un sistema de cloacas cubierto, que discurría por debajo del pavimento, del que no disfrutó Grecia con todo el esplendor que llegó a alcanzar.

Estas ciudades fueron conquistadas mil quinientos años antes de Cristo por pueblos arios que aportaron su cultura y sus libros escritos, los libros védicos, a los que es preciso referirse para conocer la historia del antiguo pueblo hindú, su religión y su medicina.

En la religión hindú, fueron dioses principales Visnú, Brahma y Shiva, ¿qué relación tuvieron con la enfermedad?

Mucha porque todos los dioses que existieron en esta religión, que fueron miles, estaban encargados de causar las enfermedades y a su vez de curarlas.

48

La enfermedad era considerada como un estado de impureza y para sanar era preciso lavar el cuerpo, purificarse, de ahí la importancia del baño en la civilización hindú.

Aparte de los baños, ¿en qué se basó la terapéutica hindú para curar las enfermedades?

Hoy, gracias a los escritos védicos que dejaron los médicos legendarios llamados Characa y Susruta, conocemos la medicina que hicieron en su época y las técnicas que aportaron, como la escarificación para prevenir y curar la viruela. Sacaban fluido de una pústula de viruela y con una aguja impregnada incidían en el brazo de un individuo sano, produciendo una pequeña herida para mezclar el fluido con la sangre. De este modo provocaban una manifestación atenuada de la enfermedad y prevenían los graves efectos de la viruela.

Otra técnica importante fue el yoga. Los yoguis, que en un principio convertían los metales en oro, también idearon técnicas de relajación que, combinando la contracción muscular con la respiración rítmica y la concentración mental, pueden dar muy buenos resultados terapéuticos.

En cirugía, ¿qué intervenciones de interés hicieron?

Fueron los primeros, los principales y más importantes cirujanos de la antigüedad e inventaron técnicas quirúrgicas e instrumental para llevarlas a cabo. Hicieron cirugía menor, como intervenciones de cataratas y oídos; también llevaron a término prácticas de cirugía mayor, como la reparación de hernias y extracción de cálculos vesicales. Es de gran interés la técnica que tenían para realizar la unión y cicatrización de los cabos intestinales seccionados: cuando tenían aproximados y abocados los dos extremos de intestino, los hacían morder por unas hormigas gigantes; entonces les cortaban la cabeza y estas quedaban prendidas a la herida manteniendo unidos sus bordes hasta la cicatrización. Esto, que puede parecer extraño y fantasioso, se sigue haciendo en la actualidad en algunos lugares de Somalia para conseguir mantener unidos los bordes y que cicatricen las heridas cortantes.

¿Qué otras aportaciones hicieron a la cirugía los pueblos de la India antigua?

En cirugía plástica, una muy importante, la reconstrucción de la nariz. El adulterio, en las mujeres, estaba castigado con la pena de cortarles la nariz. Para reparar la herida que esta práctica originaba se ideó una técnica quirúrgica en la que, mediante un colgajo de piel, que se sacaba de la frente, se podía reconstruir la lesión plástica original. Esta técnica quirúrgica ha llegado hasta la actualidad y se conoce con el nombre de método indio. También se reconstruyeron heridas de las orejas. En otros campos como la obstetricia, practicaron la cesárea con pervivencia de la parturienta y el feto. También se hicieron embriotomías para extraer el feto muerto, después de trocearlo intrauterinamente.

Del pueblo indio antiguo es preciso comentar las Leyes de Manú, contenidas en los libros védicos. Tienen connotaciones de tipo legal y social, y algunas son de tipo preventivo:

> Los médicos, carniceros, tísicos, hijos de adúlteras y poseedores de inflamaciones en las glándulas del cuello, leprosos, ciegos y seductores de jóvenes no podrán ser invitados a celebraciones y banquetes.

50

Puede parecer extraño, pero como muchos de ellos son portadores de enfermedades, era un modo de evitar contagios:

El individuo que caiga enfermo cobrará su salario durante el tiempo de enfermedad.

Como vemos, esta es una ley con un gran contenido social. Otras leyes, menos racionales, dicen cosas como:

Las noches de número par son propicias para la procreación de varones, mientras que las noches de número impar propician con mayor frecuencia la de hembras.

Esta observación, aunque lógicamente carece de fundamento científico, sigue siendo todavía hoy creencia popular en determinados medios.

MEDICINA DE LA CHINA ANTIGUA

Los chinos inventaron la pólvora, el papel y la imprenta, y construyeron una muralla que constituye la muestra principal de la grandeza de su antigua civilización.

La característica principal del pueblo chino de la antigüedad es, quizás, y todavía en la actualidad, el sentimiento de firme asentamiento al suelo que pisan y el deseo de conservar sus tradiciones. De tal modo honran de una manera magnificada a sus antepasados y consideran que todo lo que ellos dijeron es sabio, prudente y digno de tener en cuenta.

La Gran Muralla china, construida en el siglo II a. C., con la finalidad de defenderse de pueblos bárbaros, en realidad fue cons-

51

truida también para preservar sus tradiciones. Este aislamiento es la causa del desconocimiento que los occidentales tenemos sobre la cultura china, y en medicina esta ignorancia es una realidad, a pesar de que China nunca estuvo totalmente aislada. Tuvo contactos con la cultura india, de la que adquirió el yoga, creando a partir de ello técnicas propias como el kung-fu, que no es otra cosa que un conjunto de movimientos respiratorios y gimnásticos. Países como Mesopotamia y Egipto también influyeron en su cultura; aunque realmente no es hasta el año 1927, cuando en China entran médicos europeos, rusos concretamente, y aportan los conocimientos de la medicina occidental.

¿Cómo sabemos hoy la medicina que se practicó en la antigua China?

Los legendarios emperadores chinos, que a la vez fueron médicos, escribieron los textos clásicos de la medicina china antigua y por ellos podemos conocerla. Hung-Ti, el Emperador Rojo, fue muy versado en herboristería y cuenta la leyenda que tenía el abdomen transparente para poder ver, en sí mismo, las cocciones que los medicamentos experimentaban cuando los ingería. Conocía así sus efectos en el organismo antes de administrarlos a los pacientes. Escribió un libro llamado *Pent-sao*, en donde hace referencia a trescientas setenta plantas medicinales. Otro emperador, el llamado Emperador Amarillo Huang-Ti, escribió el *Neig-Kin*, un libro en el que a través de conversaciones mantenidas con sus ministros hace referencia a la higiene y la salud pública. También tiene, en este libro, conversaciones con una muchacha sencilla a la que instruye en materia de higiene sexual. Los chinos daban mucha importancia a las prácticas sexuales y las recomendaban para el florecimiento de la familia, la satisfacción de la libido y como ejercicio psíquico que contribuye a prolongar la vida.

¿En la antigua China, cómo concebían la enfermedad y de qué modo pensaban que se enfermaba?

Siguiendo sus conocimientos filosóficos, basados en el taoísmo, creían en una fuerza suprema, llamada Tao, que está mantenida por dos fuerzas en equilibrio llamadas yang y yin, que rigen la vida. El cuerpo estaba compuesto por agua, tierra, metal y madera, regulados por las fuerzas referidas de modo que el equilibrio entre ellos era el estado de salud; pero cuando el desequilibrio originaba un desorden entre estos elementos, sobrevenía la enfermedad.

Las causas de la enfermedad eran los aires, las mudanzas y alteraciones del clima, las malas relaciones afectivas, los venenos y, por supuesto, la acción de los demonios.

¿Qué métodos utilizaban para diagnosticar las enfermedades?

Confeccionaban una historia clínica, es decir, utilizaban el interrogatorio, así como el examen del cuerpo y de la voz; pero, sobre todo, a lo que conferían mayor importancia era al examen del pulso, y en esto basaban casi todo el diagnóstico. Tanto es así que consideraban un gran médico a aquel que diagnosticaba simplemente tomando el pulso. Lo tomaban primero en la muñeca izquierda y después en la derecha; lo exploraban a tres niveles de profundidad y obtenían información no solamente sobre el ritmo y la frecuencia cardíaca, como hacemos actualmente, sino que diagnosticaban enfermedades hepáticas, renales y de cualquier órgano corporal a través de él.

Algo que actualmente, por pudor, molesta a la mujer es someterse a exploración médica. ¿Cómo reaccionaba la mujer china ante las exploraciones médicas?

53

Lo tenían resuelto de una manera muy sencilla. La mujer china, que era y es aún hoy muy recatada, asistía al médico general, no solo al ginecólogo, portando una figurilla femenina de madera, porcelana o marfil, según su condición social, sobre la que le indicaba al sanador las zonas donde tenía dolor o sentía molestias. De modo que el médico, sin necesidad de explorar a la enferma directamente y sin necesidad de mostrarse ella desnuda, podía emitir su diagnóstico. Así preservaban las pacientes su recato y el médico determinaba la situación del estado de su salud. Emitía un diagnóstico y pasaba a la terapéutica administrando medicamentos, usando además la acupuntura y la moxibustión. Todo ello encaminado no solamente a curar. Su intención era nutrir el cuerpo, aliviar la enfermedad y curar el alma.

MEDICINA DE LA CHINA ANTIGUA. LA ACUPUNTURA

Cuando un médico en la China antigua diagnosticaba la enfermedad de su paciente, después de formar un juicio clínico siguiendo los pasos del gran tratado de medicina de aquella época llamado *Neig-Kin*, para curar hacía uso de la farmacología. Administraba medicamentos, o bien utilizaba la acupuntura o la moxibustión, que es un tipo de acupuntura en la que se queman hojas de artemisa sobre las agujas utilizadas.

Usaron medicamentos de diversa naturaleza: minerales, animales o vegetales. Así lo hizo el legendario emperador Hung-Ti, que conoció más de setenta venenos, trescientos setenta plantas y utilizó más de dos mil remedios, prescribiendo dieciseis mil recetas diferentes confeccionadas a base de plantas. La planta más importante era el ginseng. A ella le conferían poderes energéticos casi milagrosos, creían que prolongaba la juventud y daba poten-

54

cia sexual, estimulaba a los débiles en este y en otros aspectos, y tranquilizaba a los sobreexcitados.

¿Qué es realmente la acupuntura?

Un método terapéutico. Sirve para curar, pero a la vez se utiliza también como un método analgésico y en algunos lugares se emplea para llevar a cabo la anestesia que precede a la cirugía.

La acupuntura se basa en el estímulo que produce la introducción de agujas muy finas en varios puntos que recorren el cuerpo humano. Esos puntos están distribuidos, según la filosofía china, en el trayecto de doce canales o meridianos por los que discurre la fuerza vital denominada Chi, equilibrio entre el yin y el yang. En ocasiones tal fuerza se acumula y está en exceso, o se debilita y puede existir en defecto e incluso faltar. Ambas situaciones son malas y, utilizando las agujas de acupuntura convenientemente, en los puntos mencionados, se puede regular aquella fuerza y devolver al organismo el equilibrio que se necesita para mantener la salud. Se trata, en definitiva, de revertir el desequilibrio, entre el yin y el yang, que causaba la enfermedad.

También existe como método terapéutico, aparte de la acupuntura tradicional, la auriculopuntura, que imagina representado en el pabellón auricular un feto, situado con la cabeza hacia abajo, donde están representados todos los sistemas de nuestro organismo. Pinchando determinados puntos auriculares puede obtenerse la curación de enfermedades, porque actuamos sobre los aparatos dañados.

En Occidente existe una creencia que tiene cierto paralelismo con estas ideas orientales. Es la costumbre de perforar los lóbulos auriculares a las niñas. Alguien dice que esta costumbre tiene su origen, si entendemos la oreja

55

como un feto en la posición antes referida, en el deseo de perforar el ojo del supuesto feto. En algún tiempo, como quiera que nacían muchas niñas con enfermedades en la vista, probablemente por sífilis transmitida durante el parto, a alguien se le ocurrió que pinchando en ese punto se librarían de tales problemas.

Siguiendo con la acupuntura, clásicamente son nueve las agujas utilizadas para su práctica; antiguamente eran de oro o de plata, y pasaban de una generación a otra secretamente. Actualmente, con problemas económicos, son de acero, pero conviene recordar que también se han usado otros materiales, y durante la prehistoria se utilizaron agujas muy finas de piedra. Tal es la antigüedad de esta técnica.

Entonces, ¿qué antigüedad tiene esta técnica y cómo entró en Europa?

En Oriente se utiliza desde la prehistoria y en Europa entra concretamente en el siglo XVII, de manos del diplomático Georges Soulier de Morant, que no era médico, pero en China observó, durante un brote de cólera, los buenos resultados de curación que con la acupuntura se obtenían y decidió traer el método a Francia. Allí Rouger de la Fuyé lo utilizó, de un modo racional, sin llegar nunca a alcanzar la popularidad que ha tenido después de casi cien años de olvido, a partir de 1949, cuando Mao y el Partido Comunista de China lo recuperaron para su reingreso en las tradiciones culturales de aquel país, y por necesidades económico-sanitarias.

¿Tiene fundamento científico la acupuntura?

Tiene una interpretación científica, si no fundamento demostrado. Al colocar las agujas por el orificio se provoca

56

que entren microburbujas de aire en la dermis, que originan cambios dinámicos, fisioquímicos, capaces de estimular la liberación de endorfinas. Estas substancias, de existencia real en el organismo, son opiáceos naturales del mismo capaces de originar sedación. Atenuantes del dolor. De modo que, según la teoría de la acupuntura, si se estimula el punto correspondiente a un órgano determinado se consigue la anestesia del mismo. Lo cierto, demostrado científicamente, es que, si tras conseguir la liberación de endorfinas que provocan sedación, administramos antagonistas de la morfina al paciente, el dolor reaparece.

En realidad, con la acupuntura, ¿qué enfermedades se pueden curar? Porque hoy se utiliza incluso para adelgazar.
La respuesta a esta pregunta solo puede basarse en la información que han dado los médicos enviados por la OMS a China, para ver la efectividad de la técnica. Han visto que allí los acupuntores curaban no solo desequilibrios de tipo funcional, primordialmente, y tabaquiano, sino también la disentería bacilar aguda, coronariopatías, enfermedades osteoarticulares y asma; por lo que se utiza tanto en la deshabituación de la drogadicción, en enfermedades orgánicas y como anestesia en cirugía.
La OMS envió al Primer Seminario Interregional de Acupuntura, que se celebró en Pekín, el año 1979, a quince participantes de doce países distintos que a su vuelta determinaron que debe estar contraindicada durante el embarazo, en tumores si se ha de pinchar sobre los mismos, y cuando el enfermo es portador de un marcapasos.
Con todo, como los resultados de la acupuntura son contradictorios, no acaba de ser aceptada por la medicina tradicional de Occidente. Esta técnica fue practicada en

la China comunista por los llamados médicos descalzos, para paliar con sus conocimientos en las zonas rurales la escasez de médicos salidos de la universidad. La técnica tiene sus indicaciones, que es preciso conocer, y su aceptación supone admitir una filosofía distinta a la occidental.

MEDICINA DE LA AMÉRICA PRECOLOMBINA

Cuando el español Hernán Cortés conquistó el gran Imperio azteca, quedó asombrado al ver que su capital Tenochtitlan podía compararse con cualquier otra europea. Allí existía una gran cultura, herencia de los pueblos antecesores a aquella civilización tan desarrollada.

Las primeras gentes que poblaron la América actual llegaron hace veinticuatro mil años, procedentes de Asia, a través del estrecho de Bering, que entonces era una superficie helada que comunicaba Asia con América. Esos primeros pobladores ocuparon parte del norte, el sur y sobre todo el centro de América.

Hace dos mil años los olmecas y los toltecas, descendientes de aquellos habitantes, dieron lugar a otros pueblos: los aztecas, que se establecieron en el antiguo Tenochtitlan, actualmente México; los mayas, en la península de Yucatán y Guatemala, y los incas, que se asentaron en Ecuador, Bolivia y Perú. Todos ellos, más cercanos a nosotros en el tiempo y más conocidos por nuestra civilización, ocupaban el Nuevo Mundo cuando Colón llegó en el año 1492, creyendo que estaba en las Indias Orientales.

¿Cómo se conoce la medicina que hicieron estas gentes antes de la llegada de Colón?

Gracias a los escritos de los propios conquistadores y misioneros, que en principio destruyeron gran parte de la

58

obra original de estas poblaciones, porque creyeron que tenía que ver con ella la acción del diablo. El asombro que les causó su civilización está reflejado en esas crónicas, gracias a las cuales conocemos la vida, las costumbres y la medicina de aquellos pueblos.

¿Qué actitud tenían ante la enfermedad?

Estaban regidos por sus dioses: Virocha, Mamacocha, Tonatiu, el dios del sol, y muchos otros que dirigían sus vidas, protegían su salud y además les enviaban las enfermedades. La medicina que hicieron se basó en la religión y en la magia, y en definitiva pensaban que la salud era una gracia concedida por los dioses, mientras que la enfermedad era un castigo enviado por los mismos.

Sabemos que fueron gente sanguinaria, pero ¿de qué modo influyó esto en la medicina que practicaron?

Fueron gentes sanguinarias por exigencia de sus creencias religiosas. Los realmente sanguinarios fueron sus dioses y, así, Tonatiu, el dios del sol, se alimentaba con sangre y corazones. Para ello los aztecas sacrificaban a sus vencidos y les arrancaban el corazón, que, palpitante aún, ofrecían a los dioses. Para abrir el tórax de sus víctimas utilizaban un cuchillo llamado *tumi* hecho de obsidiana, una piedra muy dura que se parte en aristas muy cortantes y abunda en el país.

Estas prácticas, que tenían su origen en la creencia de que los primeros pobladores fueron cíclopes que se sacrificaron a sí mismos para alimentar al dios del sol con su sangre, se seguían de banquetes antropofágicos en los que se repartían las distintas partes del cuerpo del sacrificado. Gracias a eso, dieron nombre a las diversas regiones corporales, hicieron un inicio de anatomía descriptiva y crearon así no menos de cuatro mil términos anatómicos.

¿Quiénes fueron los sanadores de aquella sociedad?
Eran sacerdotes y hechiceros, que llegaron a tener grandes conocimientos: Francisco Hernández, médico que acompañaba a Hernán Cortés, rechazó a otros médicos que le enviaba Carlos V para ayudarle, porque decía que no los necesitaba dada la competencia de los sanadores nativos.

¿Y qué utilizaban los médicos locales para curar?
Su medicina tuvo un componente importante de prácticas mágicas, pero sin embargo dispusieron de un gran arsenal terapéutico racional y utilizaron técnicas como los baños de vapor, en una especie de saunas denominadas tamezcales, construcciones pétreas cuadradas con un horno al lado, que produjeron gran pánico a los conquistadores cuando llegaron, pues creyeron que se trataba de hornos crematorios.

Vendaban las heridas con plumas y con cuerdas. Trataron fracturas y luxaciones, fueron diestros en odontología y se adornaron los dientes con incrustaciones de oro, lapizlázuli o jadeíta, para lo que precisaban de una lograda técnica. Otras prácticas, no tan racionales, como hacerse mutilaciones en labios, orejas, nariz u otras partes del cuerpo, supusieron ciertos conocimientos anatómicos.

¿Qué medicamentos emplearon estos médicos-sacerdotes y los médicos laicos si los hubo?
Fueron muchos, pero preferentemente vegetales. Emplearon hojas de coca y un hongo alucinógeno llamado *payolt*; también el guayaco para la sífilis; la hipecacuana como depurativo y la quina en las fiebres. Es importante

recordar que el arsenal de plantas medicinales descubierto por ellos fue utilizado posteriormente en Europa. Los trajeron los conquistadores y enriquecieron nuestra medicina. La mayoría de estos medicamentos han llegado hasta la actualidad y son usados todavía.

La coca y el peyote son estimulantes que usaron los incas y los aztecas, respectivamente. Los incas masticaban hojas de coca en las ceremonias de iniciación, para resistir los esfuerzos físicos, como analgésico para los dolores, para vencer al medio en los combates guerreros y para superar el hambre. Los aztecas tomaban en las fiestas el cactus alucinógeno llamado peyote y en ocasiones les producía tales borracheras que al final del ceremonial o de una fiesta acababan suicidándose o matando colectivamente.

MEDICINA HELÉNICA: INTRODUCCIÓN

A ver, ¿cuántas Helenas, con h, hay en la clase? Una sin hache y otra con ella: pues tú, Helena, eres la griega de la clase.

Helade es el nombre de la antigua Grecia. Helenos fueron sus habitantes; de modo que Helena de Troya fue, sencillamente, una griega de la ciudad troyana.

En la Hélade, 2000 años a. C. en las proximidades del mar Egeo, crecieron dos civilizaciones. Una cretense o minoica, por el legendario rey Minos en Chosos, la actual isla de Creta, y otra micénica, en la península, donde se encuentra Atenas.

Sir Arthur Evans inició excavaciones en Creta el año 1900, y, antes en 1870, Heinrich Schliemann comenzó a excavar en Micenas, en la península, y descubrió Troya. Estudiaron esas civilizaciones y demostraron que las leyendas escritas en la *Iliada* y la *Odisea*, de

61

Homero, y en *Los trabajos y los días*, de Hesiodo, existieron y se desarrollaron en un asiento terrenal real. Las obras mencionadas sirven de fuentes escritas para acercarnos a la medicina que inicialmente se practicó en la antigua Grecia.

Por Homero y por el contenido de su obra escrita, a la medicina de este periodo histórico se le denomina medicina homérica o mitológica. Abarca los siglos IX y VIII antes de Cristo, de la antigua Hélade.

Sobre la medicina que allí se hizo en el siglo VII a. C. se tienen escasas referencias, pero fue, al parecer, una medicina popular o folklórica.

El cambio importante se produce en el siglo VI a. C. con los conocimientos filosóficos de las escuelas jónica y siciliana, gracias a los pensadores que preceden a Sócrates; son los autores del nacimiento de la ciencia racional y confieren a la medicina que en ese período se hizo el nombre de presocrática.

Hasta aquí, cuatro siglos antes del nacimiento del médico Hipócrates (460-370 a. C.), desde el nacimiento de la civilización helénica, en medicina podemos decir que este tiempo es un período prehipocrático. Los presocráticos e Hipócrates representan el nacimiento no solo de la ciencia, sino también de la medicina racional. Hipócrates llena todo un período de la medicina, que recibe el nombre de periodo hipocrático. Su muerte y el período posthipocrático de la medicina griega posterior a él constituyen una importante época, que conforma la llamada medicina helenística al coincidir con ese período cultural de la historia de la antigua Grecia.

Tanto la cultura como la medicina racional, gracias a los eruditos alejandrinos del siglo III a. C., se extendieron por los estados helenísticos que fueron el resultado de la caída del imperio que había formado Alejandro Magno.

El foco principal del saber fue entonces Alejandría, que, en el año 146 a. C., pasó a ser romana y sirvió para que el saber griego se introdujera en Roma.

Alejandría, primero egipcia, recibió los conocimientos griegos cuando el macedonio Alejandro la conquistó y le dio nombre. Conocimientos egipcios y griegos se influenciaron mutuamente. Estos conocimientos pasaron a Roma y, más tarde todavía, cuando el año 636 después de Cristo Alejandría sea árabe, el Islam se enriquecerá con los conocimientos galénicos y aristotélicos procedentes de la Antigüedad clásica.

Este es el papel que jugó en la transmisión del saber clásico grecorromano el importante foco del saber que fue la ciudad de Alejandría.

¿Qué ocurrió entonces a partir de la muerte de Hipócrates, que, según he leído, nació en Cos el año 460 a. C. y murió aproximadamente en el año 370 a. C. en Tesalónica?

En la centuria siguiente, en la Alejandría del siglo III a. C., destacan en medicina saberes básicos como la anatomía de Herófilo y Herasistrato, y continúa la corriente del pensamiento hipocrático. Pero a la muerte del maestro se produce una escisión entre los alumnos y aparecen distintas escuelas dentro de la medicina alejandrina. Sectas que diversifican el pensamiento filosófico y enriquecen a la vez los conocimientos médicos: dogmáticos, empíricos, metódicos, pneumáticos y eclécticos, son representantes de distintos modos de pensar que con su filosofía y sus prácticas mejoran el arte de curar.

El final del período creador de la medicina griega está representado en la obra de Galeno, nacido en Pérgamo (130-201 d. C.), que hizo una elaboración sistemática de la medicina de su tiempo y se erigió en figura máxima de la medicina, en la que influyó hasta el siglo XVIII de nuestra era. Galeno actualizó la tradición hipocrática, sumó a ello esquemas del pensamiento aristotélico, reelaboró el conocimiento clásico grecorromano y aportó contribuciones muy importantes, consiguiendo una nueva y personal interpretación del concepto de enfermedad.

MEDICINA MITOLÓGICA GRIEGA

El milagro griego ocurre en el siglo V antes de Cristo. En el transcurso de ese siglo, Grecia alcanza el cenit histórico racionalizando su pensamiento y traduciendo su esplendor a la práctica médica.

Durante este período histórico se hizo una medicina racional o técnica, aquella que se practica conociendo la naturaleza de la enfermedad y del medicamento que se utiliza para curarla, así como el modo de actuar de este en el organismo. Esto es lo que consiguieron los griegos e hicieron durante el siglo V y a finales del siglo VI antes de Cristo.

¿Cuáles son los orígenes del pueblo griego y qué medicina practicaron en el principio de su historia?

Al conocimiento del origen del pueblo griego se llegó gracias al tesón y la fe de Schliemann, quien intuyó que Homero describía, en su obra *la Iliada*, hechos reales. Llevado por esta idea, se puso a realizar excavaciones que le permitieron descubrir, en el año 1870, los restos de la antigua ciudad de Troya. Así comprobó que *la Iliada*, que le había servido de guía en sus excavaciones, tenía una base real en la tierra.

Los pobladores de estos asentamientos, antes de hacer una medicina racional, practicaron tratamientos mágicos y empíricos, basados en sus creencias religiosas.

64

Entonces, ¿la medicina descrita en la obra homérica existió realmente en la tierra o es fruto de la imaginación del poeta ciego Homero?

La verdad es que en *la Iliada* se comentan las guerras de Troya y se describen las heridas y la anatomía de las mismas, las enfermedades durante aquellas contiendas bélicas y el modo de curarlas, y es cierto que personajes como Agamenón, Helena, Aquiles y Patroclo se mueven entre la leyenda y la realidad. Unos son mortales, y semidioses y dioses otros, pero hay un gran componente de verdad en esta historia novelada, aunque personajes que primero fueron reales acaben mitificándose y conviertiéndose al fin en leyenda.

¿Quiénes son los principales personajes de la medicina homérica?

Dioses como Orfeo, que curaba con la música; Hera, protectora de las parturientas, y Atenea, diosa de la sabiduría, que protegía la vista. Otros, que en principio habían sido hombres, como ocurrió con Asclepio, el médico más importante de ese período de la medicina homérica, acabaron divinizados. La medicina homérica también recibe por ello el nombre de mitológica.

Asclepio, según la leyenda, fue hijo de Coronis, una bella mortal prometida a Isquia de la que se prendó el dios Apolo, a quien, voluntaria o involuntariamente, ella se entregó quedando embarazada. Próximo el parto, Apolo mató a Isquia, y Atenea, hermana de Apolo, mató a Coronis. Zeus, el padre de todos los dioses, era a la vez abuelo del fruto de los amores de Apolo y Coronis; por ello, cuando esta, después de asesinada, iba a ser quemada en la pira funeraria, Zeus le sacó el hijo que llevaba en el vientre. No era otro que el futuro Asclepio. Zeus lo envió con el centauro Quirón, también hijo suyo, que, como sabía de hierbas medicinales y cirugía, enseñó a Asclepio el arte de curar. Tanto aprendió, tanta gente curaba Asclepio y tan poca gente moría que Zeus, temiendo quedarse solo, al ver despoblarse el reino de los muertos, envió un rayo mortal que acabó con su nieto Asclepio.

¿Así, Asclepio no fue un personaje real?
Asclepio fue un médico muy importante. Pero en la *Iliada* aparece primero como un rey que tuvo dos hijos, Macaón y Podalirio, que contribuyó con barcos y hombres a la guerra de Troya. Sin embargo, dos siglos más tarde entra en la historia como un médico que llegó a ser deificado, del que existen muchos templos en Tesalia, Epidauro, Pérgamo y Corinto. De ellos aún se conservan las ruinas arqueológicas. En estos templos se practicó una curiosa medicina, de gran interés y muy útil, que además influyó considerablemente en la de siglos posteriores.

MEDICINA GRIEGA HOMÉRICA

La medicina practicada durante la Grecia homérica se sitúa entre lo real y lo mitológico, y en esa época Asclepio fue el médico más importante.

Hijo de un dios y de una mortal, y por tanto un semidiós, estuvo llamado a realizar grandes cosas en la tierra. Aprendió del centauro Quirón el arte de curar y la cirugía.

Cuando la medicina griega entró en Roma y los romanos heredaron los dioses del panteón griego, Asclepio pasó a Roma con el nombre de Esculapio, el famoso dios de la medicina conocido por todos. De modo que con su importancia traspasó su propia época.

66

Convendría confeccionar un esquema que nos hiciera entrar por los ojos la historia de la medicina en la antigua Grecia. Pensemos en el médico que nos viene a la cabeza cuando a la medicina de este tiempo nos referimos: Hipócrates.

Si a la medicina de su época la calificamos de período hipocrático, lógicamente, el tiempo anterior a él será el período prehipocrático de la medicina griega, y, el posterior, el período posthipocrático.

Hipócrates vivió entre los años 460 y 370 a. C. Antes de él, el período prehipocrático comienza con el inicio de la medicina helénica dos mil años antes de Cristo, con las civilizaciones minoica, en la actual isla de Creta, y la micénica en la península. En el período prehipocrático, en los siglos IV a VIII a. C., se hace una medicina homérica, que es mitológica, cuyas fuentes escritas encontramos en los libros la *Iliada* y la *Odisea* de Homero y en *Los trabajos y los días* de Hesiodo.

Comencemos por el principio, por la medicina homérica o mitológica y con el médico más representativo, que fue Asclepio.

¿Cómo influyó Asclepio en la medicina?

Su importancia fue tal que incluso en el siglo V antes de Cristo, cuando la medicina se racionalizó, había todavía templos dedicados a él en Epidauro y Pérgamo. En estos templos se hacía una medicina mágica, pero, paralelamente, se comienza a practicar otra medicina más racional en la que radica la influencia que el arte de curar griego ejerció sobre las civilizaciones venideras.

¿Cómo era un templo de Asclepio?

En Epidauro se conserva, casi íntegro, el templo que estuvo dedicado a él. Los asclepiades, que así se llamaban en honor a Asclepio, eran un conglomerado de edificios e instalaciones situados siempre junto a un bello paraje que podría ser un río, un lago u otro accidente geográfico. Su tamaño y opulencia dependían de la riqueza del lugar, y constaba del templo propiamente dicho, donde estaba generalmente la efigie de Apolo; un *tholos*, con agua para las purificaciones, y el *abatron*, donde, por medio del sueño, se curaba a los enfermos. Junto a estas construcciones había un estadio, un teatro y un balneario. El enfermo asistía a los actos programados en estos sitios para prepararse psíquicamente para la curación de sus dolencias, a lo que se procedía más tarde.

La curación en los templos de Asclepio se iniciaba hacia la puesta de sol y comenzaba con un baño ritual. Después de arropar al enfermo con un vestido blanco, este hacía una ofrenda en señal de sumisión; seguidamente se le administraban medicinas que le inducían el sueño, y durante la noche, en la oscuridad, ya dormido el enfermo, pasaba un sacerdote de Asclepio con sus ayudantes acompañados de un perro, que lamía las llagas, un ganso sagrado que picoteaba los forúnculos de los enfermos y una serpiente, que era depositada sobre el vientre desnudo de las estériles, que creían ser poseídas por el dios. Aprovechando todo esto y entre sueños del enfermo, se le practicaban pequeñas intervenciones de cirugía. Cuando los pacientes despertaban se encontraban curados.

¿Qué enfermedades curaban los médicos en estos templos?

En realidad casi siempre enfermedades con base psíquica, como pueden ser la ceguera o el mutismo histérico, ciertas parálisis, cefaleas y trastornos nerviosos. Por supuesto, lo que jugaba un papel importante en la curación era la fe que el enfermo depositaba en todo aquello.

¿Y si en el templo de Asclepio no encontraban solución para su enfermedad?

Si un paciente había ido a un médico laico sin ser curado, venía al templo en busca de solución. Pero muchas veces acudían primero al templo y, si aquí no eran curados, iban en busca de un médico laico, que solían tener su consulta cerca del templo. Pero estos tampoco tenían realmente mucho que ofrecer. Además, como en la medicina griega no era ético y sí fraudulento tratar a enfermos incurables, aunque el paciente, como es lógico, buscara solución a su enfermedad, era bien aceptada la impotencia de los médicos y aceptado el designio de los dioses.

Puede parecer bastante irracional la medicina que se practicó en los templos de Asclepio, pero también se hacía medicina y cirugía cuasitécnicas. Los sacerdotes, conocedores de la importancia de la mente en la curación de ciertas enfermedades, lo montaban así para impresionar al enfermo. Cuando esta patulea de farsantes abandonó sus prácticas órficas y astrológicas, quedó lo verdaderamente racional, y ello hizo que, en el siglo V antes de Cristo, se dieran los primeros pasos hacia la medicina técnica.

MEDICINA GRIEGA PRESOCRÁTICA

La medicina científica nació en la antigua Grecia, hace dos mil quinientos años, junto al auge de dos actividades tan dispares como son el deporte y la filosofía. No es difícil comprender que actividades tan distintas entre sí puedan tener relación con el nacimiento de la medicina racional o científica, porque el deporte mueve a mucha gente que precisa cuidados y atenciones para estar en condiciones óptimas de salud.

La época que referimos es precisamente el año 500 a. C., el momento de la eclosión de las olimpiadas en Grecia, y los atletas precisaban una buena preparación física con ejercicios gimnásticos, selección de dietas, curación de las lesiones mediante técnicas fisioterapéuticas y la conservación íntegra y a punto de su salud. En resumen, hacía falta la existencia de médicos especializados que dedicaran una total atención a la anatomía del cuerpo humano. Por otra parte, en ese momento de esplendor socioeconómico, los llamados filósofos presocráticos, por anteceder a Sócrates, están exponiendo sus ideas en la Grecia del siglo V a. C., y con sus conocimientos llegan a cambiar el pensamiento de la época e influyen en la aparición de un nuevo tipo de medicina.

¿Qué decían estos filósofos? ¿Cómo influyeron sus ideas en el cambio experimentado por la medicina?

Comencemos por decir que, como buscaban una explicación racional a los fenómenos naturales, empezaron a pensar que acontecimientos como la lluvia o el viento eran fenómenos meteorológicos y no un producto de la acción divina. Iniciaron una nueva visión del macrocosmos que es el universo y del microcosmos o mundo pequeño, que es el hombre; pretendieron comprender la composición de la materia, y con ello la del organismo humano a partir de elementos naturales.

¿Y qué elementos constituían la materia, según los filósofos presocráticos?

El iniciador de la teoría de los elementos fue el sabio Tales de Mileto, que puede ser considerado padre de la ciencia. Él creía que al ser el semen y la mayoría de los componentes orgánicos de naturaleza húmeda, la mayor parte de las cosas tenían que estar compuestas por

70

agua. Sin embargo, otros pensadores de la misma época creyeron que el principal constituyente de la materia era fundamentalmente el aire, la tierra o incluso el fuego. Otro sabio llamado Empédocles, un ser muy curioso que vestía púrpura y hablaba en verso, llegó a la conclusión de que la materia estaba formada por aire, que es frío, agua, que es húmeda, tierra, que es seca, y fuego, que es caliente: características que estos elementos confieren a la materia al constituirla.

El organismo estaba formado por esos cuatro elementos básicos, y los tres reinos: animal, vegetal y mineral, por la combinación de ellos en proporciones definidas y determinadas. De manera que, por ejemplo en el hombre, la carne resultaba de la combinación de los cuatro elementos en proporciones iguales, los nervios se formaban cuando había una doble combinación, y los huesos y los músculos cuando eran el aire y la tierra los que entraban en la combinación, en proporción doble.

¿De qué manera cambió esta teoría el concepto de enfermedad?

De forma decisiva. Se llegó a pensar que la enfermedad era un desequilibrio producido por el exceso o defecto de algunos de estos elementos, en la proporción en que entraban a formar parte constituyente del organismo humano. Los médicos comenzaron a querer saber cuál es la naturaleza del cuerpo del hombre, la naturaleza de las enfermedades y la de los medicamentos que utilizaban para combatirlas, y con todo ello estaban introduciendo el concepto de medicina racional. En ella el médico conoce la enfermedad que está curando y la naturaleza del medicamento que usa para tratarla.

71

¿Hay algún médico que destacara durante esta época, en ese nuevo enfoque de la medicina?

De modo muy especial uno muy importante llamado Alcmeón de Crotona, que puede considerarse con razón el iniciador de la medicina científica a finales del siglo V a. C. Él influyó decisivamente en el pensamiento hipocrático al escribir un tratado, *Sobre la naturaleza*, que así se llama el libro, donde expone que la salud no es otra cosa que el equilibrio del cuerpo. Un estado que él denomina isonomia. La enfermedad era el desequilibrio entre las cualidades de los componentes de la materia por predominio de uno de los elementos constituyentes sobre los demás, lo que recibe el nombre de monarquía o gobierno de uno solo. En resumen, la armonía en la naturaleza del individuo era la salud y la perturbación de la misma, enfermedad.

Alcmeón fue un gran disector de cadáveres, y llegó a intuir en sus comprobaciones y experiencias que los órganos de los sentidos tenían una conexión con el cerebro; el cerebro era el depositario de la memoria y el entendimiento; el corazón, el encargado de regir la vida animal, y los testículos tenían un papel importante en la reproducción humana.

Alcmeón fue médico de la escuela siciliana y con él Empédocles, al que hemos mencionado, y Demócrito. Este último, creador de la teoría atomista, decía que la materia estaba integrada por átomos de distinto tamaño, peso, forma y condición. Los elementos, según él, se formaban por colisión de combinaciones de átomos.

Hubo otra escuela entre los presocráticos, llamada jónica, a la que pertenecían Tales de Mileto, Heráclito, Anaxímenes y Anaximandro. Cada uno creía que la materia estaba compuesta por uno de los cuatro elementos, que tenían características propias: el agua era húmeda, la tierra seca, caliente el fuego y frío el aire. El equilibrio entre ellos concedía al organismo humano el estado de salud.

HIPÓCRATES: MEDICINA HIPOCRÁTICA

El médico más importante de la antigüedad y uno de los más sobresalientes de todos los tiempos es Hipócrates. La medicina tiene en él una de sus bases más firmes, pero no sabemos si es totalmente cierto cuanto de él conocemos.

Al fundarse la gran Biblioteca-Museo de Alejandría, en el año 301 a. C., se recogió allí todo el saber de la época y como Hipócrates, que había muerto setenta años antes, era el médico más importante de aquel período que eclipsó a todos los demás, es fácil imaginar que al ordenar los libros se le atribuyeran obras que él no había escrito realmente.

Pero podemos asegurar que Hipócrates existió y no solo fue el médico más importante de su época, sino de los más notorios de la historia. Con sus enseñanzas, su vida y su conducta, simbolizó y representa en la actualidad el ideal que todos los médicos persiguen y los enfermos quieren ver en ellos.

¿Quién es en realidad Hipócrates?
Fue un griego que nació en Cos, una isla del archipiélago de las Cícladas en el Egeo, cerca del Asia Menor, el año 460 a. C., y vivió setenta años. La verdad es que su labor, por importante, está entre lo real y lo fabulado, pero existió y fue conocido por todos en su época. Nosotros, sin embargo, desconocemos su fisonomía, y las representaciones que nos han llegado de él son copias romanas de las originales griegas, que lo representan con un aspecto afable, bondadoso e inteligente. Parece ser que, siendo así, no fue muy

73

agraciado físicamente, pues Aristóteles lo describe bajito y menos aparente de lo que muestran las estatuas.

Las obras de Hipócrates fueron recogidas en la Biblioteca de Alejandría que mandó hacer Ptolomeo, general de Alejandro Magno. Tratan de todos los temas médicos posibles y hacen referencia al diagnóstico, la terapéutica y, sobre todo, al pronóstico de las enfermedades, que era lo más importante para la medicina de esa época, ya que las más de las veces no se podía ofrecer un tratamiento adecuado y el enfermo precisaba conocer qué tenía, hasta dónde llegaba el mal y las consecuencias de su enfermedad. Lo que no sabemos, desde luego, es si todo el contenido de estas obras que se recogen, en lo que se denomina el *Corpus hippocráticum*, son totalmente atribuible a Hipócrates, corresponde a su labor personal, o por su fama se pensó que las había escrito él cuando se incluyeron en la gran biblioteca.

Al menos el famoso juramento sí que estará escrito por Hipócrates.

El famoso juramento hipocrático conocido por todos los médicos y que ha servido a lo largo de los años de norma de conducta en la profesión médica, por su gran contenido ético y moral, es probable que no haya sido escrito íntegramente por él, pues muestra contradicciones. Mientras allí se condena el aborto, en el *Corpus Hippocraticum* se hace mención a los abortivos y al uso de anticonceptivos. Se puede asegurar que este juramento ha sido manipulado por diversas instituciones, a través de los años, en favor de sus propias ideas.

¿Qué concepto tenía Hipócrates de la enfermedad?

Basaba su idea sobre el modo de enfermar en la teoría de los cuatro humores, que se apoya a su vez en la ya conocida teoría de los cuatro elementos de Empé-

74

docles, según la cual la materia estaba constituida por tierra, fuego, agua y aire, en proporciones determinadas. Los elementos daban lugar a los humores y los fluidos del cuerpo, bien fueran lágrimas, saliva, orina, moco, esperma u otros, y estaban constituidos por la combinación de los cuatro humores, que eran sangre, flema, bilis negra y bilis amarilla, en adecuadas proporciones. Los humores en equilibrio constituían la salud y cuando había una desproporción entre ellos conducían a la enfermedad.

Según Hipócrates, se enfermaba de una manera que, analizada, es la misma por la que en definitiva se enferma actualmente. Por causas externas o internas se rompe el equilibrio entre los humores que constituyen los fluidos del organismo, al alterarse las proporciones por exceso o por defecto. Eso produce ebullición, que se manifiesta con fiebre y conduce a la crisis, con expulsión del humor sobrante o la muerte. Por ello se observa durante la enfermedad, ocasionalmente, la eliminación de moco por la nariz, de sangre por orificios naturales, de flema, orina, sudor o productos fecales, que son el resultado de la ebullición. Si se elimina totalmente esa materia *pecans* o pecante, según Hipócrates se recupera la salud al hacer crisis la enfermedad. De lo contrario, sobreviene la muerte, por lisis.

¿Cuál fue el método de trabajo que Hipócrates utilizó para curar?

Su esquema de trabajo es ejemplo para la posteridad y asienta en cuatro puntos básicos: observar lo que ocurría alrededor del enfermo, con todos los sentidos; estudiar al paciente más que a la enfermedad, de ahí que no haya enfermedad, sino enfermos; evaluar honestamente la información recibida, y ayudar a la naturaleza. Ante la enfermedad solo podemos hacer dos cosas: curar o no perjudicar, decía Hipócrates.

GRECIA: EL FOCO MÉDICO DE ALEJANDRÍA Y LAS SECTAS MÉDICAS

Cuando, a finales del siglo IV antes de Cristo, se creó la Biblioteca-Museo de Alejandría, esta ciudad se convirtió en el principal foco del saber clásico, pero, a la vez, se produjo una escisión en las enseñanzas de los conocimientos médicos hipocráticos.

Desde la muerte de Hipócrates, el año 370 a. C., hasta que se funda la Biblioteca de Alejandría, transcurren setenta años en los que, al faltar el maestro, se fue produciendo una división de ideas entre los distintos discípulos, que originó distintas sectas médicas con enfoques diferentes de la medicina. Eso fue bueno porque dio lugar a otras concepciones y pensamientos, y Alejandría se convirtió en el principal foco del saber médico de ese momento.

Con Alejandría rivalizó en importancia otro foco médico, Pérgamo en el Asia Menor. Tanto es así y tanto rivalizaron que en Alejandría, es decir, en Egipto, donde se escribía sobre papiros y los exportaban a distintos países, se negaron a comerciar con Pérgamo, donde tuvieron que inventar un nuevo soporte de escritura. De ese modo nació el pergamino.

¿Qué aportaciones hizo a la medicina la escuela de Alejandría?

Lo importante de esta escuela es que sus seguidores comenzaron a practicar disecciones. Disecciones sobre criminales y ajusticiados, por cierto, vivos, y grandes médicos como Herófilo y Erasistrato llegaron a ser unos consumados anatomistas.

76

Heréfilo fue un personaje importante de la medicina, que nació el año 327 a. C., y escribió varios tratados sobre anatomía, oftalmología y obstetricia, afirmando, con el no menos importante médico Alcmeón de Crotona, que el cerebro era el centro del entendimiento y de la memoria. Diferenció entre nervios y tendones, cosa que no es fácil cuando se diseca, como tampoco lo es diferenciar entre arterias y venas. Él lo hizo. En sus disecciones también estudió perfectamente el aparato genital femenino distinguiendo los ovarios de las trompas, útero y cérvix.

¿Cuáles fueron las escuelas o sectas médicas que aparecieron en Alejandría?

Varias. Los dogmáticos, que anteponían la razón a la experiencia, y el mismo Galeno fue un dogmático, pese a ser un gran experimentador; los metódicos, que crearon un modo de impartir la enseñanza y cuyo máximo representante fue Temisón, que creía, siguiendo a Asclepíades, de Bitinia, que la materia estaba formada por unos corpúsculos diminutos a los que Demócrito llamó átomos. Según Asclepíades, los átomos, al contraerse o dilatarse, originaban la enfermedad; Temisón modificó la teoría de su maestro y creyó que la enfermedad no estaba en los propios átomos, sino en la contracción o relajación de los poros del organismo, por donde aquellos entraban o salían, y por ello basó el tratamiento en la utilización de medicamentos contracturales o relajantes como el baño, los masajes y las infusiones.

Erasístrato fue médico de esta época alejandrina de la antigua Grecia. Abandonó la teoría humoralista de Hipócrates y siguió otra escuela llamada pneumática, según la cual por las arterias no corría sangre, sino pneuma o aire

77

vital que entraba por los poros y desde el corazón se distribuía a todo el organismo, siguiendo las arterias. La sangre fluía por las venas y entre estas y las arterias existían comunicaciones, por eso de las heridas primero escapaba el aire y después fluía la sangre. Es fácil que pensaran esto pues al disecar encontraban las arterias exangües y, así, creían que estaban ocupadas por aire.

¿Hubo alguna otra secta médica?

Sí, y de ellas quizás la más importante fue la de los empíricos, cuyo representante, Heráclides, marcó las pautas para acceder al conocimiento a partir de la experiencia. En esta escuela se pensaba que, siendo imposible llegar mediante la razón a la esencia primera de las cosas, la experiencia sería el mejor método de conocimiento.

Heráclides basó la adquisición de su saber en el trípode constituido por la autopsia y la observación, para saber las causas de la enfermedad; la historia clínica, para obtener información sobre el modo de manifestarse las enfermedades, y por último la analogía, pues comparar con casos similares le permitía formular un juicio clínico, estableciendo el pronóstico y tratamiento adecuados.

¿Qué influencia tuvo la medicina que durante esta época se practicó en Alejandría?

La medicina griega que se hizo en Alejandría pasó después a Roma en el año 146 antes de Cristo, cuando Egipto fue de los romanos. Más tarde los árabes, en el siglo VII de nuestra era, conquistaron Alejandría y de este modo su medicina se traspasó a la cristiandad y su influencia alcanzó hasta el siglo XVIII.

ENTRADA DE LA MEDICINA GRIEGA EN ROMA

Es conocida la influencia que Grecia ejerció sobre Roma en la antigüedad, tanta que podría decirse que Roma copia de Grecia. Se puede afirmar que no solo la ciencia, el arte y la filosofía en Roma fueron un producto de la emigración griega, sino también la religión.

Resulta que, atraídos por la poderosa y fascinante Roma, en el siglo II a. C. acudieron representantes de la cultura griega a la capital del Imperio y, si es cierto que Roma dominó políticamente, Grecia la colonizó culturalmente.

En materia de religión, los romanos adoptaron todo el panteón de los dioses griegos y Zeus, el padre de los dioses, fue Júpiter; Artemisa pasó a ser Palas Atenea, diosa de la sabiduría; la diosa del amor Afrodita recibió el nombre de Venus, y en relación con la medicina Asclepio se convirtió en Esculapio, que llegó a Roma, según la leyenda, en el año 295 a. C., desde Epidauro, para curar una epidemia que asolaba la isla Tiberina. Asclepio acudió en forma de serpiente y por ello el anagrama representativo de la medicina tiene un ofidio, que no es más que Esculapio, a quien se le dedicaron desde ese momento infinidad de templos en Roma.

Entonces, la medicina que se hizo en Roma, ¿podemos decir que también emigró de Grecia?

Desde luego, no en los primeros años de la historia de Roma, en los que su medicina fue la que hicieron los pueblos etruscos mil ochocientos años antes de Cristo, ni la que mil años después se practicó en tiempo de los fundadores Rómulo y Remo, cuando se hizo una medicina mágica y astrológica, pero más tarde, en la Roma constituida o republicana, en el siglo II a. C., se comienza a practicar una medicina venida desde Grecia. Al principio no fue considerada una profesión digna, pues como arte

79

manual era degradante para ciertas clases sociales romanas y tuvo que ser hecha por griegos.

¿Quiénes ejercieron la medicina en Roma?

En atención a lo referido primeramente fueron los propios *pater familia*, pero generalmente las clases pudientes tenían un *servus medicus* que curaba a quienes se ponían enfermos en la casa. Tengamos presente que las villas romanas de aquel momento eran latifundios con gran número de trabajadores. De modo que en ocasiones había en ellas no uno, sino varios *servus medicus* que los dueños compraban en los mercados de esclavos por sus conocimientos de medicina.

Más tarde comenzaron a venir a Roma, atraídos por su esplendor, griegos, egipcios y judíos, para practicar la medicina y pensando hacer fortuna con ella. El primer médico griego en Roma del que tenemos noticia fue Arcagato de Peloponeso, al que primero se le denominó *vulnerarius* porque no erraba en sus tratamientos; más tarde, al parecer le volvió la espalda la fortuna, pues el pueblo lo describió como *carnifex*, que quiere decir carnicero.

¿A través de qué fuentes ha llegado hasta nosotros toda esta información?

Disponemos de los escritos de dos grandes enciclopedistas romanos del año 25 después de Cristo, que recopilaron el saber médico de su época. Son Aulo Cornelio Celso y Cayo Plinio el Viejo.

Cornelio Celso no fue médico, pero recogió el saber de su tiempo y anterior a él, y escribió la primera historia de la medicina conocida. Sus escritos serán los primeros, de tipo médico, que durante el Renacimiento pasarán a la imprenta para su reproducción. Aunque Celso no era

80

médico, fue el primero en describir los signos clásicos de la inflamación: *calore, rubore, tumore* y *dolore*. Calor en el sitio de la lesión, enrojecimiento, hinchazón y dolor, como ocurre cuando se forma un absceso o un flemón. Él utilizó también, por primera vez, la temible palabra *carcinoma* haciendo referencia a un crecimiento anómalo de los tejidos, que cuando es maligno se refiere al cáncer.

Celso sugirió además cosas tan curiosas como el uso de enemas o lavativas alimentarias para seguir regímenes de adelgazamiento. Plinio el Viejo nos aportó importantes conocimientos de su tiempo a través de sus escritos. Fue un intelectual voraz y por curioso murió saciando su ansia de saber. Visitó y estudió el Vesubio, y fue sorprendido por la famosa erupción con la que este volcán sepultó las ciudades de Pompeya y Herculano. Cayo Plinio el Viejo escribió un importante libro de historia natural y mucho sobre medicina.

MEDICINA EN LA ANTIGUA ROMA

Roma tuvo dos períodos muy importantes en su historia: la época republicana y la del Imperio. En ambas mantuvo constantes guerras con los pueblos vecinos, lo que creó la necesidad de disponer de médicos de campaña y dio lugar a la aparición de una verdadera medicina militar.

Roma sostuvo guerras en los períodos mencionados, primero para su expansión y posteriormente para defenderse de los pueblos bárbaros; los soldados sufrían heridas y enfermedades que precisaban atención y cuidados, y para ello se construyeron en aquel tiempo los primeros hospitales de la historia, que recibían el nombre de *valetudinaria*. Su característica más singular es que eran desmontables y al acabar una campaña se retiraban, para ser montados en la siguiente. La medicina hecha en ellos se practicó primero por siervos, después por soldados y finalmente por médicos profesionales, entre los que sobresalió Dioscórides, que escribió la *Materia médica*, donde se hace una descripción racional de las plantas medicinales.

Para mantener tropas en tantos frentes era preciso que nacieran muchos romanos y se hicieran soldados. ¿Cómo se atendían los partos en aquella época?

Las romanas lo tenían bastante bien porque un importante médico llamado Sorano de Éfeso escribió la *Gynekia*, libro en el que hacía referencia a la anatomía del útero y de la vagina, la atención a la parturienta, los cuidados que había que precisar al recién nacido y la misión de la comadrona en los partos, así como las enfermedades obstétricas y ginecológicas conocidas en aquella época. Aunque la verdad es que todo esto ocurría ya en el siglo II después de Cristo, esa época tan floreciente para la medicina universal en la que aparece el gran médico que fue Galeno, quien con Hipócrates forma el dúo más importante de la medicina de todos los tiempos. La medicina iniciada por ellos se ha mantenido sin alterar, en lo fundamental, nada menos que casi veinte siglos.

¿Y por qué es tan importante la obra de Galeno?

Aporta un nuevo concepto a la medicina. Galeno escribió quinientos libros de medicina y, lo que es más importante, todos después de haber comprobado experimentalmente lo que en ellos expone. Fue un gran anatomista que disecó monos, hombres e incluso un elefante, y fue un dogmático que no encontró quien le contradijera hasta el siglo XVI, en que Vesalio, otro gran anatomista, dudó y comprobó que algunas de las observaciones descritas por él en el hombre correspondían a la anatomía del mono sin que hubiera equivalencia en el cuerpo humano. Por ejemplo, en la mano, no describió la musculatura que se encarga de la oposición del pulgar y nos permite hacer la pinza. Eso significa que jamás disecó y estudió una mano de hombre y sí la de monos, cuyos dedos carecen de esta función prensora.

La vida de Galeno fue muy interesante. Lo que de él sabemos lo conocemos por Aecio y Oribasio, que nos dejaron escrita su vida. Nació en el siglo II d. C., en Pérgamo, en el Asia Menor, dentro de una familia acomodada. Su padre Nikon, que fue arquitecto, le puso el nombre de Galeno, que significa dulce y apacible, como conjuro para que no adquiriera el carácter colérico y violento que tenía su madre.

Galeno, que, como era costumbre en la época, dedicó los primeros años de su vida a la práctica de ejercicios físicos, a partir de los catorce años comenzó los estudios. Nikon, su padre, lo puso a estudiar medicina obedeciendo consejos de un sueño en el que Asclepio le garantizaba que Galeno llegaría a ser famoso como médico. Estudió medicina y a los veinte años de edad, cuando murió su padre, aprovechando la buena posición económica que disfrutaba, marchó a ver tierras, conocer gentes y sus enfermedades, y el tratamiento de las mismas.

Emigró al extranjero para formarse, pero no fue un cerebro perdido para su país. Volvió a Pérgamo con un bagaje científico importante, habiendo escrito varios libros, y el jefe local de los juegos olímpicos lo nombró médico de gladiadores. Con ello adquirió gran experiencia en el tratamiento de las heridas, fracturas y contusiones. Más tarde marchó a Roma y Marco Aurelio lo nombró médico de la corte.

El resumen es que se convirtió en el médico con más éxito de su época y el clínico de mayores conocimientos, convirtiéndose en el más conocido de todos los tiempos. Por eso a los médicos se les denomina galenos.

¿Cuáles son los principios de la obra de Galeno?
La base de su obra está en la teoría de los cuatro elementos empedoclianos y en la teoría de los cuatro fluidos, a lo que él añadió cuatro tipos de temperamentos o constituciones de la naturaleza humana: colérico, flemático, sanguíneo y bilioso o melancólico. Dependiendo de los cuales la enfermedad se manifestaba de modo distinto en unos individuos que en otros. Lo esencial era la naturaleza del enfermo.

MEDICINA GALÉNICA

Galeno creó un nuevo concepto de la patología médica, que ha servido como fundamento para el arte de curar hasta casi nuestros días. Hoy sus ideas están presentes en el quehacer médico.

Galeno fue ante todo un recopilador que recogió todo el saber médico de su época y aunó las distintas teorías que sobre medicina existían en su tiempo, pero además elaboró juicios propios. Basó su idea sobre la enfermedad en la teoría de los cuatro elementos y consideraba que la materia estaba formada por aire, fuego, tierra y agua. Según el principio de los cuatro fluidos orgánicos, los elementos constituían la sangre, la flema y la bilis negra y amarilla, que, en distintas proporciones, formaban los tejidos del organismo. Galeno añadió a estas dos ideas la existencia de espíritus vitales, no sobrenaturales, sino naturales, que daban movimiento y vitalidad al organismo ordenando su funcionamiento.

¿Dónde residían estos espíritus vitales que regían las funciones del organismo?

Es importante que Galeno no habla de fuerzas sobrenaturales, aunque les dé el nombre de espíritus. Pensaba que en el hígado había algo, un espíritu natural, que formaba la sangre a partir de los alimentos que le llegaban desde el estómago. Creía también que en el corazón había un espíritu vital, encargado de hacer llegar la sangre a las distintas partes del organismo. Y suponía que en el cerebro existía un espíritu animal que regía el alma y el sistema nervioso motor y sensitivo.

Hoy, veinte siglos después, todavía llama la atención la idea que tuvo Galeno respecto a la enfermedad. Creía que la enfermedad era una predisposición natural del organismo; una disposición de la naturaleza del individuo. De modo que la enfermedad dependía más de la naturaleza del enfermo que de su propia causa.

Según Galeno, ¿cómo se enfermaba?

Cualquier desorden alimentario, sexual o climático producía enfermedad solo cuando incidía sobre una constitución sensible. De tal modo, la misma causa enfermaba a unos y no a otros. Así las cosas, la enfermedad es el resultado de una causa externa sobre el terreno que es el hombre y la mayor importancia reside, pues, en la constitución del enfermo. Lo importante es el enfermo y su constitución, aquello que mantiene su equilibrio y tiene fuerza para contrarrestar las causas internas o externas que pretenden enfermarlo.

Los temperamentos que describió Galeno tienen que ver con el modo de enfermar los individuos. En definitiva, los temperamentos, sanguíneo, colérico, flemático y melancólico, expresan las cualidades del individuo y el predominio en su composición de uno de los cuatro fluidos, que son la sangre, la flema, la bilis negra o la bilis amarilla, sobre los otros tres. De este modo, la respuesta ante una agresión que pueda producir enfermedad en un flemático, por ejemplo, es distinta a la de un colérico, y mientras que a uno no le pasa nada, el otro tendrá un infarto o una úlcera duodenal.

¿Cuáles eran las causas de la enfermedad para Galeno?

Podían ser externas o inanimadas, como la mala alimentación, el aire corrompido, los traumatismos y las intemperancias térmicas; o animadas, como los parásitos y las emociones violentas. O bien internas, como la raza, la edad, el sexo y, por supuesto, el temperamento. Unas y otras hacen que la fuerza de la situación nociva sea mayor que la fuerza de la naturaleza del individuo predispuesto a enfermar, y en este caso sobrevendrá la enfermedad.

Conocido el temperamento del individuo, ¿influía este en la elección del medicamento que el médico galénico escogía para curarlo?

Sí, porque, basándose en la fórmula *contraria contraris curantur*, o curación por los contrarios, usaba un medicamento de naturaleza distinta a la del individuo para contrarrestar los efectos de la enfermedad: así equilibraba la naturaleza del enfermo y le devolvía la salud.

Galeno usó todo tipo de medicamentos, pero pensó que los de origen animal serían poco efectivos por su similitud con el organismo. Por eso empleó más los de origen vegetal y mineral. Utilizó la polifarmacia, y las fórmulas medicamentosas complicadas. Aumentó el número de los ingredientes que componían la famosa triaca o teriaca, a más de setenta compuestos distintos con los que pretendía curar todo tipo de enfermedades.

Hizo uso de las dietas, cocimientos, infusiones, cataplasmas, linimentos, píldoras, y para expeler los humores usaba vomitivos, estornutorios, purgantes, diuréticos y la sangría, que utilizó muy frecuentemente estableciendo las bases para su práctica, aunque siempre fue contrario a que se llevara a cabo en niños. Por otro lado, cuando trataba de mejorar la calidad de un humor empleaba medicamentos alternantes que reaccionaran con los propios humores del individuo sin anularlos, sino reforzándolos, y para ello usaba tónicos, aperitivos, emolientes, baños, masajes. El concepto de enfermedad galénico va a estar presente en el ánimo de los médicos de períodos venideros y hasta nuestros días.

MEDICINA CRISTIANA PRIMITIVA

En el primer año de nuestra era un hecho iba a cambiar la ordenación de la historia: el nacimiento de Cristo, que modificaría el pensamiento de la humanidad. Sorprendentemente, tal acontecimiento iba a influir de un modo decisivo en la evolución de la medicina, pues, en los cinco siglos que transcurren desde el nacimiento de Cristo hasta la caída del Imperio romano de Occidente, el desarrollo del cristianismo cambia el rumbo de la historia y también los conceptos de la enfermedad.

¿Cómo tuvo lugar la expansión del nuevo movimiento religioso?
El año uno de nuestra era nace Cristo, en el treinta inicia la predicación de su doctrina, y el treinta y tres muere en manos del poder establecido. Pero sus enseñanzas ya no pararán de extenderse, y el año 313 Constantino, en el Concilio de Milán, declara el catolicismo religión oficial

del Imperio romano. En estos tres siglos se propaga por Palestina, Siria, Roma y Grecia, y está presente junto a otras religiones, pero, además, poco a poco, irá modificando el sentir de la gente y, curiosamente, también las bases de la medicina y sobre todo de la atención al enfermo.

¿De qué modo cambiaron el concepto de enfermar las nuevas ideas del cristianismo?
Mediante una evolución gradual del pensamiento. Cristo se convierte en un principio en Sanador Único que, con su presencia o incluso solamente con su invocación, cura dolencias físicas y mentales y resucita muertos. Los Evangelios están llenos de pasajes que hacen referencia a curaciones por la fe, exorcismos y milagros. Tales son la curación de ciegos, la expulsión de demonios o el pasaje de la hemorroísa, la mujer que sangraba por hemorroides y fue curada con solo acercarse a Cristo.

Con todo esto la enfermedad deja de ser considerada un castigo y, así, cuando Jesucristo cura al ciego de nacimiento y un discípulo pregunta si ha pecado el paciente o sus padres, para que sea ciego, Cristo responde que no ha pecado nadie, sino que estas cosas han sido así hechas, para que se manifieste la Obra de Dios. Cuando Jesús anuncia el Juicio Final y la Resurrección, dice que quien haga daño a los demás se lo está haciendo a Él, y si recordamos el pasaje del buen samaritano vemos que se le presta ayuda por caridad, lo que conduce a una nueva concepción en la atención al enfermo, simplemente por ser un semejante, por amor al prójimo y por encima de una idea profesional y del concepto de clases. Parece sin embargo, como si la medicina se adornara con un halo mágico o divino que le apartara de la medicina racional, pero junto con ello la medicina racional sigue su curso y va impregnándose del nuevo concepto de atención al enfermo que aporta el cristianismo.

¿En qué se materializan esas nuevas ideas de atención al enfermo?

Mientras en el paganismo de Roma se abandona al enfermo y en Grecia el concepto de *fatum* ve bien dejar sin atención al paciente irrecuperable y sin remedio, el cristianismo recoge a estos enfermos y los atiende por caridad ofreciéndoles cuidados más allá de las posibilidades del arte médico, aun cuando el pronóstico sea infausto. Se crean por ello instituciones para enfermos desheredados, pobres y huérfanos, y para servir a este nuevo modo de atención al doliente se hacen hospitales en los que se les ofrece tratamiento hasta el final, aun tratándose de moribundos e incurables, ofreciéndoles cuidados continuados de enfermería por primera vez en la historia. Los llevan a cabo mujeres bondadosas, generalmente de buena cuna, que podríamos considerar las primeras enfermeras, por desarrollar con ética ese ejercicio.

¿Cómo eran esos hospitales?

Fabiola, una patricia romana, creó en el año 200 el primer hospital civil y santa Elena, madre de Constantino, en el año 310 mandó construir otro. Ya no son como aquellos primeros hospitales militares romanos desmontables llamados valetudinaria, sino construcciones de piedra con planta rectangular, con los enfermos situados a un lado y otro, separando a los hombres de las mujeres; esta concepción de la distribución rectangular, muy funcional, siglos después agradaría a Florence Nightingale, que puede ser considerada la pionera y creadora de la enfermería como profesión.

89

TERCERA PARTE

EDAD MEDIA

La Edad Media fue morada de quienes vivieron entre los siglos V y XV. En aquellos años todo estuvo impregnado por el teocentrismo, que convertía al hombre en viador hacia Dios, con la única finalidad de gozar en el Paraíso. En ese milenio, que transcurre hasta que de nuevo se tornan las ojos hacia la clásica Antigüedad, es injusto hablar de una época oscura porque, desde la desaparición del Mundo Clásico hasta la llegada del humanismo del siglo XV, ocurren una serie de acontecimientos sin los cuales el período del Renacimiento y sus avances científicos no hubieran tenido lugar.

Tanto da fijar el comienzo de la Edad Media exactamente en el año 476, cuando cae el Imperio romano de Occidente, por la invasión goda, como situar su inicio en el año 330, cuando Constantino fundó sobre la antigua Bizancio la ciudad que lleva su nombre, y no es preciso fijar el fin de esta época histórica el año 1453, cuando Constantinopla cae en poder de los turcos. Podemos decir que la Edad Media se acaba, realmente, ya entrando el XVI.

Tan comprometido como fijar el inicio y el final de este milenio, es periodizarlo: clásicamente hablamos de una Alta y una Baja Edad Media, refiriéndonos para uno y otro período a los años que transcurren entre los siglos V al XII y XIII al XV. Podríamos decir que de los siglos X al XIII se extiende un tercer período: el feudal clásico.

Lo cierto es que, en todo este tiempo, se va a producir un gran cambio en la mentalidad de los hombres, y quizás el más importante ocurra en lo socioeconómico, al fundamentar la producción, clásicamente basada hasta ahora en el trabajo del siervo, en un sistema cuya base está en la relación feudal. Desde ahora la sociedad se organizará en tres sectores fundamentales: los *oratore*, que rezan; los *bellatore* o luchadores guerreros, y los *laboratore* que trabajan para los

93

demás. Todos ellos constituían el asiento de una nueva ordenación. El sistema feudal. En este período, de mil años, alrededor del Mediterráneo se establecen tres culturas distintas entre sí: la bizantina, la islámica y la europea de Occidente. Y en este tiempo la medicina es el resultado de acomodar la ciencia médica griega y, en especial, la galénica, a las religiones de las tres grandes culturas bizantino-oriental, islámica y cristiano-romana occidental.

Veremos, sucesivamente, la medicina en el desarrollo de estos tres grandes conjuntos de pueblos. Antes ocurrió el ocaso y extinción del Mundo Antiguo y tuvieron lugar dos grandes acontecimientos entre la muerte de Galeno, en el siglo II, y la invasión del Imperio romano en el siglo V: la propagación del monoteísmo judeo-cristiano y la perduración postgalénica de la medicina griega. La civilización bizantina permitirá que la cultura clásica grecorromana y el pensamiento galénico de la medicina no se pierdan y persistan para enlazar más tarde, gracias a los árabes, con la naciente sociedad cristiano-europea.

—*Yo he sido más breve que mis compañeros. Para hacer honor al nombre de la época, he dicho la mitad que ellos.*

Lo que sí he leído es que el nombre de Edad Media lo pusieron los renacentistas porque era el tiempo que mediaba entre ellos y la época clásica antigua, por la que tuvieron gran admiración. Tanto tomaron de esa época que a la suya la llamaron Renacimiento.

—*Así es, pero, de todos modos, durante la Edad Media, como vamos a ver, no se perdieron los conocimientos del saber clásico. Esa es la gracia del período de la historia de la humanidad en el que vamos a entrar.*

94

MEDICINA DURANTE LA EDAD MEDIA

INTRODUCCIÓN

La medicina durante la Edad Media está determinada por tres aspectos: helenidad, monoteísmo y el señorial propio de la sociedad feudal. Es el resultado de acomodar el helenismo a la religión propia en cada una de las tres culturas que, en ese tiempo, se establecen alrededor del Mediterráneo: bizantina, islámica y europea occidental.

En definitiva, la medicina será, en cada una de estas culturas, galenismo adaptado a las propias exigencias sociales.

La medicina bizantina cumplió la función de conservar, a lo largo de toda la Edad Media, el sabor clásico en su idioma griego original. No hubo una producción científica propia, pero se elaboraron y ordenaron sistemáticamente los saberes. La convivencia entre lo pagano y lo cristiano, la cultura y la religión, y el trabajo de conservación de lo clásico permitieron recopilar, ordenar y transmitir esos conocimientos y galenizar el saber árabe. Los árabes del siglo VII adquirieron así el saber clásico de Galeno y de Hipócrates, traduciéndolo al siriaco.

El mundo islámico tradujo y asimiló el saber médico helenístico. En un primer período, de máximo esplendor, se desarrolla en Oriente entre los siglos X y XI un importante foco de saber en el califato de Damasco. Rhazes (860-932 d. C.) y Avicena (480-1037) serán los máximos representantes: el primero un gran clínico; el segundo, autor del *Canon*, donde sistematiza la medicina galénica apoyándose en las ideas de Aristóteles.

95

Después y hasta finales del siglo XIII, España contará con el segundo foco del saber islámico, en el primero emirato y después califato de Córdoba: Abulcasis (936-1013) será el máximo tratadista quirúrgico del Islam y Avenzoar, un clínico de consideración.

Los árabes recibieron, asimilaron y recrearon el galenismo, que criticaron y reelaboraron, y desde ciudades como Edessa, Nisibis y Gundishapur, donde lo recogieron, trajeron a España los conocimientos clásicos que, desde aquí y desde Constantinopla, fueron devueltos a su origen para que así naciera la cultura de la Europa cristiana medieval.

En la medicina del Occidente medieval se dan dos importantes períodos, con características muy diferenciadas. Desde el siglo V y hasta finales del X, en Europa la ciencia médica es escasa y se limita a algunos restos de saberes clásicos que conservan los clérigos encargados de las prácticas médicas en aquel momento. Es la medicina monástica de la Baja Edad Media. Durante los siglos XI y XII tiene lugar la verdadera asimilación del saber grecoárabe en la Escuela de Salerno, primer centro básico del Occidente medieval.

La verdadera traducción del árabe al latín, de los más importantes textos clásicos e islámicos, se llevó a cabo, sin embargo, en el siglo XII en la Escuela de Traductores de Toledo. En el siglo XII aparecen las universidades. Una de las primeras fue Montpellier, donde impartió magisterio el valenciano Arnau de Vilanova (1230-1311), máxima figura europea de esta medicina arabizada, en palabras de J. M. López Piñero.

Bolonia y Padua fueron los centros del saber más importantes entre los siglos XIII y XV. En las escuelas médicas italianas, además de las observaciones médicas que se llevan a cabo, se introduce un nuevo modo de escribir las historias clínicas, en forma de *consilium* o consejo, para convertirlas en docentes; se comienza a practicar disecciones en cadáveres y la cirugía será otro de los aspectos que se desarrollarán en este período, que

96

recibe el nombre de Baja Edad Media. Ahora la medicina será laica y se presenta la necesidad de reglamentar, por primera vez, la titulación y la enseñanza médica, como señala el autor antes citado.

Lejos de ser una época oscura, la Edad Media es el período de la tecnificación de la medicina, la creación de las universidades y la transformación de los conceptos que se refieren a la interpretación de la medicina, la atención al enfermo y la interpretación de la enfermedad, con personajes como Tadeo Alderotti (1233-1295), creador del *consilium*, y Arnau de Vilanova, expositor del concepto de enfermedad en esta época.

MEDICINA BIZANTINA

El gran Imperio romano comenzó a desintegrarse definitivamente en el siglo IV, por los constantes ataques de los pueblos bárbaros y una importante crisis económica en el siglo III. En el año 476, el germano Odoacro deponía de su trono en Roma al emperador Rómulo Augústulo. Era el siglo V después de Cristo.

Roma cayó en manos de los germanos, pero es cierto que el Imperio romano, desde Constantino, estaba dividido en dos: el Imperio romano de Occidente, cuya capital era Roma, y el Imperio romano de Oriente, con capital en Bizancio, que en el año 330 tomó el nombre de Constantinopla por el emperador Constantino. La parte occidental se desmembró en la fecha referida, pero la oriental persistió hasta el año 1453, y en todo este tiempo, es decir, a lo largo de mil años, transcurre el período que en el Renacimiento denominaron Edad Media, en la que se desarrollan tres culturas diferentes alrededor del Mediterráneo: la bizantina, la islámica y el cristianismo naciente de la nueva Europa.

Con todo ello, la cultura grecorromana va a sufrir un cierto desplazamiento, pero no se va a perder. Y en esa época la medi-

97

cina es el resultado de unir el galenismo con las religiones de esas tres culturas.

¿Qué papel jugó Bizancio en el mantenimiento de la cultura médica?

Al caer el Imperio de Occidente, la gente huyó hacia Oriente llevándose sus enseres, sus libros y sobre todo sus conocimientos; marcharon a Bizancio, donde realmente no se conoció el período medieval y conservaron las formas sociales características de la Edad Antigua. Los médicos, concretamente, recogieron los conocimientos del saber antiguo grecorromano y los recopilaron y ordenaron, en una sociedad sometida a constantes ataques de godos, persas y turcos, para la que la salud y la asistencia médica tuvieron gran predicamento, como se desprende de la importancia que adquirió la creación de hospitales y lugares de asistencia; incluido el relieve que adquirió la medicina práctica que se hizo, lo que sabemos que llegaron a cobrar los médicos en aquel tiempo y las cargas fiscales a que les tuvo sometidos Justiniano.

¿Cómo influyó el cristianismo bizantino en la medicina de aquel tiempo?

En parte le perjudicó, porque bajo la advocación del nombre de Jesús se llevaron a cabo prácticas médicas poco ortodoxas y se introdujeron maniobras supersticiosas que en poco beneficiaron al enfermo: tales son los amuletos con reliquias o papeles escritos con invocaciones para curar y prevenir las enfermedades y un sinfín de prácticas esotéricas. Pero es cierto que, junto con ello, un hereje llamado Nestorio, que negaba la verdad de la Santísima Trinidad, hizo traducciones importantes de los libros médicos griegos y romanos, y en las ciudades donde estuvo desterrado, como fueron Effeso, Edessa y Nisibis, dejó su trabajo; libros que, cuando estas ciudades fueron conquistadas en el siglo VII por los árabes, sirvieron para que el saber antiguo fuera asimilado por ellos y se siguiera transmitiendo.

Es de suponer que en un período tan largo, mil años, la medicina bizantina experimentaría variaciones.

Sí y en ese tiempo se diferencian dos etapas. Un período fue anterior al año 642, cuando los árabes conquistaron Alejandría, que recibe el nombre de etapa alejandrina porque esa ciudad continuó siendo el foco principal del saber. Otro período, posterior a aquella fecha, transcurre hasta el fin del Imperio bizantino, en el año 1453, y se denomina etapa constantinapolitana, ya que la capital continuó siendo Constantinopla. De todos modos, existió una clara unidad entre las dos etapas, pues tienen características muy similares. La principal fue conservar el saber clásico grecorromano.

¿Qué médicos y qué hechos sobresalen en el período bizantino?

Fue para la medicina, sobre todo, una etapa de enciclopedismo y de recopilación del saber antiguo, que se recogió en sinopsis y enciclopedias, ordenando el saber médico. Hubo médicos prácticos importantes, como Oribasio (550-400), uno de los primeros en ocuparse de temas pedagógicos al preocuparse de la inhibición que a los niños puede provocarles el castigo. Aecio (520-560) fue autor del *Tetrabiblon*, donde expone sus experiencias en cirugía y describe las técnicas de las operaciones de amígdalas y hemorroides. Alejandro de Tralles (523-605) fue el primero en aconsejar la colchitina en el tratamiento

99

de la gota. Y sobre todos ellos destaca Pablo de Egina (625-690), el más importante, que escribió un libro donde hace referencia al régimen de vida que es preciso seguir para estar sano; la clasificación de las fiebres en las enfermedades crónicas y agudas; hace mención a la higiene sexual y mental, y en cirugía marca las pautas para llevar a cabo la exéresis del cáncer de mama y el tratamiento de la hernia inguinal.

MEDICINA ISLÁMICA

Hace 1500 años nació una nueva religión, el Islam. Cuando su fundador Mahoma murió, el año 632, toda Arabia participaba ya de la idea de extender la nueva fe por el mundo aunque para ello fuera preciso derramar sangre.

Los árabes, en tan solo cien años, se hicieron dueños del Mediterráneo y crearon un imperio que abarcaba desde el Indo, en Oriente, hasta el Atlántico en Occidente. En este vasto territorio extendieron el Islam, justo es decirlo, las más de las veces arabizando, es decir, pactando y conviviendo con sus vecinos vencidos, sin necesidad de derramar sangre como dijimos.

Ellos recogieron el saber de Bizancio, donde se habían conservando los conocimientos antiguos, griegos y romanos, y los asimilaron a su cultura. De ese modo han llegado hasta nosotros, y con ellos los conceptos galénicos y aristotélicos de la medicina clásica.

¿Cuándo comienza a tener importancia la medicina en la cultura islámica?

Realmente a partir del siglo VII de nuestra era y gracias a Mahoma, que condujo la expansión del Islam guiado por el Corán, en donde se da gran importancia

100

a la salud. Los árabes le concedieron tanto interés a la medicina, aparte de por su comprensible valor intrínseco, porque una sentencia de Mahoma decía que «Solo existen dos ciencias verdaderas, la Teología para la salvación del alma y la Medicina para la salvación del cuerpo».

¿Cuáles fueron los focos médicos más importantes de la cultura islámica?

Los de sus dos califatos: Damasco y Córdoba. En el territorio que actualmente ocupan Siria e Irán hubo, entre los siglos VII y VIII, dos dinastías en pugna, los sasánidas y los abásidas. En el año 661 reinaban en Damasco los omeyas, que eran hachemíes sasánidas, pero años después, en el 750, una revuelta abáside destronó al último omeya y su descendiente, Abd al-Rahman, huyó con su madre al norte de África, desde donde pasó a la península ibérica, el año 757. Cuarenta y cinco años después de que los árabes entraran en la península Abd al-Rahman fundó un emirato que después pasó a ser califato de Córdoba.

Hubo así dos califatos en el Islam que se convirtieron en los dos principales focos médicos de esa cultura: Damasco en Oriente y Córdoba en Occidente.

¿En Damasco, quiénes fueron los representantes más genuinos del saber médico?

Sin olvidar a Arun al-Rascun, que fue gran traductor de libros bizantinos con contenido médico, entre los verdaderos médicos destaca el persa Abu Bark Muhammad ibn Zakariyya al-Razí, más conocido por Razés, que nació en el año 865.

Razés, en el siglo IX, fue un verdadero sabio que escribió más de sesenta libros y entre ellos la mayor enciclopedia escrita por un solo hombre, el Continens.

Defendía el estudio sobre todas las cosas y decía que era preferible estudiar cien libros que estar mil años viendo enfermos, pero sin embargo en sus escritos expone experiencias propias, en especial sobre la viruela y el sarampión, lo que indica que estaba atento a aquello que le acontecía al enfermo.

Fue el médico más importante de su época y por ello el califa le hizo médico de cámara, con un sueldo anual equivalente a unos dos millones de los actuales euros.

¿Qué hay del conocido médico Avicena?

Fue otro de los grandes médicos de aquel tiempo. Conocido como Avicena, su nombre era Abú Alí al-Husayn ibn. Abdalláh Ibn Siná y nació en el siglo X, el 973; fue durante setenta y ocho años un hombre de vida turbulenta. Avicena, niño prodigio, escribió a los veinte años «El Canon» que sirvió durante años de libro de texto de medicina.

Tuvo la suerte casar bien y pudo dedicarse, sin preocupaciones económicas, al estudio y la meditación. Avicena despilfarró la fortuna de su mujer y fue amante de la buena mesa y de la escogida cama, pero tuvo tiempo para escribir mucho en general y en particular sobre medicina.

¿Qué escribió Avicena?

Principalmente *el Canon*, una gran enciclopedia que sirvió de texto para aprender medicina y que todavía en el siglo XVI seguía usándose en las universidades. Conviene decir que en las escuelas de medicina árabe, donde se formaban los futuros médicos, un ejercicio obligado era aprender y recitar de memoria los versos del llamado *Poema de la medicina* de Avicena.

Avicena escribió, entre otros muchos, dos libros que se llamaron *la Curación* y *la Salvación*, que sirvieron para que a su muerte, satíricamente, las gentes dijeran en atención a la vida que había llevado que la *Curación* no logró curarle y *la Salvación* no consiguió salvarle.

Definió la medicina como el arte de conservar la salud y eventualmente curar la enfermedad sobreañadida, y demostró ser un precursor de la medicina preventiva.

MEDICINA DE LA ESPAÑA MUSULMANA

En el siglo VIII de nuestra era el omeya Abd al-Rahman tuvo que huir del califato de Damasco y vino a la península ibérica con su familia y seguidores, el año 756. Vino a España casi cincuenta años más tarde de haber comenzado la invasión musulmana, cuando ya los árabes estaban establecidos en estas tierras. Después de varias campañas militares, Abd al-Rahman se afincó en Córdoba, que llegó a ser un califato, convirtiéndose así la península ibérica, junto con Damasco, en uno de los dos focos políticos, económicos y culturales más importantes del mundo del momento.

Recordemos que para el asentamiento árabe en la península, bajo el reinado de Abd al-Rahman y antes de él, hubo guerras tras las que se establecieron en tierra cristiana, pero sobre todo lo hicieron gracias a pactos; de tal suerte que árabes, bereberes, judíos y cristianos convivieron juntos y en las mismas ciudades, aunque ocupando espacios delimitados. A mediados del siglo IX se fueron unificando y convirtiendo en una raza única, la andalusí, que en su expresión más pura hablaba la aljamía.

¿Cómo surgió la afición a las ciencias en al-Ándalus o antigua Andalucía?

Hay que aclarar que al-Ándalus no era solamente la actual Andalucía, sino que ese término servía para designar a todo lo que en la península era territorio musulmán. La

103

afición por la ciencia en al-Ándalus puede decirse que comienza cuando el emperador de Bizancio, Constantino II Porfirato, para estar a bien con el califa de Damasco le envió un ejemplar del libro de Dioscórides, llamado la *Materia médica*, que fue traducido al árabe. Esto coincide con el gran momento de esplendor de Córdoba, que atrajo a importantes médicos de Oriente, como Razés, que pasó aquí una temporada e incluso escribió un libro que dedicó a Almanzor, el *Kitab al-Mansuri*, traducido al latín más tarde por Gerardo de Cremona.

Podemos resumir que los conocimientos de Oriente pasaron a Occidente despertando aquí la afición por el saber y con ello por la ciencia médica.

¿Quiénes fueron los médicos árabes de mayor interés, nacidos en al-Ándalus dentro de la península ibérica?

El más importante sin lugar a dudas fue el cordobés Abu-l-Qasim Khalaf ibn Abbás Al Zahrawi, conocido por Abulcasim, nacido en Medina Azahara en la segunda mitad del siglo X, que alcanzó gran fama como cirujano. Realmente fue médico, farmacéutico y cirujano; se ocupó de la medicina interna, obstetricia, dietética, cosmética, terapéutica y psicoterapia. Pero sus mayores contribuciones fueron en cirugía, inventando un sostificado, sutil y caprichoso instrumental, con todo tipo de sondas, tijeras, pinzas, bisturíes, espéculos y separadores, para poder llevar a cabo las más avanzadas exploraciones diagnósticas y los más arriesgados tratamientos del momento, cosa que hizo con gran destreza y éxito.

¿De qué trató Abulcasim en sus escritos?

Hizo referencia a los problemas de la coagulación de la sangre, ligaduras de las arterias, suturas, férulas y vendajes.

Inventó unas cucharas que de algún modo podrían considerarse precursoras de los fórceps para asistir partos. Y se preocupó incluso de los problemas psicológicos y educación de los niños, y también de la ética y práctica de la medicina. No solo se ocupó de la cirugía, aunque le dedicara mayor atención.

¿Qué significó Córdoba en el ámbito médico?
Llegó a ser el primer centro de enseñanza médica entre los siglos IX al XI; antes de que en el siglo XII se crearan las universidades. Una escuela árabe se denominaba madrisa, y a la madrisa de medicina cordobesa acudieron los sabios más importantes de la época. Allí se aprendían las lecciones en verso y eran recitadas de memoria por los alumnos, que vivían internos y hacían prácticas en el hospital para completar su formación. Los estudios podían durar de cinco a quince años.

¿Otros maestros del saber musulmán español?
El sevillano Avenzoar en el siglo XII, gran sabio, alquimista famoso y además farmacéutico y médico, y también su discípulo, el cordobés Averroes, que fue un sabio polifacético.

¿Cuál fue el balance final de la medicina árabe?
En concreto, la perpetuación del galenismo y la transmisión del saber de la Antigüedad clásica, que así no se perdió y pasó a otras culturas, como veremos. Los árabes recopilaron, reelaboraron y transmitieron los conocimientos clásicos y grecorromanos, sobre todo el pensamiento galénico.
Al concepto de enfermedad de Galeno añadieron personales aportaciones. La enfermedad era clásicamente una predisposición de la naturaleza del organismo. Para

105

los árabes, la enfermedad era el resultado de la acción sobre las cosas naturales, que eran los cuatro elementos empedoclianos constituyentes de la materia, de las seis cosas no naturales: el aire, la comida y la bebida, el movimiento y el reposo, el sueño y la vigilia, la vacuidad y la repleción y los efectos del alma, que, al incidir sobre las cosas naturales y alterar el equilibrio de la fisis o naturaleza del individuo, provocaban el desequilibrio y este la enfermedad.

En definitiva galenismo puro que recibieron, asimilaron, recrearon y supieron transmitir.

LA SALUD PÚBLICA EN AL-ÁNDALUS

La Mezquita cordobesa es prueba de la grandeza que durante la dominación musulmana alcanzó aquella ciudad. Sin embargo, junto a tanta magnificencia, en las aglomeraciones urbanas de al-Ándalus un gran número de familias vivían hacinadas en las casas humildes, sin luz ni ventilación, en ínfimas condiciones de salubridad. Los árabes utilizaron los emplazamientos de las ciudades romanas y visigodas para construir las suyas, pero cambiaron el aspecto morfológico de las mismas.

El período de reurbanización de al-Ándalus tiene lugar durante la época de arabización omeya desde Abd al-Rahman I a Abd al-Rahman III, en los siglos IX y X. En este período Andalucía contó con las ciudades más pobladas de Europa, como fueron Córdoba, Sevilla y Almería.

¿Cómo eran las ciudades de la Andalucía musulmana?
Tomemos por ejemplo Córdoba, que, entre los siglos IX y X, contaba con noventa mil habitantes. Tenía, primero y fundamentalmente, un barrio central, llamado

la medina, que era el núcleo vital administrativo y comercial. Allí estaba la mezquita y las calles afluían hacia ella. Si la medina estaba amurallada y en alto, se llamaba alcazaba. Alrededor de la medina estaban los arrabales, donde vivía el pueblo llano dedicado a la industria y la artesanía. Las calles eran estrechas y no permitían el paso de carros como en las ciudades romanas. No disponían de servicios y en ocasiones tres o cuatro casas formaban un conjunto que por la noche se cerraba, denominado arkavas. Por último, en las afueras de la ciudad, las alamedas eran lugares arbolados, de paseo, que conducían más lejos aún, a las almunias o torres de los bien acomodados.

La población, en su mayoría, eran burgueses, artesanos, plebe urbana y rural, campesinos, esclavos y miserables, que vivían en pésimas condiciones.

En este tipo de hábitat, las epidemias serían frecuentes, ¿qué enfermedades causaron terror durante aquel período histórico?

Las epidemias y las hambrunas hicieron verdaderos estragos entre los habitantes y a veces sirvieron, al despoblar las ciudades, para que los cristianos ganasen posiciones en la que fue mal llamada Reconquista, dado que no tenían sentido de nacionalidad.

En el siglo XIV fue la famosa peste negra la que asoló Almería, Málaga, Granada, Antequera y Vélez; pero ya antes, en el siglo IX, cuando Avicena fue el primero en relacionar los brotes de peste con la polución excesiva de ratas en las ciudades, al-Ándalus sufrió repetidos envites de esta enfermedad y de otras muchas epidemias, como la lepra, ante las que nada se podía hacer. A los leprosos se les recluía en barrios prohibiéndoles comerciar con los habitantes sanos. Las verdaderas plagas de este tiempo fueron la peste negra, el hambre, la guerra y la muerte, que estaban en cualquier lugar.

¿Cómo actuaba el médico en al-Ándalus?
Había médicos cualificados y prácticos empíricos que practicaban pequeñas intervenciones, aplicaban sanguijuelas y hacían sangrías para curar las enfermedades.

Los médicos laicos eran unos prácticos, conocedores de la ciencia médica que habían aprendido junto a otro médico, y otros teóricos, que defendían una instrucción amplia y previa al ejercicio de la medicina. Unos y otros hacían uso de los medicamentos, que compraban a los boticarios y vendedores de especias en el mercado.

Estos boticarios vendían de todo: pomadas y ungüentos para granos, rozaduras y pecas; polvos dentales, colirios y embellecedores; tintes para el cabello, depilatorios y desodorantes, elixires, y todo tipo de medicamentos.

No está mal, pero ¿era realmente limpia esta gente?
La higiene en la antigua Andalucía fue bastante aceptable a pesar de todo. Las mujeres compraban para las casas esencia de sándalo, rosas, tamariz y alcanfor, y así hacían más respirable el aire de sus viviendas. A nivel personal usaban ungüentos y perfumes, y las que podían permitírselo dedicaban varias horas del día al aseo. Utilizaban incluso goma de mascar, aromatizada, para mejorar su aliento.

Los baños fueron habituales, pues la limpieza corporal en el mundo islámico era una imposición religiosa. Se debía llevar a cabo antes y después de las cinco oraciones diarias y tenían la obligación de lavarse la boca antes y después de las comidas. En las casas de los ricos había bañeras y la gente menos hacendada disponía de hamanes

108

o baños públicos, de los que se dice que hubo tres mil en Bagdad y trescientos en Córdoba durante el siglo X. En estos baños había masajistas y las gentes acudían a relajarse, cuidarse y contar sus cuitas. Se creó una verdadera especialidad médica, la hidroterapia. Fueron baños famosos los de Almería, Murcia y Zaragoza, donde se ofrecía gran variedad de servicios al asistente, relacionados con su salud.

¿Y respecto a la dieta?

El profeta Mahoma dijo: «El estómago es la cámara del mal y la dieta el principio del tratamiento». Con eso está expresada la importancia que le concedieron. Baste decir que los musulmanes buscaban la purificación del alma con la oración y la del cuerpo con el baño y la dieta.

MEDICINA MEDIEVAL OCCIDENTAL

La Edad Media transcurre desde finales del siglo V hasta mediados del siglo XVI. En este período de tiempo ocurren grandes acontecimientos: los bárbaros se establecen en la futura Europa, evoluciona la Iglesia, el derecho romano y el visigodo rigen a la nueva sociedad y las comunidades religiosas se enclaustran en los monasterios para obtener, orando, la salvación del alma.

La medicina de la Europa cristiana de ese tiempo acepta el latín como vehículo de expresión y lo usa para traducir el saber médico de la antigüedad contenido en los libros árabes. Esta labor se lleva a cabo en la Escuela de Traductores de Toledo, en Montecassino y en general en todos los monasterios donde los monjes traducen y copian los libros a mano, pues en Europa todavía no existía la imprenta.

En un período tan largo de tiempo como es la Edad Media, la medicina experimentaría variaciones.

Sí y, en resumen, durante el Alto Medievo la medicina se hace en los monasterios, desde el siglo VI hasta el XI. Desde ese momento su práctica se seculariza en la llamada Escuela de Salerno, cuyos médicos ya no son monjes. Más tarde, en el Bajo Medievo, durante los siglos XII y XIII, aparecen las universidades y se racionaliza progresivamente el saber hasta el siglo XIV, en que comienza el período prerrenacentista.

En ese milenio lo que más avanzó fue la cirugía, mientras que la medicina queda entretenida en el galenismo que impregnaba los textos árabes que se estaban traduciendo. En todo ese período de tiempo ocurren muchas cosas, hay un gran trasiego de gentes y la medicina varía según el momento, el lugar y el colectivo de población en que se da. Si nos fijamos en los pueblos germánicos, que se introdujeron en el Imperio romano de Occidente provocando con su caída el inicio de la Edad Media, observamos que tuvieron una medicina primitiva de carácter teúrgico. La enfermedad para ellos era un castigo que se ocupaban de curar las mujeres sabias, adivinadores y curanderos mediante ensalmos, sacrificios de animales y el uso de plantas mágicas entre las que destaca el muérdago, sobre todo entre los británicos. Esta planta se ponía en las puertas de las casas para ahuyentar la enfermedad y en ello puede estar, seguramente, la costumbre de usarlo en Navidad para obtener paz y felicidad. Todo esto, que ocurría en el siglo VI, significa un retroceso en la medicina, pero, al mismo tiempo, entre los siglos V y VI otros que eran médicos practicaban una medicina más evolucionada y tenían reguladas sus funciones, derechos y obligaciones en el Código Visigodo; código que sirve hoy como fuente para conocer la medicina que se hizo en aquel tiempo. En él se obliga a los médicos a no cobrar si el paciente fallece

110

y a reponer los esclavos que mueren durante el tratamiento, así como a no sangrar a las mujeres en privado para evitar el adulterio; también se prohíbe visitar sin vigilancia a los presos para que no se les proporcione venenos.

Es de suponer que en una época de guerras como esta, la mortalidad sería muy alta.

Sí, y, como consecuencia de los grandes movimientos migratorios de la población, el consumo de alimentos en malas condiciones y las deficiencias sanitarias que tenían las ciudades medievales, hubo una morbilidad jamás igualada. El escorbuto, el tracoma, el tifus exantemático, la tisis e influenza, las pandemias medievales como fueron la sífilis y la lepra del siglo VI, la peste, por fin, todos se enseñorearon de las gentes de la Edad Media y la mayor epidemia, la peste negra del año 1348, produjo la muerte de sesenta millones de habitantes en todo el mundo y veintiuno en Europa.

Con tanto enfermo, ¿no faltaron camas hospitalarias, como ocurre en la actualidad?

Por supuesto, faltaron. Pero la situación y el sentido ético cristiano de atención al enfermo favorecieron la construcción de hospitales. La concepción actual de los hospitales es realmente una obra cristiana y medieval.

Los asclepeia o antiguos templos de Asclepio donde se atendía a los enfermos desde el siglo VI a. C. duraron hasta el año 333 de nuestra era, cuando los clausuró Constantino. Pero recordemos que habían existido los Valetudinaria, hospitales usados por los romanos durante las campañas de guerra, y en el siglo IV una patricia romana, Fabiola, hizo construir el primer hospital civil para recoger a los enfermos y necesitados de las calles de Roma. En la misma época, en Oriente, Basilio el Grande fundó otro hospital civil; más tarde en ciudades como Edessa, Nisibis y Gundishapur, los hubo tan grandes como el llamado Pantocrátor de Constantinopla, que tenía cincuenta camas para atender hombres y mujeres; allí se hacía medicina y cirugía y se disponía de farmacia, lavandería e incluso de panadería, para abastecer a los enfermos.

¿Cómo eran los hospitales de ese tiempo en Occidente?
Ya en el siglo IX destacan el de San Gall y el de Cluny y muchos otros que eran verdaderas ciudades sanitarias, pues tenían enfermería, leprosería, salas para pobres y para crónicos, farmacia y todo tipo de servicios. Todas estas instalaciones dependían del monasterio junto al que se construían.

En el año 1095 había en la Europa cristiana ochocientos monasterios y cada uno tenía su hospital. Pero, un siglo antes, surgieron también comunidades de monjas con hospitales propios y más tarde las órdenes de caballeros como San Juan de Jerusalén, Malta, Orden Teutónica e incluso órdenes y cofradías totalmente seglares, como las hermandades de panaderos o labradores, construyeron sus hospitales bajo la advocación religiosa de su santo patrón.

MEDICINA MEDIEVAL MONÁSTICA Y LAICA

Bajo el lema *Ora et labora*, el año 529, fundó san Benito de Nursia el Monasterio de Montecassino, donde el cuidado a los enfermos era uno de los principales objetivos de la vida monástica. Como esta se fundaron muchas otras órdenes que influyeron decisivamente en la evolución de la medicina.

El capítulo 37 de la Regla Benedictina obligaba a la dedicación preeminente al enfermo: «El cuidado a los enfermos —decía—, debe ante todo ser practicado, como si dispensándolo a ellos, al

112

mismo Cristo se dispensara», reforzando así la idea ética cristiana de atención al paciente, al ver en él al propio Cristo. Esto obligó a que se establecieran enfermerías en los monasterios no solo para cuidar a los miembros de la comunidad, sino para los pobres de los contornos y peregrinos. Incluso salían los monjes a realizar visitas domiciliarias.

Junto a los monasterios se crearon jardines botánicos para abastecerlos de plantas medicinales y se hicieron farmacias y bibliotecas, que mejoraron el nivel intelectual. Todo eso coincidió, además, con los Concilios de Orleans y Narbona, que prohibieron la ordenación de sacerdotes analfabetos.

¿Qué tipo de medicina se hizo en los monasterios?

A pesar de la evolución intelectual de los monjes, no dejó de ser un conjunto de prácticas empíricas, carentes de eficacia muchas veces, poco racionales y en las que tenía mucho que ver la milagrería. Al menos al principio, pero esto no les resta mérito, pues el principal favor que hicieron los clérigos a la medicina fue traducir las antiguas obras de Hipócrates, Galeno, Dioscórides y otros clásicos.

En esta labor de traducir las obras de la Antigüedad clásica, sobresalen en Italia Casiodoro, en el siglo VI, que escribió una enciclopedia médica; en España, Isidoro y Leandro de Sevilla, obispos y primados a finales del mismo siglo; el venerable Beda y su discípulo Alcuino de York, que fue consejero de Carlomagno en Inglaterra; la monja Hildegarda de Bingen y otros tantos, que trabajaron en las escuelas monásticas y catedralicias, preparando intelectualmente el terreno para que en el siglo XII aparecieran las universidades. Sobresale por su ironía, entre toda esta gente, John de Salisbury, que aconsejaba, al atender al enfermo, practicar lo que él llamaba *Dun dolet occipet*, es decir, cobra mientras duele.

113

¿Qué papel jugó en este momento España en la evolución de la medicina?

Un papel importante, porque con la reconquista de Toledo por Alfonso VI el año 1065, los cristianos se hicieron dueños de los manuscritos árabes que contenían el saber clásico. Atraídos por ello vinieron personajes como Gerardo de Cremona y otros sabios del momento, que tradujeron del árabe al latín todos aquellos libros creando, con tal trabajo, la Escuela de Traductores de Toledo. Cuando en el Renacimiento se inventó la imprenta, la difusión de estos libros hizo llegar a todos el saber de todos los tiempos, especialmente el clásico grecorromano.

Además de la medicina monástica, ¿hubo otra medicina durante la Edad Media?

Sí, porque existieron médicos laicos y con ellos la medicina medieval comenzó a tener un nivel clínico más científico. Esto ocurrió cuando en el siglo XI se fundó la Escuela de Salerno, situada al sur de Nápoles, en cuyo puerto ya había existido en el siglo anterior un monasterio benedictino que contaba con hospital. Según la leyenda, allí se fundó una *civitas* hipocrática gracias a que se unieron cuatro sabios: el maestro judío Helinus, el árabe Adela, Ponto el griego y el latino Salernus, que representaban las distintas tendencias del saber de aquel momento.

¿Quiénes son los máximos representantes de la Escuela de Salerno?

Cronológicamente, sobresale Gariopontus, en el siglo XI, que escribió un libro sobre Galeno. Fue también importante Alphanus, que, con su obra, *Natura hominis*, introdujo la teoría de los humores en la cristiandad, y muy importantes Constantino el Africano, que tradujo más de treinta libros, y Trótula, una mujer que en su libro *De passionibus mulierum* trataba temas de obstetricia, ginecología y cosmética.

Entre los temas más relevantes de los que se ocuparon los médicos en la Escuela de Salerno sobresale la obra quirúrgica y, en ella, la de Ruggero Frugardi de Palermo, que trata sobre las heridas, indicaciones de la trepanación, estimulación de la producción del pus loable, las suturas de las heridas de la pared abdominal, colocación de hilas para drenajes y las operaciones de cáncer de recto, útero o hernias.

Junto a la cirugía, en la Escuela de Salerno destaca la preocupación por la dieta, debiéndose gran parte de la fama de la escuela a la obra llamada Regimen *Sanitatis Salernitanum* o también *Flos Medicinae*, poema en 362 versos en los que se ofrecen consejos sobre higiene, dieta y modo de vida, fruto de la experiencia de los maestros salernitanos. También son famosos los Articella, textos para la educación médica salidos de Salerno; así como los libros sobre las virtudes medicinales de ciertas plantas y piedras preciosas.

En Salerno había un dicho que aconsejaba: «Si te hacen falta médicos sean tus medicinas tres cosas, mente alegre, descanso y dieta sana», que sigue teniendo hoy una gran vigencia pese a la plétora actual de medicamentos.

LA APARICIÓN DE LAS UNIVERSIDADES

La medicina técnica estuvo representada durante la Baja Edad Media por la Escuela de Salerno, al sur de Nápoles. De allí salió el quehacer médico de los siglos XI al XIII.

La Escuela de Salerno, cuyos médicos, en contra de la costumbre de la época, no fueron monjes, dominó la enseñanza médica medieval occidental durante los últimos siglos de esta época, pero ya en el XII su esplendor comienza a declinar y surgen otras escuelas de medicina en París y Montpellier. Aparecen entonces las universidades, recogiendo la herencia de las llamadas escuelas capitulares, que existieron al amparo de las catedrales y dieron paso más tarde a los llamados estudios generales, de los que el de París fue el primero, en el año 1110, pero también los hubo en ciudades como Padua, Siena, Oxford, Cambridge, Bolonia, y en España en Salamanca, desde 1218, y Lérida en el 1300.

El saber que se impartía en estos sitios era netamente escolástico. Es decir, conciliaba los conocimientos naturales del sabio Aristóteles, que adoptaron los árabes, con la ética cristiana que seguía a Platón y las creencias teológicas de santo Tomás. En estas futuras universidades se estudiaba lo que denominaban el *trivium* y el *quattrivium*: por una parte gramática, lógica y retórica y, por otra, aritmética, geometría, astronomía y música.

Cuando se impartieron además enseñanzas de teología, leyes y medicina, surgieron las universidades y, así, tras ser bachiller en artes, los estudiantes podían acceder a ser bachilleres en medicina, licenciados después y por fin doctores en medicina.

El estudio teórico consistía en leer las obras de Galeno, Hipócrates, Avicena, Constantino el Africano y otros, y la tarea práctica podía hacerse en el hospital, o bien junto a un médico reconocido en su consulta. La formación, además de los cursos lectivos, contaba con otros de disección para el aprendizaje de la anatomía, que fueron el estímulo para la educación más racional de los cirujanos. Hubo una gran tradición anatómica en Bolonia, Padua y Montpellier, donde, consecuentemente, se formaron grandes cirujanos.

¿Cómo se fraguó la creación de las universidades?
Surgen como consecuencia de los cambios que en aquel tiempo experimentó la sociedad, haciéndose necesaria la creación de nuevas instituciones y métodos de enseñanza, y

tienen su origen entre la autoridad de la Iglesia, el poder real y los municipios, que se disputaban su creación en las distintas localidades donde existió tradición de enseñanza. Apareció así, entre los siglos XII al XIV, en Bolonia, París, Montpellier, Oxford, Salamanca, Cambridge, Nápoles, Tolouse, Padua y Viena, al albergue de los mencionados estudios generales y con el mismo espíritu escolástico. En ellas se enseñó, además de artes: teología, derecho y medicina.

Los estudiantes universitarios de Medicina, inicialmente, estuvieron prácticamente obligados al celibato, por lo que los cursos se llenaron de clérigos. Ese requisito se abolió en el año 1452 en la Universidad de París, pero no fue fácil separar a los monjes de la medicina y menos de la cirugía, dados los beneficios que su práctica les reportaba en los monasterios. Fueron precisos para ello dos concilios: uno en 1130 y otro en 1215, que les prohibieron ejercer la medicina.

Es decir, que de algún modo se reguló la práctica de la medicina.

Exactamente, y, a pesar de que durante la Baja Edad Media abundan los curanderos y cirujanos itinerantes, en el siglo XII ocurre lo mismo: Ruggero II de Sicilia y Federico II de Nápoles dictaron leyes prohibiendo el ejercicio a quienes carecían de título. En España sabemos, por las Partidas de Alfonso X el Sabio, que hubo alcaldes examinadores y más tarde médicos reales que constituyeron el Tribunal del Protomedicato, ya en tiempos de los Reyes Católicos, para regular la medicina.

¿Cómo era el nivel universitario de aquellos médicos de la Baja Edad Media?

Su formación universitaria estaba marcada por el latín y el conocimiento de los textos médicos clásicos, lo que

117

les concedía una posición cultural e incluso social superior a la de los cirujanos, por lo general barberos y flebotomos sin formación universitaria, y desprovistos de cultura literaria médica.

Siempre hubo pugnas entre médicos y cirujanos. Junto a los poderosos colegios médicos surgían en esta época los gremios de cirujanos, y se produjo una división entre ellos. Tanto que para marcar la diferencia de sus componentes unos eran llamados médicos de toga larga y los segundos de toga corta. El médico universitario no solía practicar la cirugía porque su dignidad no le permitía un trabajo manual. Pero el espíritu del tiempo actuó equiparando, primero en Italia, luego en Francia y después en España, a médicos y cirujanos.

Si existían tantos problemas profesionales, ¿a quién recurrir, entonces, en caso de enfermedad?

Los pleitos entre médicos y cirujanos, y los de ambos con los empíricos y curanderos, fueron constantes, pero eso, al fin y al cabo, aumentaba el abanico de posibilidades para escoger médico o, si se prefiere, sanador.

Esta división entre médicos, cirujanos y barberos que practican medicina ha llegado hasta hace poco en nuestros días.

LA MEDICINA Y SU PRAXIS EN EL BAJO MEDIEVO

Durante la Baja Edad Media, entre los siglos XI al XV, la medicina estuvo influida por la teología debido a que ambas disciplinas se estudiaban conjuntamente, en lo que se llamaba el estudio de las artes. Entre las figuras más notables de este período destaca inicialmente Albert von Bollstädt, más conocido por Alberto Magno, que fundó, después de estudiar en París, un estudio general, en 1267, entre cuyos alumnos estuvo Tomás de Aquino. *Physica, De vegetalibus, De Animalibus* y sobre todo *De secretis mulierum*, que en realidad puede ser apócrifa, son obras que ponen de relieve los grandes conocimientos de Alberto Magno en el arte de curar.

Entre los autores de esta época bajomedieval, Gilbert Anglicus escribió un *Compedium medicinae* donde recomienda el tratamiento quirúrgico del cáncer, y Bartholomeus Anglicus fue discípulo de Alberto Magno y autor de *De propietatibus rerum*, compendio médico destinado a las gentes del pueblo. Todavía otros muchos como Tomás de Aquino, que recogió las ideas médicas de Galeno y Averroes, Roger Bacon, Pedro Juliano o Rabello son nombres importantes de este período. Nombres, todos ellos, que ocuparon cargos eclesiásticos y practicaron a la vez la medicina, como representantes del saber escolástico.

Al parecer, la universidad de Bolonia es el centro donde surgió la medicina escolástica. ¿Quién fue su primer expositor?

Taddeo Alderotti (1223-1295), que contribuyó con la aportación de unos textos médicos a los que denominó *Consilia* o *Concilium*, donde se coleccionaban casos clínicos y se incluían recomendaciones para la curación. El estilo dialéctico de estas obras, presente en toda la escolástica de aquel período, dominó por más de tres siglos la enseñanza de la medicina.

¿Quiénes fueron los personajes más notorios?

Ramon Llull y Arnau de Vilanova en España, Bernard de Gordon en Inglaterra, Pietro d'Albano en Padua y Da Foligno, Arcolani y otros en el resto de Italia van confeccionando la medicina de este período de la Edad Media y le imprimen importantes transformaciones en lo que se refiere a su interpretación, la atención al enfermo y el concepto de la enfermedad. De tal modo se pasa del oficio de curar al arte de curar, gracias al deseo de autoprogreso de ciertos personajes y la traducción de los libros árabes donde estaba guardado el saber clásico. Estos autores aportaron los conocimientos necesarios para la secularización de la medicina y ayudaron a su racionalización. Los hombres, sus hechos y el Concilio de Letrán de 1216, que prohibió la ordalía, hicieron que fuera posible. De manera que a partir del siglo XI comenzó a desaparecer la medicina monástica y clerical.

¿Qué repercusiones tuvo este hecho en la asistencia al enfermo?

La atención técnica al enfermo adopta las formas que van a ser habituales en los siglos venideros: la asistencia a los poderosos, a los hombres de la burguesía y al pobre estamental. Esto, en la práctica médica, organiza la presencia del médico en las cámaras de los notables, los domicilios de la clase media y en los hospitales para atender a los pobres, que aceptan esa segregación o infravaloración como digna de premio en el Cielo, por ser pobres en la Tierra. Pero en la medicina monástica les consideraba a todos por igual.

Pero ¿influyeron de algún modo las creencias religiosas en la actuación médica?

Sí, porque en la religión descansó, para el médico del medievo, la obligación de asistir gratuitamente a los pobres, y en las grandes ciudades había médicos municipales que se ocupaban de ello. Aunque frecuentemente la sed de lucro y fama transformó el ánimo de los médicos, que estaban sometidos a grandes deberes religiosos y civiles, como era

120

advertir al paciente la conveniencia de pensar en su alma y confesar. Arquimateo, en su obra *De instruccione medici*, aconseja al médico que visite al enfermo después de que lo haya hecho el sacerdote y no antes. Y en las Partidas de Alfonso X el Sabio, como en las Órdenes de los Reyes Católicos, se instituyen tanto las penas que deben sufrir los médicos por errores profesionales como sus obligaciones canónicas y civiles al atender al enfermo.

¿Y en cuanto a la interpretación de la enfermedad?

Se pasa del concepto helenístico de *physis*, es decir, de naturaleza, a la idea judeocristiana de culpa-purificación. Pero las nuevas corrientes culturales menos rígidas y la presencia de una mentalidad más abierta, así como la aparición en el estudio de la medicina de un nuevo modo de escribir las observaciones clínicas que facilitaron su enseñanza, el consilium o consilia, hacen que avance la medicina, renazca la anatomía y se comienza a practicar la cirugía.

El arte de curar, en la Edad Media, va convirtiéndose paulatinamente en técnico y científico asimilando los conocimientos del saber árabe al cristianismo, constituyendo una medicina escolástica que toma el impulso necesario para traspasar más tarde el umbral del Renacimiento. El pensamiento escolástico, que tanto influyó en la Edad Media, intentaba aunar la filosofía airstotélica con los preceptos de Santo Tomás de Aquino, que con sus ideas teológicas pretendía llegar a la fe por la razón.

LA CIRUGÍA DURANTE LA BAJA EDAD MEDIA

En el siglo XIII, uno después de que en Salerno el cirujano Ruggero Frugardi escribiera el año 1170 su *Practica chirurgica*, surgió en Bolonia una escuela de cirugía que basó los conocimientos de la medicina en la experiencia. El primer expositor de esta escuela, Taddeo Alderotti, fue un verdadero pionero de la cirugía que vivió entre los años 1228 y 1295. Además, fue un gran clínico, sugirió los estudios *post mortem* del cadáver para conseguir el diagnóstico final y estimuló la práctica de la disección, para obtener mayores conocimientos anatómicos.

En Salerno, debido a las prohibiciones existentes, la disección no pasó de practicarse en animales, por lo que su avance no fue notorio. En este sentido, el Concilio de Letrán, de 1216, supuso un gran beneficio para el adelanto de la anatomía al abolir muchas de las cargas supersticiosas que frenaban a la ciencia.

¿Cuándo se comenzaron a practicar disecciones en Europa?

Al filo de los siglos XIII y XIV se rompió el tabú que lo impedía y comenzaron a practicarse disecciones de un modo racional, como demuestra que en Cremona, el año 1286, se indagaran en un muerto por enfermedad pestilencial las lesiones internas que explicaran el origen de la enfermedad. En 1302, en Bolonia, se buscó mediante la disección del cadáver de un príncipe si la causa de la muerte era un supuesto envenenamiento o si había sido casual. Y además se comenzaron a practicar disecciones simplemente por la voluntad de conocer la estructura del cuerpo humano.

¿Quiénes fueron los anatómicos más importantes de la Baja Edad Media?

Los boloñeses, que por sus conocimientos se constituyeron, además, en los principales cirujanos del Bajo Medievo. Así, Ugo Borgognoni (1160-1252) es uno de los grandes representantes de esta época, aunque no dejó nada escrito; su obra se conoce a través de los libros de Teodorico Borgognoni, su hijo y también gran cirujano, que utilizó el vino para limpiar las heridas y la esponja soporífera preparada con extracto de opio, beleño, euforbio y mandrágora, para llevar a cabo la anestesia.

Con la misma intención aconsejó otras drogas, inductoras del sueño, que se inhalaban o ingerían antes de las intervenciones. Teodorico, que recogió las enseñanzas de su padre Ugo y las de Bruno de Longuburgo, otro cirujano importante, las usó y las expuso escritas.

¿Cuál fue la principal contribución de Teodorico Borgognoni?

Su libro de cirugía, *La chirurgia*, en el cual recopiló la experiencia de sus antecesores y la suya propia. Su mayor contribución fue el tratamiento de las heridas por primera intención. Recomendaba limpiarlas bien antes de suturarlas, coserlas siguiendo la posición normal de los tejidos y protegerlas con un vendaje, que debía cambiarse cada tres días, poniendo un apósito empapado en vino y sin aplicar substancias que favorecieran la producción de pus, que, según otros, era beneficioso para la curación. Fue el inventor de la sutura intestinal con hilos formados a partir de tiras de intestino animal, precursores del catgut actual y, además, fue maestro del gran cirujano Henri de Mondeville.

Entre otros médicos importantes de esta época está Guglielmo de Saliceto, que aconsejó, al contrario que Teodorico, el uso de substancias supurativas para estimular la producción de pus en las heridas, que consideraban loable. Lanfranco de Milano, Jehan Pitard, Yperman y sobre todo Henri de Mondeville son sujetos de interés en este período de la historia de la medicina.

123

¿Qué hizo el discípulo de Borgognoni, Henri de Mondeville?

Es el más importante de los cirujanos de esta época. Nacido en Mondeville (1260-1320), cerca de Caen, fue estudiante de medicina en Montpellier y después en Bolonia con Teodorico, su maestro. Médico que fue de Felipe el Hermoso, escribió una *Cyrugia* con estilo muy claro en la que menciona a sesenta autores anteriores a él, entre ellos Ugo y Teodorico Borgognoni, de quienes aprendió a tratar las heridas y manipularlas lo menos posible, limpiándolas, sin favorecer la producción de pus loable. A este respecto, pensaba que en Salerno habían sido maestros en la producción de pus y no tan afortunados en tratar las heridas correctamente.

¿Algún otro cirujano boloñés importante?

Sí, Mondino de Luzzi (1270-1326), que se graduó en Bolonia, donde nació, y tiene el mérito de haber intentado renovar la cirugía medieval. Disecó cadáveres, pero, curiosamente, escribió en latín una *Anathomia* que tuvo gran aceptación por su sencillez y fácil exposición, aunque estaba llena de errores incomprensibles tales como la descripción del estómago como una esfera, el hígado con cinco lóbulos como el de los perros, el ciego en el colón sin apéndice, el útero con siete cavidades y el corazón con tres ventrículos. A pesar de ello tuvo éxito, con tanto error, y fue una de las obras más usadas como texto en las universidades hasta el advenimiento, durante el Renacimiento, del gran anatomista Vesalio, que es el verdadero padre de la anatomía moderna.

El libro de Mondino sirvió de texto en una época en la que el catedrático, o dicente, leía en el libro mientras el cirujano o demostrador señalaba en el cadáver el lugar donde el práctico, o disector, tenía que cortar o disecar ante la atenta observación de los alumnos.

Otro gran cirujano fue Guy de Chauliac (1290-1368), que compartió, como tantos, cargos eclesiásticos en París y Reims. Médico de varios papas, permaneció en Aviñón entre los años 1348 a 1368 durante las exterminadoras epidemias de peste. Hizo una importante descripción de las formas clínicas de la enfermedad. Escribió, además, obras de astrología y una importante *Chirugia magna* en la que aconseja quitar los cuerpos extraños y limpiar la suciedad de las heridas, aproximando los bordes de las mismas, para el tratamiento por primera intención.

Todos los cirujanos de esta época hicieron avanzar su ciencia hacia la siguiente centuria, en la que Ambrosio Paré dio el paso definitivo para la gran cirugía.

CONOCIMIENTO CIENTÍFICO DEL HOMBRE DURANTE LA BAJA EDAD MEDIA

Los sabios de la Baja Edad Media, que fueron filósofos y teólogos a la vez, consideraban al hombre un pequeño mundo o microcosmos, cuya misión en esta vida era caminar hacia el Gran Mundo que es Dios. A Él tenían que llegar y en Él estaba la propia naturaleza humana.

Los sabios de esta época medieval pensaban que el cuerpo humano estaba formado, en esencia, por elementos primarios con cualidades determinadas que, mezclándose entre sí, daban lugar a los humores de la doctrina clásica. La mayor aportación de estos pensadores a la ciencia médica medieval fue el concepto de *complexio* o complexión, resultado de la mezcla o combinación de las cualidades de los elementos y de los humores. La complexión podía ser *temperamentae* o *atemperamentae*, es decir, equilibrada o no, y según eso Arnau de Vilanova señaló varios tipos de complexiones al relacionar la especie animal con el clima en que vive, la índole individual y la peculiaridad del organismo; en definitiva, el terreno sobre el que se asienta la enfermedad.

El pensamiento medieval sobre la naturaleza del individuo recuerda mucho, otra vez, las interpretaciones de Galeno.

Efectivamente, esto es galénico y es que Galeno pervive hasta muchos siglos después de su muerte. Los sabios medievales añadieron que la complexión de los hombres daba lugar a lo que llamaban las partes similares, que componiéndose entre sí originaban los órganos, a los que también denominaban membranas, como pueden ser el ojo, los pulmones o el hígado. En realidad, Aristóteles, Galeno y Erasístrato, que ya habían hablado de partes fibrosas o similares y sanguíneas o paraquinmatosas, están representados en esta interpretación medieval.

Si durante la Edad Media comienzan a practicarse disecciones en cadáveres, de una manera reglada, ¿cómo tuvo lugar el nacimiento de la anatomía como disciplina?

La mayoría de edad de la anatomía se inicia durante la Baja Edad Media gracias a las disecciones que comenzó a practicar, entre otros, Mondino de Luzzi. Antes de él se aprendía en cinco toscas láminas que representaban el esqueleto del hombre, su musculatura, el sistema venoso, el arterial y el sistema nervioso. Estas láminas, que procedían de Roma y Alejandría, se atribuían a la Escuela de Salerno y circulaban por los monasterios y las escuelas capitulares, copiándose repetidamente.

El salernitano Cofón había escrito una *Anatomía porci* o *Anatomía del cerdo*, en el siglo XI; Ricardus Salernitanus escribió su *Anathomía Ricardi,* y también Ricardo Anglico hizo otra obra anatómica. En todos estos libros se exponen conocimientos anatómicos que comienzan con Mondino y alcanzan su esplendor al llegar la anatomía a su constitución como disciplina, durante el Renacimiento.

¿Cómo interpretaba la enfermedad el médico de la Edad Media?
Creía que la enfermedad era consecuencia de una propiedad defectuosa de la naturaleza humana, cuyo origen estaba en el pecado original. Para él, lo que los árabes denominaban las seis cosas no naturales alteraba el equilibrio de las complexiones y la actividad de las membranas y órganos, dando lugar a la aparición de la enfermedad.

¿Cuáles eran aquellas seis cosas no naturales que los árabes creían causa de enfermedad?
El aire, la comida y la bebida, el movimiento y el reposo, el sueño y la vigilia, la vacuidad y la repleción y las afecciones del alma son las seis cosas no naturales que, cuando producían alteraciones cualitativas y cuantitativas capaces de incidir sobre lo que constituía la *physis* o naturaleza galénica, predispuesta y débil, originaban enfermedad.

¿Esta idea influyó en el concepto de enfermedad en la Europa medieval occidental?
Lógicamente, porque se tradujeron los textos árabes. La nueva interpretación sobre el modo de enfermar aparece entre los siglos XI y XVI. Se produce un gran cambio de pensamiento, y para Arnau de Vilanova la enfermedad es el resultado de una disposición del cuerpo por la que se daña la naturaleza específica del mismo. Esto y admitir, como él hizo, que la salud es un estado neutro y de equi-

127

librio respecto a la enfermedad, es galenismo puro. Para Arnau de Vilanova se cae enfermo cuando el organismo padece un estado de disposición o diátesis, que altera el buen orden de sus res o cosas naturales, que son los cuatro elementos y sus cualidades, por la acción violenta o intempestiva de alguna de las *sex res* no naturales antes referidas. Realmente, como se ve, el cambio en la interpretación del concepto de la enfermedad no lo es respecto a interpretaciones clásicas, sino que se produce una recuperación de esos conocimientos y una puesta al día de los mismos.

¿Cómo llegaban al diagnóstico de la enfermedad los médicos durante la Baja Edad Media?

El proceso tenía dos metas. El diagnóstico de la enfermedad en sí y el diagnóstico particular de la manera de enfermar el individuo. Aparentemente todo un adelanto conceptual, pero, en esencia, esto es hipocrático cien por cien. Para alcanzar el diagnóstico la anamnesis que hacía el médico con el interrogatorio era muy cuidada y se seguía de una meticulosa exploración física del enfermo inspeccionando el cuerpo, tomando el pulso, palpando y preguntando sobre las funciones excretoras. Observaba escrupulosamente la orina y era típico ver al médico mirar el contenido en una ampolla de vidrio del mismo modo que ahora examina una radiografía.

Para curar las enfermedades la práctica médica se movía en torno a tres líneas: la dietética, la farmacología y la cirugía. La primera tuvo un gran predicamento con tratamientos encaminados en general al mantenimiento de la salud, o bien dirigidos a una única persona o enfermedad en particular.

La farmacología no recibió nada nuevo sobre los conocimientos de la herencia grecoárabe, pero la cirugía

128

se desarrolló lo suficiente como para dejar las cosas preparadas para el advenimiento de personajes de la talla de Ambrosio Paré durante el Renacimiento.

ENFERMEDADES MEDIEVALES: LA PESTE NEGRA

Las cruzadas, las luchas por el papado y entre las distintas dinastías originaron en la Europa del Bajo Medievo constantes desplazamientos de la población y configuraron un clima de guerras, pestilencia y anarquía.

La peste contribuyó al mantenimiento de este clima de miseria. Durante la Edad Media los cuatro jinetes del Apocalipsis: el hambre, la guerra, la muerte y la peste, campearon sin traba alguna por la cronología de la época. La peste hizo presentaciones anárquicas e imprevisibles con originalidades, tan poco felices como reducir la humanidad a la mitad en la epidemia del año 1348.

¿Las pestes han afectado únicamente en la Edad Media?
Han azotado a la humanidad hasta nuestros días en diversas formas epidémicas, y las gentes otorgaron el calificativo de pestes a enfermedades distintas. Realmente, la verdadera peste, la peste negra, se dio en la Edad Media.

Una película de Bergman, *El séptimo sello*, refleja fielmente el ambiente de la época. En una secuencia un caballero hace quiebros con la muerte disputándole una partida de ajedrez; mientras, al fondo en segundo plano, pasa una procesión de flagelantes que oran para desterrar la enfermedad que siega la esperanzada vida de los niños, acaba con la fructífera de los adultos y da fin a la paz bien ganada de los ancianos, impidiendo que florezcan nuevas vidas al llevarse por delante las de las jóvenes madres. El caballero recitaba algo así como: «... recuerda, hermano, el hecho

129

cierto, hoy estás vivo, mañana muerto; si corto fue el placer, largo será el padecer».

Todo esto como reflejo de la situación reinante. Los estragos que hizo la peste negra fueron escalofriantes y Guy de Chauliac, un cirujano de la época que sobrevivió, describe lo que él presenció en Aviñón el año 1348. El brote inicial de esta epidemia de peste comenzó el año antes en Constantinopla. Guerreros, estudiantes y peregrinos erraban en ese tiempo de país en país, y en quince meses llegó la epidemia a Londres extendiéndose en todas direcciones y asolando en Europa a veinticinco millones de personas y a setenta y cinco en todo el mundo.

¿Y qué remedios se buscaron para combatir la enfermedad?

Fue una época de sortilegios y astrológicas soluciones. Se pensó que la enfermedad era un castigo a los pecados del hombre y el rey de Francia, Felipe de Valois, preguntó a la Facultad de Medicina de París la causa de la epidemia de peste negra. Se le contestó que era una enfadosa conjunción entre los tres planetas superiores Saturno, Júpiter y Venus, en el signo de Piscis. Esto no es de extrañar porque en epidemias anteriores se había llegado incluso a excomulgar a los insectos, ratas, babosas y caracolas, pensando que podían ser responsables de la enfermedad. Los más pragmáticos combatían la peste con todos los medios al alcance, que eran pocos, y Guy de Chauliac, médico y cirujano famoso, tuvo la feliz idea de arrojar los cadáveres al Ródano una tarde mientras Clemente VI consagraba solemnemente las aguas del río, para que recibiera a los infelices muertos, sin pensar que el río los transportaría a las playas de los países más cercanos extendiendo así la epidemia a ciudades tan populosas como Niza y Marsella.

Vivían en un constante clima de terror y se creó un mundo de histeria en el que las gentes se encerraban, sin saberlo, con personas contaminadas y desechaban la ayuda de las sanas por temor a contagiarse. Penitentes y flagelantes rezaban en procesión y comenzaron las grandes masacres de judíos, a los que culparon de haber traído la peste.

Se hizo un uso indebido de la religión y mientras el papa vivía en Aviñón encerrado, casi tapiado, para evitar contagiarse, san Sebastián y san Roque, que, por su modo de morir, uno a flechazos y el otro leproso, tuvieron lesiones en su piel, fueron convertidos en patrones protectores de los pestilentes.

¿Cómo se manifestaba clínicamente la enfermedad pestilencial?

La peste negra descrita por Guy de Chauliac tenía dos formas clínicas de presentación: una pulmonar, que asfixiaba al enfermo matándolo siempre y por cianosis le daba un color azulado negruzco, de ahí el nombre de peste negra, y otra forma que ahora llamamos ganglionar, con bubones en las axilas y en ingles, la forma bubónica, con una mortalidad del 80 %.

A todo esto, ¿cuál era la causa de mal tan terrible?

Avicena, siglos antes de esta epidemia, cuyo comienzo se inició en el siglo V en Asia Central, en el brote que él tuvo ocasión de observar, durante el siglo IX, intuyó la relación entre los brotes de peste y la excesiva pululación de ratas en la ciudad. Las gentes del pueblo sabían que en estas ocasiones los roedores salían en bandadas y andaban como ebrias por las calles, muriendo por los rincones. Aquí hay que buscar el origen del cuento del

131

flautista de Hamelín, cuya historia expresa, seguramente, el deseo de librarse de estos roedores que contagiaban a la población.

Guy de Chauliac, que fue capaz de describir los síntomas de la enfermedad magistralmente, no se enteró de la forma de transmisión de la misma y fue preciso llegar al siglo XIX y al nacimiento de la microbiología con Pasteur, para poder conocer que la enfermedad está originada por el bacilo de Yersin, que habita en la pulga *Xenopsylla cheopis*, siendo la rata portadora de estos dípteros que al pasar al hombre le transmiten el bacilo. Hasta llegar a conocer esto la peste negra segó muchas vidas, como lo hicieron tantas otras enfermedades que constituyeron reata durante la Edad Media y a lo largo de la historia, incluyendo epidemias psíquicas como el baile de San Vito.

LAS OTRAS PESTES

La temible peste negra fue la más importante, sin embargo, como pestes se conocieron, además, la viruela, el tifus o tabardillo, la fiebre amarilla y el cólera.

Otras epidemias famosas causaron la desolación durante la Edad Media en siglos posteriores; entre ellas sobresalen el fuego de San Antonio, el mal aire, el garrotillo, los piojos guerreros e incluso epidemias mentales como el baile de San Vito y la cruzada de los niños.

¿Qué epidemia fue el fuego de San Antonio?
Durante los años 993, 1029 y sobre todo en 1089, en Europa se sucedieron extrañas epidemias en las que los enfermos perdían sus brazos y piernas después de que se les ennegrecían.

132

La epidemia de 1089 fue terrible y atacó a toda Europa. Alguien la describió así: «... las entrañas devoradas por el ardor del fuego sagrado, con miembros destruidos ennegrecidos como el carbón, seres que o bien morían miserablemente o veían sus pies y manos gangrenados separárseles del resto del cuerpo». A este fuego, ya en el año 993, Glaver, un benedictino de Cluny, lo denominó *ignis ocultus* o fuego oculto: «... que atacaba los miembros y los separaba del tronco después de haberlos consumido».

¿Cuándo y dónde apareció esta pestilencia?

En el año 1029 atacó a los poblados del Lemosin. Cuenta Santiago Loren que el mal aparecía a primeros de otoño, casi siempre después de un verano húmedo, con cielos nublados y pesadamente calurosos. De pronto en las puertas de las ciudades aparecían desgraciados con las piernas y brazos ennegrecidos, algunos ya carentes de ellos, que entre gemidos se arrastraban hasta llegar a la puerta de un monasterio que estuviera bajo la advocación de san Antonio.

Los ciudadanos, aterrados, se encerraban en sus casas y comentaban que el fuego de San Antonio andaba suelto. No escapaban, sin embargo, a la enfermedad y los brazos y piernas, después de ponerse rojos y doloridos, se ennegrecían y encogían hasta que tras un rápido proceso de gangrena seca se desprendían del cuerpo.

Las iglesias se llenaban de exvotos que representaban en cera estos miembros. En muchas ocasiones piernas y brazos reales, negros, resecos y momificados, eran colgados como exvotos.

Pero ¿qué era ese fuego?

No había tal fuego interior como ellos pensaban. Alguien vio que la enfermedad nunca duraba más de un

133

año, comenzaba siempre cuando empezaba a consumirse la cosecha recién levantada y terminaba cuando la siguiente empezaba a llenar los graneros, después de un buen verano. Alguien vio que la enfermedad coincidía sobre todo con malas cosechas y se daba más entre los pobres que para hacer pan consumían exclusivamente centeno, y alguien, por fin, vio que cuando se daban todas estas circunstancias el centeno aparecía en los campos con unos granitos negros puntiagudos. Estos granitos eran lo que hoy denominamos cornezuelo del centeno. Un hongo parásito de este cereal, que recibe el nombre de *Claviceps purpurea*, y contiene alcaloides como la ergotina, que tiene propiedades vaso-constrictoras, sobre todo al nivel de las pequeñas arteriolas que irrigan a las extremidades superiores e inferiores.

Y el mal aire, ¿qué fue?

Mal aria quiere decir en italiano mal aire, y la malaria fue otra de las muchas epidemias que durante la Edad Media se extendieron por Europa, esta vez desde Italia a partir de las regiones pantanosas del sur de Roma, actual-mente desecadas. Se pensó que la enfermedad se debía al mal aire procedente de los abismos infernales que salían por la boca de los volcanes del sur de Italia. Pero cuando se comenzaron a desecar los pantanos la enfermedad empezó a desaparecer y hoy sabemos que un mosquito, llamado anofeles, llevaba en su vientre al *Plasmodium vivax*, agente transmisor de aquella enfermedad que no era otra que la malaria, también conocida hoy por paludismo.

El nombre de garrotillo, ¿a qué enfermedad corres-ponde?

Se le dio este nombre en España a la difteria porque los enfermos reproducían los espasmos de la asfixia que sufrían los condenados a garrote vil. La traqueotomía mejoró el pronóstico de esta enfermedad producida por el bacilo de Löeffer, capaz de originar una membrana en la laringe que provoca asfixia.

Pero las pestes también fueron epidemias de naturaleza psíquica, como el baile de San Vito, que fue a buen seguro el contagio mental más característico: una verdadera epidemia en el siglo X, provocada por la sugestión. Uno de estos famosos bailes comenzó el año 1352, poco después de acabar la asoladora peste negra. Una buena mañana de ese año –dice Santiago Loren– en Aquisgrán, capital del Sacro Imperio, aparecieron en la plaza gentes germanas bailando, baile tan extraño y singular que los danzantes se retorcían, saltaban, brincaban e incitaban con sus danzas espasmódicas a participar. El contagio hacía que tras caer unos agotados, otros se sumaran al baile y así de calle en calle, de plaza en plaza y de pueblo en pueblo, los habitantes abandonaron sus lugares y se unieron a la procesión danzante.

En Italia pensaron que todo se debía a la picadura de una araña, la tarántula, y como no supieron qué remedio ponerle le pusieron música. Así nació la tarantela. Para el mal se buscó como patrón a san Vito, y hoy pensamos que el origen de estos bailes puede encontrarse en la enfermedad que llamamos corea menor o baile de San Vito, infección de determinados centros nerviosos que origina movimientos espasmódicos y que parecen un baile. Quizás alguien, afecto de este mal, desencadenó la procesión danzante que acabamos de describir.

La cruzada de los niños fue otro ejemplo de epidemia mental, provocada por un iluminado predicador que no tuvo mejor ocurrencia que extender la idea de que únicamente almas puras podrían reconquistar la Tierra Santa y

135

el Santo Sepulcro. Por ello se hizo una Cruzada reclutando niños, que acabaron en manos de mercaderes y homosexuales, hambrientos y enfermos, cuando no muertos.

Los transmisores del tifus exantemático originaron tantas muertes como las campañas bélicas. Durante la Primera Guerra Mundial, al conocerse el modo de transmisión, se establecieron estaciones de despiojamiento que evitaron la propagación del tifus.

Y, en toda esta situación, ¿qué hacían los médicos en aquella época?

Lo que pudieron, y su papel nunca fue lucido. Las gentes recurrieron a remedios llenos de superchería de los que tampoco se salvaron los médicos, a juzgar por la apariencia con que iban a visitar a los pestilentes. Se vestían con una larga bata llamada hopalanda y se cubrían con un gorro anticontagio que tenía un gran pico, como de pájaro, donde ponían substancias olorosas que les servían para soportar el hedor a muerte que por todas partes se respiraba.

CUARTA PARTE

EDAD MODERNA

La caída del Imperio bizantino se preveía desde hacía algún tiempo. Las fronteras habían sufrido constantes variaciones por ataques del exterior y en su interior las querellas políticas y eclesiásticas estaban a la orden del día, y debilitaban las estructuras que debían mantener el equilibrio. Los turcos empujaban por Oriente y por Occidente, los servios. Los primeros acabaron con estos últimos en el siglo XIV, pero tuvieron que vérselas con las hordas mongólicas del gran Tamerlán mientras Bizancio respiraba momentáneamente. Sin embargo, nada impidió su caída en 1453.

Mientras, la guerra de los Cien Años había terminado en Europa y Borgoña vio cómo algunos de sus territorios pasaban a Francia y a la Casa de Habsburgo; en Inglaterra, las Casas de York y Lancaster se echaban los trastos a la cabeza; Alemania se encontraba disgregada e Italia fragmentaba sus territorios, sumida en numerosas luchas internas.

Aquí en España, en 1469 se casaban Fernando de Aragón e Isabel de Castilla y se caminaba hacia la unificación de la Península, dividida hasta entonces en cinco reinos. Con la unión de Castilla y Aragón se sentaban las bases para la unidad territorial y político-administrativa, religiosa y social: la nobleza perdía el poder político, se iniciaba la expulsión de los judíos y los plebeyos y burgueses pasaban a intervenir en las tareas de Estado. Aragón continuó su tradicional expansión por el Mediterráneo y Castilla se orientó hacia el Atlántico. Como los turcos interceptaban las caravanas, que atravesando el Asia Menor traían a Europa las riquezas del Extremo Oriente, se comenzó a pensar en nuevas rutas marítimas, y en este empeño Colón tropezó con América.

Sus cuatro viajes no fueron suficientes para que desechara la idea de que había llegado a las Indias Orientales.

El nieto de los Reyes Católicos y emperador de Alemania, Carlos V, hijo de Juana la Loca y del archiduque de Austria, Felipe el Hermoso, recibió una fabulosa herencia que pasaría a su hijo Felipe II. También le cedió importantes problemas, como la rivalidad con Francia, y mientras él se las vio con Francisco I, Felipe tuvo que derrotar al hijo de este, Carlos, en San Quintín. Por herencia tuvo que luchar contra turcos y berberiscos, y se encontró envuelto en guerras contra el protestantismo de signo calvinista. Es la época de Isabel de Inglaterra, en la que se sublevan además los Países Bajos, la situación financiera es desastrosa y conduce a la bancarrota.

Durante el siglo XVI se entablan en Europa las luchas de la revolución religiosa entre protestantes-luteranos, calvinistas, zwinglianos y anglicanos. Son las querellas de la Reforma y la Contrarreforma, iniciadas por Martín Lutero, en las que Carlos V, en 1555, tuvo que aceptar por la Paz de Augsburgo la libertad religiosa para los príncipes.

El movimiento contrarreformista será llevado a cabo por la Iglesia católica con el Concilio de Trento (1545-1563). Los conflictos religiosos y, por supuesto, los políticos, no acabaron así como así y dieron lugar a la guerra de los Treinta Años entre 1618 y 1648; en ella se enfrentaron, defendiendo la Contrarreforma, los católicos agrupados en una Liga que, apoyados por España y el papado, propugnaban un imperio centralista alemán. Contra ellos, los protestantes ayudados por daneses, suecos, franceses e ingleses, incluso, pretendían que el emperador concediera mayor independencia a los príncipes. La guerra acabó siendo un conflicto internacional en el que estaba en juego la hegemonía en Europa de los Habsburgo españoles. Westfalia puso fin a la guerra el año 1648, y la verdadera vencedora fue Francia, contra la que España tuvo que seguir luchando hasta 1659.

140

En Inglaterra Jacobo I intentó establecer una monarquía absolutista y su política fue continuada por Carlos I, su hijo, a quien la Iglesia apoyó contra los intereses del Parlamento y de la burguesía puritana. Acabaron decapitándolo, no sin antes procesarlo. Cromwell venció a los realistas y se convirtió, tras la ejecución de Carlos I, en Lord Protector, después de proclamarse la República. En su mandato dictatorial le sucedió Ricardo, hijo suyo, que al no saber conservar unidos al Ejército y al Parlamento dio pie a que se reinstaurase la monarquía, en 1660, con Carlos II.

La gran protagonista del siglo XVII es Francia, que consiguió extender sus territorios hasta los límites geográficos naturales. Para ello lucha con España, Austria y Holanda. En lo que a nosotros nos atañe, con la Paz de los Pirineos en tiempos de Mazarino, perdimos en favor de los franceses el Rosellón y Cerdeña el año 1659. Dos años más tarde de la muerte de Mazarino, Luis XIV se encarga personalmente del poder y engrandece Francia. España perdió el Franco Condado y Flandes Meridional, pero los recobró en 1697 con la Paz de Nimega, porque lo que Luis XIV quería realmente era la Corona española vacante al morir Carlos II el Hechizado.

Este deseo escondido, en su aparente magnanimidad, condujo el primer año del siglo XVIII y durante trece años a la guerra de Sucesión española, que de nuevo motivó un conflicto internacional y una contienda civil entre los seguidores de Felipe de Anjou y los partidarios del archiduque Carlos de Austria. El primero apoyado por Luis XIV, el segundo por Inglaterra, Portugal, Saboya, Holanda y el imperio que formaba la Gran Alianza de La Haya; que favorecidos en nuestro país por lo que fuera la antigua Corona de Aragón, permitía que el archiduque se estableciera en Barcelona, el año 1705, que se constituirá así en capital de los Austrias.

Los Borbones se impusieron con la ayuda de Castilla; Barcelona, que se quedó sola, fue sometida el 1714 y Felipe V se reafirmó

141

en la monarquía española con el tratado de Utrecht-Rastatt. A la vez que acababa la guerra se perdía nuestro imperio europeo.

En el siglo XVIII, España, Inglaterra y Francia dominan el continente americano y en el último tercio de ese siglo nace una nueva nación: los Estados Unidos de América, que se hacen independientes en 1766 e inducen a nuevos movimientos y a la aparición de una nueva época con la Revolución francesa en 1789. Es la Edad Contemporánea.

—Son demasiados acontecimientos, me parece a mí, los que acabo de deciros de esta época de la historia de la humanidad llamada Edad Moderna, que acaba cuando comienza con la Revolución francesa otra nueva época, la Edad Contemporánea.

La Edad Moderna, que iniciamos ahora, tiene dos grandes períodos, como veremos, en los que cambia sustancialmente el modo de pensar del hombre. Son el Renacimiento y el Barroco. Si no estáis cansados, me he permitido hacer una introducción histórica de ambos períodos y, si me lo permitís, comenzaré con el Renacimiento antes de que desfallezcáis.

—Creo que lo van a soportar. Interesa que lo hagas. Yo quiero decir que Renacimiento y Barroco, con todas sus oposiciones de pensamiento, tienen el interés en cuanto a la materia médica de que se complementaron.

Podemos enlazar un período con otro y hablar entre los dos de un final o post-Renacimiento y de un principio del Barroco, finales del Renacimiento, que es el que podemos denominar orto del Barroco.

142

RENACIMIENTO

Pico della Mirandola (1463-1494), en su *Discurso sobre la dignidad del hombre*, sienta las bases ideológicas del Renacimiento al convertir al ser humano en semejante de Dios, que puede renacer mediante la libre voluntad de su espíritu. La idea de que el hombre tiene en sus manos la capacidad de realizarse plenamente encuentra sus orígenes en Diego de Sagredo, que instituye al hombre, en esta época, como microcosmos referencial, canon y medida de todas las cosas.

El teocentrismo, que inspiró el pensar de la Edad Media, se cambia en homocentrismo durante el Renacimiento y llevará al desarrollo del espíritu burgués y al afán de experiencia personal, con un incremento de la propia individualidad.

La idea de progreso, secularización y el hastío por lo escolástico anuncian una nueva era que hará resurgir la cultura grecorromana que durante la Edad Media se conservó en los monasterios. Con la aparición de la corriente de carácter individual denominada humanismo, se expansionará el saber, facilitado por la invención de la imprenta. En lo científico se supera el estancamiento de las ideas filosóficas y religiosas, por un sentido crítico-experimentalista, que dará como resultado grandes descubrimientos en todas las ramas del saber.

La Antigüedad clásica suministró un arsenal de formas a todos los que no se contentaban con la yerma sutilidad del final de la escolástica, y el siglo XIV, que se inicia en un clima de ocaso intelectual, obliga a buscar nuevos caminos para salir de los atolladeros de la teología. Lo único que parecía ofrecer vías de salida era el progreso de la razón, siguiendo la herencia de Grecia, por lo que se vuelve a los autores clásicos en sus orígenes, sin desvirtuar por la censura cristiana ni adulterar por las traducciones árabes.

No pasa de ser una vil leyenda que la ola clásica fuera provocada por la huida de Bizancio, el 1453, de sabios que llevaron con ellos algunos significativos manuscritos. Los escritos más importantes de los autores clásicos habían sido conocidos, mucho antes, a través de los árabes. La influencia de los emigrados de Constantinopla se limitó a reforzar el movimiento iniciado ya en Italia antes del mismo siglo XIV.

De hecho, renacimientos parciales los hay en la Italia meridional, donde Federico II impulsó un tipo de arte que intenta decididamente restaurar el de la Antigüedad clásica. Intentos anteriores los hubo ya con Carlomagno y los Otones, aunque no es hasta el siglo XIII cuando en el campo del arte el escultor Nicola Pisano inicia en Toscana el nuevo estilo que Arnolfo di Cambio, su discípulo, traslada a Florencia para que sirva de arranque al *quattrocento*. Para Giorgio Vasari, el origen de este nuevo estilo se encuentra en la pintura y los retablos, frescos y mosaicos de los artistas bizantinos, de quienes aprendieron Cimabue y Giotto, que inician el aprendizaje por el camino de la naturaleza, aprovechando el arte perfecto de la antigüedad y el modelo de las formas originales creadas por Dios, que en la Edad Media no supieron aprovechar.

Vasari acuñó el término Renacimiento al distinguir entre Antigüedad, Edad Media y la etapa posterior deslumbrante, y Michelet, en su *Historia general del arte*, utiliza el mismo término para denominar al primer período de los tiempos modernos.

El arquetipo del sabio de esa época sería el humanista, hombre capaz de leer correctamente y glosar los textos de la venerada Antigüedad: hombres que crecen al amparo de una sociedad que en lo económico pasa de una agricultura y ganadería de subsistencia, con elaboración de manufactura casera, a la aparición e intensificación del comercio de la manufactura artesanal, donde los artistas y científicos se convierten en elite gracias a la debilitación de la estructura feudal, la emancipación de los siervos y la aparición de la burguesía en la Europa Occidental; el poder absoluto de la monarquía comienza a aparecer con las primeras unidades internacionales, como España, Inglaterra y Francia, y los grandes mecenas, como son en Italia los Medici, Strozzi, Ricardi, Rucellai, Uffizi, Pitti y tantos otros, sin ostentar poder político, lo tendrán económicamente sobrado y se convertirán en dirigentes del nuevo modo de pensar y vivir.

> *—Ahora creo que estamos en condiciones de, situado el hombre en esta nueva sociedad que es el Renacimiento, conocer qué medicina hizo, si hubo nuevas enfermedades, si se utilizaron fármacos no empleados hasta ahora y si cambió, en algún sentido, el concepto de enfermedad. Esta es mi aportación al tema, mis preguntas, porque la preparación, lógicamente, ha salido de tratados diversos de la historia del hombre: concretamente, lo que hace referencia a los conceptos de humanismo y Renacimiento, de la* Enciclopedia universal del arte *de Plaza y Janés.*

MEDICINA RENACENTISTA: INTRODUCCIÓN

La medicina renacentista tiene poco de original y renovadora. El humanismo médico se manifiesta con el descubrimiento de los clásicos, cuya obra traducen, depuran y ordenan los sabios de este período. Aunque escasos, se presentan algunos atisbos de novedad y estos son menos patentes en la clínica que en lo que a la anatomía y la cirugía respecta.

Los hechos importantes tienen lugar en lo que a la clínica del Renacimiento se refiere, son los conatos de rebelión frente a la patología galénica y las ideas sobre pestilencia y contagio de las enfermedades.

Hay que destacar la descripción de nuevas enfermedades, la más importantes fue la sífilis, y la incorporación de nuevos medicamentos, en el arsenal terapéutico, traídos de tierras recién descubiertas.

La única rebelión total dentro de la clínica, contra la tradición galénica, está representada por Parecelso, que inicia, además, una nueva concepción química de la terapéutica farmacológica.

La verdadera ruptura con los esquemas galénicos la lleva a cabo Vesalio en el campo de la anatomía. La cirugía, aunque se apoyó en la nueva anatomía, no perdió su empirismo y tiene a su máximo representante en Ambrosio Paré, innovador sin embargo en casi todos los campos quirúrgicos e introductor del tratamiento suave de las heridas por arma de fuego.

La fisiología, pese al desarrollo de la anatomía y la creación en este período del método experimental, que hacía avanzar el campo de la investigación, ha de esperar al post-Renacimiento y, más todavía, al Barroco, para desarrollarse. Tanto sí colocamos a William Harvey en el post-Renacimiento como si lo incluimos en el orto del Barroco, su principal aportación es precisamente la utilización del método experimental moderno para concluir su trabajo. Tan importante como su descubrimiento, la circulación mayor de la sangre, es que lo hizo utilizando una hipótesis y dos asertos matemáticos para demostrarlo.

MEDICINA DEL RENACIMIENTO

Se da como fecha de paso de la Edad Media a la Edad Moderna el año 1453. En ese cambio, que realmente tiene lugar durante la última mitad del siglo XV y a lo largo del XVI, toman arraigo ideas nuevas que configuran la naciente sociedad renacentista.

El hastío por el período anterior y el ansia de novedad conducen a una vuelta a la realidad de los orígenes del conocimiento clásico, que a través de los años se había deformado con

146

traducciones equívocas y corrompidas del saber árabe y aristotélico. Ahora son revisadas y puestas a punto. El saber tradicional durante la Edad Media se había conservado únicamente en los monasterios, gracias las traducciones del árabe al latín, pero estaba fosilizado y había cambiado con el escolasticismo. Por eso se precisaba un renacimiento.

Renacimiento se denomina al primer período de los tiempos modernos, y al arquetipo del sabio de aquella época se le llamó humanista. ¿Qué son una cosa y otra?

La palabra Renacimiento fue inventada por el crítico Vasari en 1508 para dar a entender que durante el *quattrocento* florentino se hace una restauración de la buena manera antigua, que sustituye a la manera moderna o tedesca, que era la bárbara o medieval. Se trata del descubrimiento e imitación del arte perfecto de la Antigüedad y de sus formas originales creadas por Dios, para servir de modelo a los verdaderos artistas.

El término humanista lo debemos a Michelet, que en su *Historia general del arte* lo utiliza para denominar al hombre de este primer período de la Edad Moderna, capaz de interpretar correctamente los textos clásicos.

¿Qué características determinan el tránsito de una edad a otra?

En lo social, el desarrollo del espíritu burgués y un enérgico afán de experiencia personal motivaron una supremacía del homocentrismo sobre el teocentrismo que caracterizó a la sociedad de la Edad Media. El hombre se convierte en medida y referencia de todas las cosas y su espíritu aventurero le lleva a grandes conquistas en todos los terrenos: securaliza el saber y, mediante la voluntad y la razón, se siente capaz de avanzar definitivamente abandonando el saber escolástico. Geográficamente se lanza a la gran aventura de los descubrimientos.

147

Todo eso conducirá a un cambio notable en la situación de los conocimientos y, si durante el Medievo el centro de la vida intelectual fueron las universidades, con un general estancamiento del saber escolástico y del galenismo en lo que a medicina se refiere, ahora aparecerán al frente de la vanguardia dos nuevas entidades: la academia y el sabio solitario que impone su lección personal llena de experiencia y usa la lengua vernácula, que va sustituyendo al latín, en la función social de difundir la ciencia. La ciencia deja de ser patrimonio del clero y pasa a serlo del sabio profesional que comienza a vivir solo, para y de su trabajo. O al menos lo intenta. En esta época de aportaciones técnicas, la imprenta influiría decisivamente en el desarrollo de la ciencia. La imprenta ya había sido descubierta en China, pero era de planchas con caracteres fijos. Ahora Gutenberg inventa una imprenta con caracteres móviles, que permite la amplia reproducción de manuscritos y que se produzca una gran expansión del saber. Antes solo había cuatro libros en los monasterios escritos a mano. Ahora el libro será objeto de compraventa y se imprimirán no solo los manuscritos clásicos, que traen de Constantinopla los que vienen huyendo tras la entrada de los turcos, sino todos los libros que se van escribiendo.

Esquemáticamente, ¿cómo se produjo este desarrollo del saber?

A partir de dos sucesos fundamentales, uno parcial, que fue la corrección de las obras del saber antiguo que la experiencia demostró inadmisibles, y otro más radical, que fue el intento de edificar una ciencia racional. Para ello, los sabios se fijaron fundamentalmente en dos libros: la Sagrada Escritura y la Naturaleza, que va a ser concebida de dos formas. Para unos, el universo será un inmenso mecanismo armonioso y bien coordinado, conjunto de formas geométricas cuya dinámica está regulada, en definitiva, por una fuerza externa. El organismo era para estos una máquina creada por Dios y puesta en marcha por Él, donde lo importante era la forma que permitía reducirlo geométrica y aritméticamente, y por esto medirlo.

Para otros, el universo sería un inmenso organismo, conjunto de entes que se relacionan entre sí, como los distintos órganos del cuerpo humano, que se mueve por una fuerza interior que le confiere en su desarrollo formas distintas: embrión, cuerpo adulto y cadáver.

Si en la primera concepción, mecanicista, la forma era lo importante, para los organicistas el concepto es la fuerza interna que da a cada cosa su propio ser. Lo cierto es que mecanicistas y organicistas, desde ahora y hasta el siglo XIX, van a construir la ciencia del mundo moderno concibiendo el universo como un contrapuesto juego entre estas dos visiones. Así explicarán la ciencia venidera de los siglos XVI, XVII y XVIII.

¿Qué significado tuvo Galeno, como médico clásico, en la medicina del humanismo, donde es de suponer una vuelta al saber antiguo?

Los siglos XV y XVI son en esencia la última y más esplendorosa etapa de la historia del galenismo. Galeno, de una forma u otra, está presente en la historia de la medicina hasta el siglo XVIII, y, así, en estos siglos los médicos miran hacia él, bien sea para continuar siguiendo sus enseñanzas, bien para advertir de sus errores y deficiencias parciales o para hacer una ruptura final y decisiva. Rompen con él genios como Vesalio y Paracelso, que sin embargo no dejan de ser totalmente galénicos; el resto sigue aún la línea marcada por el sabio de Pérgamo.

¿Qué factores determinan el renacimiento científico que se produce durante la Edad Moderna?

Primeramente, el auge económico-social. Indiscutiblemente, sin dinero no hay ciencia y en este momento grandes familias como los Strozzi, Medicis, Rucellai, Ricardi, Pitti, Uffizi se convierten en Florencia, y otros en distintos lugares, en mecenas que adoptan bajo su tutela a artistas y científicos. De modo que el desarrollo de la burguesía con el invento de la imprenta y el cambio que sufre el espíritu humano hacia el homocentrismo, pues el hombre se convierte en medida y canon de todas las cosas, favorecen la aparición de personajes como Leonardo da Vinci o Copérnico y tantos otros que hacen florecer la física, la química y la biología, con lo que avanzará también la medicina.

El gran sabio Leonardo, ¿también influyó en el desarrollo de la medicina?

Dejando aparte sus actividades de pintor, escultor y arquitecto, en el campo científico fue un adelantado investigador de la mecánica, la física, la ingeniería y la anatomía. Leonardo, hijo ilegítimo de sus progenitores, un notario y una sirvienta, estuvo también fuera de su época al adelantarse a la misma. Murió a los sesenta y siete años en la Corte del rey de Francia Francisco I, que le ofreció hospitalidad, amargado por su rivalidad con Miguel Ángel y sin llegar a componer una vasta enciclopedia científica que comprendería todas las ramas del saber. Fruto de este proyecto son cinco mil quinientas páginas de sus cuadernos y apuntes, que han llegado hasta nosotros, en las que podemos ver sus grandes conocimientos anatómicos a través de los dibujos que hizo, en los que se revelan las múltiples disecciones que practicó. Este aspecto de su arte cumplió un gran papel dentro de la historia de la medicina.

150

VISIÓN MECANICISTA DEL UNIVERSO

En la Edad Moderna el universo va a ser concebido por los sabios según la visión de dos nuevas corrientes intelectuales: el mecanicismo y el organicismo. Con estas dos tendencias se va a construir el saber y con ello la medicina renacentista.

Unos van a interpretar el universo como un inmenso mecanismo armonioso y para ellos lo importante es la forma; otro grupo de sabios lo concebirá como un gran organismo, donde lo importante es la fuerza interior que lo mueve. Por ello, dentro de la visión mecánica del universo, el saber médico fundamental es la anatomía, y para quienes tienen una concepción organicista del cosmos, la alquimia.

Dentro del mecanicismo, donde lo importante es la forma, todo se puede reducir a figuras geométricas, que serían los entes con los que se expresa la naturaleza para ser concebida por la mente humana. La materia es inerte para los mecanicistas y sus movimientos hay que buscarlos en una forma exterior al sistema que se mueve, sea atractiva o impulsiva. Lógicamente y como consecuencia, va a tomar un gran auge y desarrollo la anatomía y el estudio del organismo. Es decir, el conocimiento de los elementos que lo componen y su génesis y desarrollo; la embriología, la filogenética e incluso la dinámica de la naturaleza humana, que pronto va a constituirse en fisiología.

La anatomía experimenta un gran auge y, en la segunda mitad del siglo XV, los conocimientos de esta disciplina progresan gracias a las disecciones, que se realizan en el cadáver, favorecidas por la sed de experiencia personal que caracteriza en esta época al estudioso. La visión mecánica estructural del cosmos convierte a la anatomía en una materia básica para el conocimiento del hombre. Además, una idea propia del Renacimiento, la contemplación del desnudo, facilita el desarrollo de la anatomía.

151

¿Cómo se produce el desarrollo de la ciencia anató-mica?

No fue bruscamente y puede verse que la consolida-ción de esta disciplina, como tal, se produjo a través de tres períodos en los que la figura central fue el gran anatomista Vesalio. De modo que existen dos períodos, uno anterior y otro posterior, en los que la ciencia anatómica va tomando cuerpo.

La época inmediata anterior a Vesalio, de quien hablaremos después, es aquella en la que vivieron varios médicos italianos, grandes anatomistas, y además artistas como el genial Leonardo da Vinci. Son los años finales del siglo XV hasta la publicación de la obra de Vesalio, en que nombres como Benedetti, Achillini y Berengario de Capri van conformando el futuro sistema anatómico creado por él. Menos técnica, pero mucho más profunda y moderna, fue la concepción estructural del cuerpo humano a la que llegó Leonardo, a juzgar por sus maravillosas láminas anatómicas.

Los artistas contribuyeron al desarrollo de la anatomía y su impulso fue decisivo para que progresara. Los artistas, italianos sobre todo, siguiendo el camino de la teoría de la perspectiva que había abierto Brunelleschi y que teorizó Alberti, comienzan a buscar el relieve en las representa-ciones artísticas, y una insuperable muestra de ello son los paneles de las Puertas del Paraíso en Santa Maria del Fiore, del escultor Ghiberti en Florencia, Donatello, Masaccio, los Pollaioulo, Castagno, Verrocchio, Miguel Ángel y muchos otros acuden con asiduidad a las disecciones de cadáveres para estudiar al natural los problemas de la perspectiva anatómica. Curiosamente, las obras de estos artistas eran estudiadas detalladamente por flebotomos y cirujanos, que aprendían anatomía en tales representaciones artísticas.

¿Qué aportó a la medicina el gran sabio Leonardo da Vinci?

Da Vinci (1514-1562) fue un adelantado de su época que destacó en el estudio de las disecciones en el cadáver. Sus trabajos anatómicos están recogidos en unos cuadernos desconocidos hasta 1784, cuando aparecieron en Windsor, Milán y París. Se reprodujeron cien años después y conocemos, gracias a ello, más de setecientos cincuenta diseños en donde lo importante, aparte de la fidelidad artística, es que al contemplarlos se deduce el método seguido por el artista para llevar a cabo las disecciones. Practicadas por planos, para conseguir una total comprensión de la topografía de los órganos del cadáver y la estructura del cuerpo humano.

Los descubrimientos anatómicos que hizo Leonardo son de gran importancia, sobre todo aquellos referentes a la estructura del corazón, sus cavidades y válvulas; la sección uterina, mostrando la correcta posición del feto, el cuidadoso análisis de los grupos musculares y paquetes arteriovenosos; las inserciones de los tendones, que estudió como si fueran poleas y palancas, lo que es mecanicismo puro, como más tarde hiciera Borelli. Descubrió el nervio óptico, el quiasma, nervios craneales, médula espinal y el trayecto de los nervios periféricos. Son de gran importancia sus dibujos del esófago, estómago, hígado y vesícula biliar; fue el primero en describir el apéndice y se dio cuenta del papel que jugaban el diafragma y la forma de las costillas en la función respiratoria. En suma, disecó y dibujó detalles hasta entonces no conocidos.

Se dice, a juzgar por su tipo de escritura, que Da Vinci era zurdo.

Realmente es curioso el modo en que escribe. Sus dibujos y su letra son perfectos y no parece exactamente

153

que fuera zurdo, sino que escribe de izquierda a derecha, al revés de como lo hacemos nosotros, como si se reflejara lo escrito en un espejo. Son interesantes estas curiosidades que en realidad hablan de la genialidad del autor.

De Alberto Durero, el gran grabador que también hizo importantes estudios anatómicos, se conoce una carta en la que, mediante un dibujo, le explica a un amigo suyo, médico, el lugar exacto del cuerpo donde sentía dolor; como si de una verdadera historia clínica gráfica se tratara. El enfermo se representaba en la carta a sí mismo, indicando con el índice el punto doloroso.

¿Qué hicieron los médicos anatomistas anteriores a Vesalio?

Puede que, además del crítico Vasari y otros artistas, solo unos cuantos médicos conocieran los dibujos de Leonardo, y la mayoría de los disectores seguían las pautas marcadas en los antiguos tratados. Pero surgieron figuras como Cerbi o Gerbi (1478-1505), Benedetti (1470-1526) y Achillini, que escribieron libros de anatomía describiendo el píloro, los cálculos biliares y los huesos del oído, el conducto submaxilar, los ventrículos cerebrales, y otros muchos órganos, como fruto de sus disecciones. Berengario de Capri, un boloñés profesor de anatomía y cirugía, enmendó la plana a los errores de Mondino en un libro fruto de más de cien disecciones; describe en su *Comentario*, escrito en 1521, los músculos abdominales, el peritoneo, el colédoco y la mayor amplitud de la caja torácica en el hombre y de la pelvis en la mujer.

Todo lo referido ocurría en Italia y en Francia, donde, en esa época, el personaje más importante fue Silvio, mote de Jaques Dubois (1478-1555), que siguió fiel a Galeno. Silvius comenzó a enseñar por su cuenta, sin título alguno, y fue denunciado por la Facultad de París. Tuvo que ir a Montpellier, donde se graduó como bachiller en Medicina el año 1531, cuando tenía cincuenta y tres años de edad. Volvió a París y tuvo como discípulos a Serveto y Vesalio. Escribió una obra de anatomía, sin ilustraciones, muy influida por Galeno, e intentó excusar los errores anatómicos del grande de Pérgamo diciendo que el hombre había sufrido cambios anatómicos desde el siglo II después de Cristo.

Conviene hablar de España, pues en esta época una gran figura es Andrés Laguna (1511-1560), graduado en Salamanca, pero alumno en París, donde publicó una *Anathomía metodus* en la que también es fiel a Galeno, aunque expone observaciones directas hechas por él, como la descripción de la válvula ileocecal.

En Alemania e Inglaterra surge también la anatomía con mayor o menor fuerza. Todo ello como preparación del camino, entre médicos y artistas, para la aparición del gran Andrés Vesalio, que va a revolucionar la anatomía y a convertirse en el padre de su concepción moderna.

ANDREA VESALIO: LA ANATOMÍA MODERNA

Durante el Renacimiento artistas como Leonardo da Vinci practicaron disecciones en el cadáver para conocer mejor la anatomía. Estos artistas y, por supuesto, los médicos dieron lugar al nacimiento de la anatomía moderna como ciencia descriptiva del cuerpo humano.

El médico disector más importante del período renacentista fue el belga Andrea Vesalio (1514-1564). En la segunda mitad del siglo XV el saber anatómico progresó gracias a la práctica de las disecciones en el cadáver, a la visión mecanicista del mundo, que hace de la anatomía su disciplina básica, y al estudio del desnudo,

155

afición propia del Renacimiento. Todo esto se materializa en el trabajo de artistas y médicos precursores del gran personaje que fue Vesalio, autor de la obra anatómica llamada *La fábrica*.

¿Cuál es la historia de Andrés Vesalio?
Perteneció a una saga de médicos de cámara. Hijo de Andreas van Wasele, ilegítimo de Everand van Wasele, cuyo padre fue Johanes van Wasele o de Wesalia, a su vez hijo de Pierre Witing van Wasele. Todos componen cuatro generaciones naturales de Wesen en el ducado de Cleves, en Bélgica, y todos ellos, hasta su padre, ennoblecidos por los reyes de quienes fueron médicos. Su padre, por ilegítimo, perdió la nobleza, y el Vesalio de nuestra historia, que latinizó su nombre, conocedor de su pertenencia a una familia de grandes médicos, se propuso recuperar el prestigio de una estirpe acostumbrada a proporcionar médicos a la universidad y al emperador. Él mismo dice, en el prólogo de su libro *La fábrica*, que sus antepasados estaban lejos de ser oscuros médicos.

Estudió en Lovaina y en París, donde se hizo acérrimo seguidor de Galeno, y más tarde fue a Padua. Aprendió anatomía y discutió lo que creía que era erróneo en Galeno.

A los veintitrés años fue profesor de anatomía y cirugía, además de profesor, mostrador y anteriormente disector; comportándose en esto como un pillo que, en su trabajo, no seguía las indicaciones del catedrático que leía el libro clásico desde su sillón, sino que se dedicaba a comprobar los posibles errores que en el directorio galénico existían. De este modo acusa a Galeno de dejarse engañar por los monos y de los errores que cometió al extrapolar al hombre disecciones que había realizado en animales, cuya anatomía puede ser semejante, pero no idéntica. Silvio,

156

que no se apartó de Galeno, llegó a detestar por todo ello a Vesalio, que fue discípulo suyo.

Vesalio murió a los cincuenta años en Chipre, de un modo extraño, después de haber sido médico de Carlos V y Felipe II. Parece ser que tuvo una actuación profesional desafortunada y solicitó permiso a los familiares para practicar la autopsia a su paciente fallecido. Cuando se llevaba a cabo, aquellos creyeron ver latir el corazón del finado y Vesalio tuvo que comparecer ante el Tribunal de la Inquisición. Con el favor de Felipe II, la pena de muerte por homicidio, que se le imputó, le fue conmutada por una peregrinación a Tierra Santa. Fuere por esto o por huir del carácter insoportable y de la infidelidad de su mujer, como apuntan otros, lo cierto es que marchó y murió a la vuelta de ese viaje, en Chipre, en condiciones tampoco muy claras.

¿Cuál es la obra de Andrés Vesalio?

Publicó unas tablas de anatomía en Padua y el año 1543, en Basilea, su famosa obra *De humani corporis fabrica libri septem*. Más tarde hizo un resumen de esta obra, un epítome, que dedicó a Carlos V.

¿Qué es La fábrica, *exactamente?*

Un compendio de anatomía en el que con el título el autor ya se declara mecanicista en sus pensamientos y donde la forma va a ser lo más importante.

Está dividido en siete libros que se refieren, el primero, al esqueleto; el segundo, a los ligamentos y músculos; el tercero y cuarto, a las venas, arterias y nervios, y los tres restantes, al estudio del abdomen, tórax y cabeza. Está concebido como si se estuviera construyendo una casa. De modo que el primero de los libros habla de los sistemas constructivos y edificantes, los ladrillos, que para el cuerpo serían los huesos; después, de los elementos unitivos y conectivos, que sería la argamasa, y en el hombre los ligamentos y tendones, y por fin habla de los elementos animados e impulsivos. Lo importante es el método seguido para escribir el tratado. El mismo que el autor llevó a cabo para efectuar las disecciones. La obra demuestra una mentalidad estructural y arquitectónica donde lo importante es la forma.

En los tres últimos libros, donde hace referencia a los órganos abdominales, torácicos y craneales, el autor describe las vísceras como sede de la dinámica que preconizó Galeno y aquí, curiosamente, falla la obra en su intención mecanicista, porque para sostener algo tan sólido como lo descrito utiliza, como base, la teoría galénica de los humores.

Una anatomía, concebida como la arquitectura del cuerpo, no puede tener en los fluidos el elemento biológico donde asentarse.

Exactamente, pues precisa de bases sólidas. Por esas fechas Jean Fernel (1497-1558), primero, y Faloppio (1523-1562), después, piensan que el elemento constituyente del organismo no es el humor, sino la fibra; algo invisible que al unirse llega a ser tangible y a constituir los tejidos, imbricándose entre sí y dando lugar a los órganos tridimensionales. Esto es más sólido y cuadra mejor con la obra de Vesalio. El tejido de que se habla en estos momentos no tiene todavía un sentido funcional, como después se verá, pero conceptualmente sirve para comenzar a construir una anatomía más cercana a nosotros.

158

CIRUGÍA DEL RENACIMIENTO: AMBROSIO PARÉ

La cirugía francesa, que estuvo en auge durante los siglos XIII y XIV con Henri de Mondeville y Guy de Chauliac, durante el siglo XV no produjo ningún cirujano de mérito ni hizo aportación alguna a la medicina.

Curiosamente, toda esta centuria es de conflicto entre quienes hacen la medicina de la época. Los médicos de la Facultad de Medicina de París, los cirujanos de la Confrérie de Saint Côme y el gremio de barberos se enzarzan en continuas querellas y discusiones hasta finales de siglo, en que se llega a una tregua. Los médicos habían conseguido el privilegio de supervisar a los cirujanos, quienes, para no perder el favor de los primeros, que controlaban el poder universitario, cedieron terreno en sus prácticas a los barberos, dejando en manos de estos la sangría y las extracciones dentales, absteniéndose incluso de realizar intervenciones mayores como la litotomía, la operación de hernia y la ablación de cataratas. Todo ello para estar a bien con los médicos, eruditos universitarios, que tenían a menos las prácticas manuales.

Con todo, los barberos adquirieron auge y poder, y en realidad la situación no cambió; si acaso tan solo de manos. Más cuando los barberos, tras realizar exámenes ante un miembro de la facultad y dos cirujanos, lo que les facultaba en su ejercicio profesional, consiguieron pasar a formar parte de la *Confrérie*.

La situación de los cirujanos en París a finales del siglo XV parece que no fue muy boyante. ¿Cómo se formaban los cirujanos de esta época?

Aprendiendo junto a un maestro reconocido durante cinco o siete años, al cabo de los cuales solicitaban su admisión en la Hermandad de San Cosme. O bien recibían clases de los profesores en la Facultad de Medicina, quienes con toda la mala intención impartían sus ense-

159

ñanzas en latín, que los cirujanos ignoraban. Mientras que a los barberos les enseñaban en lengua vernácula, y, como estos sí que entendían lo que se les enseñaba, llegaron a tener conocimientos más profundos que los cirujanos. Los cirujanos alcanzaban el título a base de pagar sustanciales derechos y repartir regalos a sus examinadores, llegando así a bachilleres sin derecho a practicar. Posteriormente se convertían en licenciados con ejercicio, y aquel que alcanzaba el grado máximo de maestro tenía derecho a rodearse de aprendices.

Los libros que utilizaban eran todavía los de Avicena y Abulcasis, considerablemente deformados y mutilados por las traducciones. Lo mejor que tenían era *La chirurgia* de Guy de Chauliac, pero ya habían pasado casi dos siglos desde que apareciera esta obra.

¿Cuál fue entonces la evolución de las prácticas quirúrgicas?

Pese a la situación referida a comienzos del siglo XVI, hay un resurgimiento de la cirugía, sobre todo en Francia, merced al trabajo de dos grandes personajes: el singular Ambrosio Paré, en el campo de la cirugía práctica, y en Italia Bartolomeo Maggi, en el campo experimental.

El gran punto de partida de la cirugía moderna fue el tratamiento de las heridas por arma de fuego y el hecho de abandonar las prácticas que se usaban para estimular la producción de aquello que llamaban pus loable, porque creían que la putrefacción de los tejidos heridos era beneficiosa para la curación. Los primeros cirujanos de este período pensaban que un proyectil, al herir el cuerpo humano, lo envenenaba por la pólvora que consigo arrastraba y lo quemaba por la alta temperatura que producía.

160

De modo que el médico debía extraer la bala y la pólvora que quedaba en la herida, y para ello vertía en la misma aceite hirviendo, aceite de saúco, para destruir el veneno y provocar una supuración loable capaz de eliminar el tejido enfermo o materia pecante. Paré y Maggi, cada uno con sus investigaciones, demostraron que esto no era correcto ni beneficioso.

¿Cómo contribuyó Paré a romper con la teoría del pus loable?

Ambrosio Paré (1507-1590) fue en principio un simple cirujano barbero del Hôtel Dieu de París, carente por tanto de formación universitaria, que sin embargo pasó de ser un cirujano práctico militar en el ejército de Francisco I, durante la campaña del Piamonte en 1536, a convertirse en padre de la cirugía moderna.

Cuatro intervenciones suyas destacan sobre las demás: una fue precisamente el tratamiento suave de las heridas por arma de fuego y otras, la práctica de la ligadura vascular en las heridas, la herniotomía sin castración y, en obstetricia, el restablecimiento de la versión podálica, en los partos indicados. Las cuatro tienen gran interés, pero sobresale la importancia histórica de la primera. Un día de batalla el número de heridos fue tan importante que se agotó la provisión de aceite de saúco, que se utilizaba para tratar las heridas, derramándolo hirviendo sobre ellas. Paré aquella tarde aplicó en las heridas un digestivo de yema de huevo, aceite de rosas y teberinto. Esa noche no pudo dormir pensando que sus pacientes iban a morir envenenados, pero, contra todo lo previsto, mejoraron notablemente respecto a los tratados con aceite hirviendo. A la mañana siguiente las heridas de los enfermos tratados con el nuevo método no estaban

161

maceradas y los pacientes no aquejaban dolor ni presentaban infección.

Paré supo escuchar el principio hipocrático de ayudar a la naturaleza, este fue su mérito, y en lo sucesivo prescindió del método tradicional y prefirió el suyo. No todos conocieron el método de Paré y fueron, además, pocos quienes quisieron adoptarlo, aunque se dice que tampoco él lo quiso difundir. El mariscal de Montejar refiere que en Italia un cirujano pagó una fortuna por lo que él pensaba que era la fórmula de Paré y, cuando se la entregaron, el papel que le dieron decía que se cocieran en aceite de lirios cachorros de perro recién nacidos y lombrices de tierra preparadas con trementina veneciana.

En el año 1545 publicó Paré en su obra *Cirugía universal*, a los treinta y seis años, los resultados de su gran hallazgo. El boloñés Bartolomeo Maggi (1516-1552), acaso sin conocer la obra de Paré, hizo ver experimentalmente lo que había descubierto Paré por azar. Maggi disparó arcabuces sobre sacos de pólvora que no ardieron, demostrando así que el proyectil no alcanzaba grandes temperaturas y, como los componentes de la pólvora, salitre, azufre y carbón, no son venenosos, negó la toxicidad de las heridas por arma de fuego y aconsejó tratarlas con curas lenitivas, reposo y dieta.

¿En qué se tradujo la obra de Paré para el desarrollo de la cirugía?

Gracias a ella avanzó la cirugía, desde el siglo XVI al XVIII, y no lo hizo más porque algunos factores lo impidieron. Desde Paré, al echar por tierra la teoría del pus loable, se producen grandes progresos en el tratamiento de las heridas, sobre todo con las posteriores aportaciones de John Hunter en el campo de la inflamación y la cicatrización.

Respecto a la amputación de miembros, tan frecuente en esa época de campañas militares, la aportación de Paré fue aconsejar la sección precoz del miembro por lo sano, la hemostasia con ligaduras de los vasos para evitar la hemorragia y la disección de un colgajo de piel para formar el muñón del miembro seccionado. Todo ello supuso un gran avance que evitó la muerte a muchos heridos.

En el tratamiento de las hernias inguinales la conservación del cordón espermático significó el tratamiento sin castración para el enfermo. Aunque la cura radical no llegó hasta 1700 con Hunter.

En suma, el avance de la cirugía desde Paré fue grande, y no lo fue mayor porque faltaban por descubrir dos pilares importantes para su desarrollo: la anestesia y la asepsia. La hemostasia había comenzado gracias a él.

CLÍNICA DEL RENACIMIENTO: PESTILENCIA Y CONTAGIO

Durante el Renacimiento no existió el científico puro. Todos los humanistas que se dedicaron a la medicina, fueran anatómicos o farmacólogos, hicieron una medicina práctica, pero continuaron siendo galenistas en su teoría y hombres versados en diversos conocimientos.

Es cierto que todos estos sabios redescubren a los autores clásicos en su lengua original, los traducen a un latín fiel y ordenan sus obras, haciendo posible su expansión gracias a la imprenta. Y es cierto también su camino por la senda que años atrás marcó Galeno. Todavía siguen sus enseñanzas, pero se ven ya los primeros atisbos de novedad en la práctica clínica, aunque estos avances no sean tan marcados como ocurre con la cirugía.

¿Cuáles fueron los conatos de separación y rebeldía que los médicos presentaron frente a la patología galénica?

Por un lado, la polémica sobre la flebotomía, es decir, sobre la sangría, en el tratamiento de las inflamaciones pleuropulmonares que se conocían con el nombre de pleuritis o dolor de costado. Según Galeno, Hipócrates distinguía entre un efecto revulsivo de la sangría, con el que se evitaba el reflujo de los humores pecantes hacia el foco que producía la enfermedad, y un efecto derivativo, con el que se provocaba la evacuación hemática que eliminaba aquellos humores y aliviaba la congestión local. Para lograr esto, al practicar la sangría había que seccionar una vena que estuviera cerca o bien alejada de la lesión.

Los árabes utilizaron la práctica como efecto revulsivo y para ello incidían una vena en la zona más alejada de la lesión, generalmente el dorso del pie contrario al costado de la pleuritis. Durante el Renacimiento, Brissot (1478-1522) estudió detenidamente los textos antiguos y, apoyando sus exposiciones en la experiencia que adquirió en París el año 1514, en que hubo una epidemia de pleuritis, aconsejó la sangría amplia y precoz de la vena accesible más cercana al dolor de costado, en la flexura del codo del mismo lado, con la intención de derivar los humores causantes de la enfermedad. Brissot tuvo detractores y seguidores, y entre los últimos se encontró Vesalio, que escribió a su favor, así como el emperador Carlos V, que aceptó su método después de ver desangrado a un príncipe del Piamonte en manos de prácticas revulsivas. Todo ello llevó a que durante el siglo XVI la sangría homolateral y generosa fuera la técnica más utilizada.

164

¿Qué otras técnicas se revisaron o tomaron auge en la práctica de la medicina renacentista?

Se puso en tela de juicio la utilización de jarabes en las afecciones febriles de base humoral, que defendía Galeno al preconizar su uso para digerir la materia humoral pecante. Servet se opuso a su utilización y en su lugar pensaba que el humor pecante debía ser expulsado del organismo, en lugar de digerirlo.

Servet, para apreciar el grado de cocción de los humores, tenía en gran estima el examen de la orina, que según él ponía ante los ojos la excreción resultante de la digestión hepática. Sin embargo, con el tiempo, fue sustituido el examen de la orina por el perfeccionamiento en la percepción diagnóstica del pulso, y entre nosotros Mercado escribió, en 1584, un libro llamado *De pulsibus arte et armonia*, cuyo título es lo suficientemente expresivo.

También fue revisado en numerosos escritos el origen de la fiebre, pero uno de los mayores acontecimientos fue la dedicación al tema de la pestilencia y al contagio de las enfermedades. Desde la peste negra, en 1348, el mal no desapareció totalmente y siguió rebrotando esporádicamente en distinta intensidad, localización y en extensión variable. Se fue presentando de nuevo y las gentes aprendieron que junto con la peste clásica aparecían fiebres pestilentes, con nuevos caracteres, que caían sobre un pueblo y originaban epidemias o se contagiaban aisladamente de un individuo a otro. Distinguieron entre epidemias, que achacaron a las conjunciones astrales que corrompían los aires, y enfermedades, que se producían por contagio.

¿Y cómo explicaban los médicos del momento las enfermedades por contagio?

El tema dio lugar a otra polémica, en la que hay que situar a Girolamo Fracastoro como principal representante de su revisión.

Fracastoro fue un veronés, nacido en 1478, que recibió esmerada educación literaria, filosófica y científica. Se doctoró en medicina a los veinticuatro años y una epidemia, que le obligó a refugiarse en su finca, sirvió para que investigara sobre el contagio de las enfermedades. En su villa se dedicó al trabajo, el estudio, la caza y a escribir sus experiencias. Para él la doctrina del contagio tiene su fundamento en la universal atracción de los seres por simpatía y la repulsión de los mismos por antipatía. Simpatía y antipatía, atracción y repulsión, son conceptos análogos y antagónicos. Creía que el contagio de las enfermedades se produce por contacto con algo material, que pasa del enfermo al sano, en busca de aquello que le es semejante en virtud del principio de simpatía. De ese modo lo infecta, lo impregna o lo tiñe con su específica cualidad, originando en el sujeto sano una alteración de la misma naturaleza que la que existía en el infectante.

¿Qué características tenía el agente transmisor de la enfermedad?

Estaba constituido por pequeñísimas partículas, invisibles, que salían por la respiración y los poros del paciente a partir de los humores corruptos. Estas partículas formaban un halo, alrededor del enfermo, que podía unirse a materiales porosos como la madera o los tejidos y propagar por el aire la enfermedad. De este modo la enfermedad podía extenderse por contacto directo con objetos contaminados, a distancia y a partir de elementos transmisores.

Fracastoro denominaba a esas partículas *fomites* y, cuando la simpatía las llevaba al receptor adecuado, engendraban en sus humores otras partículas semejantes, que él llamó *seminaria*, que se encargaban de difundir la enfermedad por el organismo sano.

Fracastoro expuso todo esto en su obra denominada *De contagione et contagiosis morbis* y escribió también un poema llamado *Syphilis sive morbus gallicus*, donde, en dos libros que elaboró mucho, abordó en 1530 el tema de la sífilis con un nivel literario con el que jamás se ha escrito ningún otro tema médico. Sirvió además para bautizar el mal.

La sífilis es una de las nuevas enfermedades del Renacimiento, ¿cuál fue su origen?

Durante el Renacimiento se describieron modos específicos de enfermar que no habían sido advertidos por los clásicos. Fueron por lo general enfermedades infecciosas ligadas a nuevas conductas de vida y, entre ellas, el llamado *morbus gallicus* es una de las que siempre ha despertado mayor interés. Así se llamaba a la sífilis, que apareció en Europa en el último decenio del siglo XV como una nueva enfermedad pestilencial que cubría el cuerpo de pústulas, causaba violentos dolores y corroía el organismo. Atendiendo a su presunto lugar de origen se la llamó mal francés o mal napolitano. La describieron el alemán Grumpeck, el italiano Leoniceno y magistralmente el valenciano Gaspar Torella y otros españoles, como López de Villalobos y Delicado, además de Paracelso y Fracastoro. La enfermedad se relacionó con un asedio a las tropas francesas en Nápoles, el 1495, por el ejército del Gran Capitán. Durante el cerco estalló la epidemia y pronto capitularon los franceses, que, al repatriarse, exten-

167

dieron por Italia, Francia y Alemania esa dolencia, que a finales del siglo XVI era un azote en toda Europa.

También se dice que la enfermedad fue traída de América.

Efectivamente. Así como también se discutió su tratamiento con guayaco y mercuriales. El origen de la enfermedad entabló polémica, y parece ser que se dio en Europa a partir del segundo viaje a América, con lo que bien podríamos haberla llevado nosotros de aquí hacia allá y no traerla. Lo que no creó gran discusión, porque no se tenían conocimientos biológicos para ello, fue el mecanismo de contagio, pero sí se entrevió y se supuso por qué camino iban las cosas, achacando la causa a la estrecha convivencia del acto sexual.

Fracastoro, en su *Syphilis*, tejió una preciosa historia en la que en el Nuevo Continente los descubridores transoceánicos encontraron a los habitantes de las tribus llenos de bubas que les contagió Siphilo, que enfermó por desviar hacia el rey el culto que le debía al sol. La ninfa América lo curó haciendo brotar un árbol de la tierra. Este árbol sería el palo santo o guayaco, y la historia induciría a creer en la procedencia transoceánica de la enfermedad.

MEDICINA Y SOCIEDAD EN EL SIGLO XVI

Desde el siglo XVI, en Europa la ciencia se racionaliza y el hombre domina la naturaleza ayudado por el avance instrumental de la técnica. A la vez la sociedad se seculariza y se va convirtiendo en capitalista.

En esta nueva época se comienza a considerar la enfermedad como un mal físico, que afecta no solo a quien lo padece, sino también a la sociedad. Se establece una verdadera relación entre la actividad del médico, el enfermo y la sociedad a la que pertenecen; cobrando características peculiares los conceptos *enfermo, enfermedad* y *sociedad*. Existe una creciente atención a la enfermedad por parte del Estado; a las enfermedades que padecen los niños, y en suma un espíritu de prevención y lucha contra la enfermedad, jamás conocido hasta ahora.

¿En este tiempo cambia la formación académica del médico?

Desde la Baja Edad Media el médico se forma en las universidades, lo cual no excluye la existencia de sanadores empíricos, curanderos y charlatanes, como siempre ha ocurrido, junto a la medicina racional, aunque cada vez fueron decreciendo más estas prácticas.

Hasta que en la segunda mitad del siglo XVII se elaboren los llamados sistemas médicos, Galeno, Avicena e Hipócrates continuarán siendo los autores más explicados en las aulas. Pero hasta ese momento, poco a poco, se racionalizará la enseñanza anatómica, quirúrgica y clínica, en centros de nueva aparición como serán los colegios de médicos, las cofradías de cirujanos y la academia. Junto a la universidad cumplirán una doble iniciativa: social y docente, supliendo a veces la deficiente enseñanza científica impartida en las universidades.

¿Cuál es la situación social del médico a partir del Renacimiento?

Ya en el siglo XIII, pero sobre todo a partir del XVI, el enfermo es atendido por médicos universitarios titulados. Bahilleres, licenciados o doctores y, por supuesto, también cirujanos barberos, no universitarios, pero con grandes conocimientos; incluso por curanderos empíricos, más o menos próximos a la milagrería y a la superstición pseudorreligiosa, que se ocuparán de la salud de los enfermos.

Sobre las dos primeras categorías, universitarios y cofrades, y sus diferencias sociales, ya hemos hablado en otra ocasión. La hasta ahora supremacía del médico sobre el cirujano, a medida que crece la importancia de la cirugía, va dando paso a la igualdad entre ambos profesionales de la medicina. Por otra parte, como la sociedad necesita médicos, los cuida y los eleva socialmente, recibiendo estos en ocasiones piropos, como Vallés, a quien Felipe II llamó «el Divino». Todo ello no quiere decir que se abandonen las prácticas mágico-religiosas y, por ejemplo, al pobre príncipe don Carlos, hijo de Felipe II, le metieron en la cama los restos de fray Diego de Alcalá, muerto en olor de santidad cien años antes, para que curase la enfermedad que al final acabó con él.

¿Cómo se reguló durante el siglo XVI la asistencia médica al enfermo?

El Estado y las corporaciones se encargaron de ello y en España fue el protomedicato, fundado por los Reyes Católicos en 1477, quien ordenó la práctica médica. El cuidado a los enfermos quedó definitivamente establecido, como ya se iniciara en Grecia y durante la Edad Media, en tres niveles: asistencia a reyes, nobles y magnates, la asistencia a la burguesía y la asistencia a los trabajadores y pobres de solemnidad.

Estos tres niveles sociales fueron atendidos respectivamente por médicos de cámara, médicos a domicilio y médicos que asistían a los hospitales en plan de beneficencia. Aunque la terapéutica prácticamente fue la misma para todos, la mortalidad en los hospitales era mayor debido a la carencia de alimentos y la posibilidad de contagios. De todos modos, los hospitales tienen un gran auge en este período e incluso se idea una nueva arquitectura para ellos. Se comienza a construir hospitales dedicados a enfermedades concretas, se agrupan varios de ellos en uno solo buscando mayor funcionalidad y se restauran antiguos hospitales como el Hôtel Dieu en París, a la vez que se hacen otros nuevos con planta en cruz griega y un patio interior que les confiere cierta alegría.

¿Qué otras aportaciones trae consigo el Renacimiento en el avance de la medicina?

Desde ahora comienza a desarrollarse la cirugía, que solo se verá frenada por la falta de la asepsia y de la anestesia, todavía sin descubrir en estos momentos; pero especialidades como la urología, la patología ósea y articular, la oftalmología y la obstetricia irán adelante. Además, desde ahora, comienza un nuevo campo para la medicina con el desarrollo de la higiene, la medicina legal y la medicina militar, despertándose una gran preocupación por la medicina laboral gracias a un extraordinario personaje llamado Ramazzini.

En este período, por primera vez en la historia, preocupan las enfermedades de los cuarteles, barcos, minas, cárceles y sitios de trabajo, desde el punto de vista social, y el Estado muestra un espíritu de predisposición a resolverlas en bien de la sociedad.

VISIÓN PANVITALISTA DEL UNIVERSO: PARACELSO

Durante el Renacimiento diversas teorías intentaron explicar el origen de la naturaleza, y el organicismo, llamado también

171

panvitalismo, tuvo una gran influencia en el desarrollo de la medicina.

Como en la tendencia organicista lo importante es la fuerza, sirvió este movimiento intelectual para estimular el estudio de la alquimia y explicar las tensiones internas que animan los secretos de la medicina y más aún de la fisiología.

Según los organicistas, el universo estaba constituido por cuerpos cualitativamente distintos que son la manifestación de las fuerzas específicas y genéricas que los hacen existir. Cada cosa es lo que es en virtud de su composición o fuerza interior, de modo que tal como se dice que la cara es el espejo del alma, el cuerpo sería el espejo de su química.

¿Qué médicos representan mejor la corriente panvitalista?

Un personaje singular, sobre todos los demás, llamado Theophrastus Bombastus von Hohenheim, alias Paracelso, que inicialmente representa la rebelión contra el saber galénico al apartarse de las concepciones tradicionales respecto a la constitución de la materia, la causa de las enfermedades y la acción de los medicamentos.

¿Quién fue Paracelso?

No sería exagerado decir que es el padre de la medicina interna actual. Alguien que adornó su vida con la leyenda «No sea de otro quien pueda ser de sí mismo», con lo que anunciaba su espíritu independiente.

Nació en 1493 en Einsiedeln, cerca de Zúrich, y se convirtió con los años en un personaje único y contradictorio que estudió en Ferrara, sin llegar a doctorarse. Fue cirujano militar al servicio de Venecia en 1522 y, cinco años más tarde, por recomendación de Erasmo de Róterdam, accedió a una cátedra en Basilea en contra de la opinión

172

del claustro. Dio clases en rudo alemán y rechazó el latín y el saber de los clásicos, llegando incluso a quemar una noche de San Juan, en 1527, el *Canon* de Avicena.

Escribió en su lengua vernácula con un estilo muy oscuro, como lo fue toda su vida; por su espíritu independiente se creó muchas enemistades y se le llegó a negar el ejercicio de la medicina, diciéndose incluso que murió en una riña de taberna.

¿Qué aportaciones hizo Paracelso a la medicina?

Su primer libro llamado *Paramirum* (1520), le sirvió para exponer que entre el hombre y el universo existía cierto paralelismo, estando ambos gobernados por leyes de simpatía y antipatía, y animados por un principio común que él denomina *archeus*, algo así como una fuerza constitutiva y ordenadora.

Paracelso creía que la materia estaba formada por los cuatro elementos empedoclianos, que gracias a tres substancias o principios operativos, que eran el azufre, el mercurio y la sal, se convierten en cuerpos. El azufre permitía el crecimiento, el mercurio hacía que las cosas cambiaran y la sal les otorgaba la capacidad de perdurar. De modo que la materia procede de los elementos y de la acción de estas substancias o principios.

Pero lo sorprendente es que tales cosas son, en virtud de lo referido y gracias a lo que Paracelso llama las raíces seminales, *some* o esperma, que las configura en la mente divina. Estas raíces tienen una fuerza constitutiva y ordenadora, que es el arqueo o *archeus*, que vendría a ser el alquimista del cuerpo. Lo genial de este pensamiento es que tal fuerza bien podría corresponder a los genes que hoy conocemos.

¿Cómo interpretaba Paracelso la enfermedad; qué concepto tenía de la misma?

El pensamiento de Paracelso parece un conjunto de ciencia, medicina y religión, y los tres son para él un distinto y mismo modo de conocimiento. En su libro *Paragranum*, que publicó en 1529, afirma que la base de la medicina está en el conocimiento de los remedios químicos específicos para cada enfermedad.

Consideraba como causas de enfermedad las influencias cósmicas, las substancias tóxicas y venenosas, los motivos psíquicos, las causas predisponentes e incluso la intervención divina. Creía que las enfermedades eran entes vivos cuyo origen había de buscarse en el desarrollo de unas semillas sembradas en el organismo por corrupción del mismo o por constitución de este desde su origen; lo que lleva al concepto actual de enfermedades congénitas y adquiridas.

¿Qué aportaciones hizo Paracelso al diagnóstico de las enfermedades? ¿Describió alguna enfermedad?

Hizo una insuperable descripción de la sífilis, que relacionó con el acto sexual, y aconsejó el mercurio como tratamiento. Asoció el cretinismo con el bocio. Distinguió entre enfermedades de lunáticos, insanos y vesanos, para referirse a aquellas que tenían su origen en la influencia lunar por obra de la gestación, el parto o la herencia y por la alimentación o bebidas insanas. Tan histérico podía ser un hombre como una mujer, porque creía no que la enfermedad era consecuencia de la acción del útero, llamado en griego *histeron*, sobre la psique, como pensaba Hipócrates, sino consecuencia de la psique sobre el cuerpo.

En cuanto al tratamiento de las enfermedades, fue sorprendente su actitud. Creía que el universo entero era

174

una inmensa farmacia y Dios, el supremo boticario. Para él todo podía ser medicamento y era labor del médico, mediante su observación y el ejercicio de la alquimia, saber descubrir los diversos modos de acción sobre el organismo. Con todo ello llevó la teriaca a extremos de composición insospechados, en el número de sus ingredientes. La teriaca o triaca, desde la antigüedad, es el resultado de la mezcla de varios componentes. Una especie de panacea que Paracelso componía con más de setenta y cinco elementos diferentes.

FISIOLOGÍA RENACENTISTA

En la época renacentista se comienza a relacionar, por primera vez, los órganos de los seres vivos con sus movimientos y funciones. Se crea así una nueva ciencia, la fisiología, ligada a la corriente mecanicista, que aúna el estudio de la anatomía y de la forma con la función.

Su nacimiento y desarrollo tiene lugar en el siglo XVI. Primero Fernel (1497-1558) y después el italiano Faloppio pensaron que el elemento anatómico básico del cuerpo humano era la fibra y no los humores. Una fibra, como elemento constitucional, al unirse con otra daba lugar a los tejidos capaces de constituir los órganos. Estos autores hablaban de tejido en el sentido físico de urdimbre, como se entremezclan los hilos de una tela, y no en sentido funcional, como más tarde hará Bichat, pero pusieron las bases para poder comenzar a estudiar los órganos del cuerpo humano, sus funciones y, con ello, su fisiología.

Si el conocimiento estructural de los órganos es tan importante para comprender su función, el estudio de la anatomía tendrá, lógicamente, un gran auge en esta época.

175

Así es, y comenzó a tenerlo con Vesalio, gracias a lo cual experimentó un gran avance la cirugía. Los disectores construyen una nueva anatomía que corrige los fallos de Galeno. Por ejemplo, Realdo Colombo demostró que no existían agujeros en el tabique del corazón que pusieran en comunicación los dos ventrículos, como había dicho el médico de Pérgamo. Colombo explicó la función de las válvulas cardíacas y describió la circulación de la sangre, desde el ventrículo derecho al izquierdo, a través de los pulmones.

Pero esta, que es la circulación menor de la sangre, ¿no la describió Servet?

Sí, pero no fue el primero en hacerlo. Podemos hablar ahora del descubrimiento de la circulación menor o pulmonar de la sangre, porque además constituye, de alguna manera, el inicio de la fisiología moderna.

Colombo (1516-1559), que entre otras cosas descubrió la existencia del clítoris en la mujer y quedó asombrado de que tantos anatomistas antes que él hubieran descuidado una cosa tan graciosa y sutil, según sus propias palabras, no fue el primero en el descubrimiento de la circulación menor de la sangre, porque ya en el siglo XIII, en 1242, el judío Ibn al-Nafis hizo mención de ella; lo que se ignoró durante la Edad Media y hemos sabido después.

¿Cómo se llevó a cabo, entonces, el redescubrimiento de esta parcela de la ciencia médica?

Pues junto a Servet deben ser nombrados Colombo y el anatomista Cisalpino, que consideró al corazón como centro de la fisiología circulatoria y no al hígado, como creía Galeno.

176

Miguel Serveto o Servet nació en un pueblo de Huesca, Villanueva de Sigena, o en Tudela, no se sabe bien, y estudió en Toulouse; tuvo contactos con teólogos de la Reforma, pero luchó tanto contra ellos como contra los contrarreformistas, siendo temido por unos y otros. Acabó quemado en Ginebra por orden de Calvino y se convirtió así en un mártir de la religión, del humanismo y de la medicina.

La lectura de la Biblia le llevó a pensar que la sangre era la parte del cuerpo humano que más directamente se relacionaba con Dios y esto le hizo interesarse por sus movimientos. Servet había sido condiscípulo de Vesalio en París y alumno de Silvio y de Fernel. Intentando conciliar sus conocimientos, en un libro de teología llamado *Cristianismi restitutio* (1553), describió la circulación menor de la sangre. Fue el descubridor aunque solo lo haya sido de una parte de su recorrido por el cuerpo humano.

Entonces, ¿cómo se completó el estudio de la circulación de la sangre?

Colombo creyó que el corazón era la bomba impulsante; Serveto descubrió la circulación menor; Fabrici d'Arquapendente, discípulo de Faloppio, llamó la atención sobre la existencia de las válvulas, aunque se equivocó al decir, con Galeno, que la sangre seguía una dirección centrífuga y, por tanto, actuaban frenando el flujo de la sangre hacia la periferia. De todos modos, la observación estaba ahí. También describió la existencia de unos ostiolos que comunicarían las arterias con las venas.

Malpigio, ya en 1661, descubría la existencia de los capilares sanguíneos en el mesenterio de la rana, después de que Leeuwenhoek inventara el microscopio. Con todo ello se completaba el estudio inicial de la circulación de la sangre en el cuerpo humano.

EL DESCUBRIMIENTO DE LA CIRCULACIÓN MAYOR DE LA SANGRE

Hay quien considera al italiano Cesalpino como descubridor de la circulación de la sangre, porque desechó la idea galénica de que el hígado fuera el centro de la circulación.

Cesalpino (1519-1603) explicó la circulación menor en forma semejante a como lo hicieron Serveto, Colombo y Valverde, y en las observaciones que hizo en el siglo XVI se acerca a la descripción de la circulación mayor, cuando dice que la sangre, aireada, se esparce desde el corazón a todo el cuerpo. Parece que está intuyendo la existencia de una circulación general de la sangre, que después, en 1628, demostró Harvey.

Es bueno que expliquemos las ideas que en aquella época se tenían sobre la sangre. Siguiendo a Galeno, se pensaba que la sangre era producida constantemente en el hígado por transformaciones de los alimentos, que le llegaban desde el estómago, y a través de las venas era distribuida por el organismo para transportar a todos sus rincones el hálito vital. Creer que la sangre se producía sin interrupción en el hígado llevó al desarrollo de prácticas que causaron innumerables víctimas, entre los siglos XVI y XVII, y que se prodigaron hasta hace poco. Si la sangre manaba constantemente del hígado, no había inconveniente en eliminar algunas cantidades de este líquido cuando se consideraba que estaba alterando la salud.

Casi todos los tratamientos de esta época tenían por base la doctrina humoral de Hipócrates, según la cual, cuando un humor estaba alterado, lo lógico era eliminarlo por cualquiera de las vías accesibles al médico.

Por ello pusieron en práctica la purga, la lavativa y la sangría; que, si ya se conocían, ahora tuvieron el mayor auge de su historia. Imaginemos lo que significa sacar a un enfermo uno, dos o tres litros de sangre mediante una sangría, si el solo hecho de perderlos enferma a quien está previamente sano. No faltaron los detractores de estas técnicas y la polémica estuvo asegurada.

Así las cosas y entre tanta confusión, surgió una persona sensata que, sin dejarse llevar por las ideas de la época, restableció las bases de una medicina científica. Fue William Harvey.

¿Quién fue Harvey, en realidad?

El personaje a quien se atribuye el descubrimiento de la circulación mayor de la sangre. Nació en Folkestone (1578), en una familia noble y modesta de la campiña inglesa. Estudió en Cambridge y parece ser que fue un joven arrogante y honesto, de firmes convicciones. En el continente estudió en Padua siendo discípulo de Fabricio D'Acquapendente y Faloppio, que lo fueron de Vesalio. Se convirtió en un gran disector y adquirió el espíritu independiente y rebelde de la escuela de Vesalio, el gran anatomista del Renacimiento.

En Inglaterra fue médico de Jacobo I y Carlos I, y tan hábil disector que cuando murió Thomas Pan, a la edad de ciento veinte años, se le llamó para que intentara encontrar, disecándolo, la causa de su longevidad. Pero, sobre todo, en sus investigaciones anatómicas, estudió y persiguió el camino de la circulación de la sangre.

¿Cómo llevó a cabo el descubrimiento de la circulación mayor de la sangre?

Andaba en estos trabajos cuando murió su amigo Guy Patin, desangrado en manos de un médico galenista, y aceleró la publicación de sus estudios, en los que llevaba diez años sin atreverse a mostrarlos por prever lo que se le vendría encima. Harvey había observado, viendo las heridas por arma blanca, que había dos tipos de sangre, de color distinto, una roja que surgía pulsando a borbotones y otra más oscura, que fluía de modo más continuado. Comenzó a entrever la existencia de sangre venosa y arterial, y a formarse una idea aproximada del circuito cerrado que constituye la circulación de la sangre.

Pasó a explicar su hipótesis mediante una prueba matemática y dos experimentos, lo que supone la creación de un método de trabajo para verificar una investigación, poniendo de este modo a la medicina en el camino de la ciencia experimental y racional.

Harvey pensó que, siendo la capacidad del corazón de dos onzas, unos sesenta centímetros cúbicos, si en un minuto el corazón se contrae setenta veces moviliza en ese tiempo cuatro litros de sangre. Esto significa que al cabo de una hora ha hecho circular doscientos cuarenta litros y, pasadas veinticuatro horas, el individuo pesaría 5.760 kilos. Todo sería así en el caso de que el hígado estuviera haciendo sangre constantemente. Pero ni la comida de veinticuatro horas es suficiente para hacer tanta sangre, ni esta cabría en el cuerpo en el supuesto caso de que llegara a fabricarse. Tenía que ser, pues, una cantidad determinada de sangre, siempre la misma, la que daba vueltas por el árbol circulatorio.

Y, para demostrar esta hipótesis, ¿qué hizo?

Dos curiosos experimentos. Atando un torniquete por encima de la flexura del codo, al apretarlo al máximo, comprobaba que desaparecía el pulso radial. Eso hacía suponer que la sangre que venía desde el corazón no podía pasar del torniquete hacia abajo. Al aflojar el torniquete reaparecía el pulso radial, lo que significaba que la circulación de la sangre se restablecía en esa zona. Pero, sin embargo, en el antebrazo se ingurgitaban las venas, lo cual quería decir que la sangre no podía retornar al corazón. Al aflojar del todo el torniquete, la ingurgitación venosa desaparece porque se restablece el flujo sanguíneo. Con todo ello demostró que la sangre seguía un camino centrífugo, del corazón hacia la periferia, y tiene retorno centrípeto, de las partes distales al corazón.

Sorprendente en su tiempo, pero ¿qué alcance inmediato tuvo su descubrimiento?

Es de suponer que los sabios reconocidos se le echarían encima con toda la caballería por lo que supone, en una sociedad donde se están haciendo sangrías sin límite de cantidad, que alguien venga a decir que tal práctica es un crimen porque el hígado no está formando sangre constantemente y que ni siquiera la hace; sino que el corazón mueve una cantidad determinada de sangre, la única de que dispone el organismo. Este nuevo concepto abriría secundariamente otros caminos en la terapéutica, pues, si la sangre perdida en caso de hemorragia no la reponía el hígado, podría restablecerse mediante transfusiones. De hecho, comienzan a practicarse las primeras de hombre a hombre o de sangre de cordero a hombre, que fue preciso prohibir por los accidentes que originaban.

Todo esto explica que Harvey tardara doce años en publicar sus experiencias. Cuando publicó su libro *De exercitatio anatomica motu cordis et sanguinis in animalibus*, en 1628, donde exponía la circulación mayor de la sangre, lo hizo con todo tipo de precauciones, con el apoyo del rey y mostrando comparaciones entre la monarquía, la regencia divina de Dios en el cosmos y el papel del corazón en el circuito sanguíneo, para recibir así los menos palos posibles por parte del saber establecido.

La importancia de la obra de Harvey está tanto en su descubrimiento como en la utilización del método experimental para realizar su trabajo.

181

Galileo introduce el método de investigación que incluye el experimento como pregunta formulada a la naturaleza, bajo determinadas condiciones, y Harvey lo utilizó en su método de trabajo.

BARROCO

La época del Barroco abarca de 1600 a 1740, un total de ciento cuarenta años que transcurren durante todo el siglo XVII y casi la mitad del siglo XVIII.

En este período tienen lugar la guerra de los Treinta Años, la toma de posiciones religiosas —luchas entre la Reforma y la Contrarreforma— y las contiendas que dan lugar a la creación de las nacionalidades. Junto con todo ello hay una nueva visión del universo debido al descubrimiento del Nuevo Mundo.

Es característica de la época el dinamismo insólito que se manifiesta en todas las esferas intelectuales, que se traduce en un gran movimiento, tanto en las letras como en las artes, ciencias e incluso en la religión, frente al inmovilismo al que había llegado el Renacimiento con el estilo denominado Neoclásico.

Con el Barroco comienzan a acelerarse la historia y a moverse los personajes en la misma, tanto en la vida real como en sus representaciones artísticas, sean pictóricas, escultóricas o arquitectónicas. Además, se mueve la sangre en los vasos desde el descubrimiento de Harvey y el mismo universo, con Copérnico y Galileo, adquiere el reconocimiento de su movimiento. La evolución científica acontece en este tiempo con un desplazamiento de la actividad creadora hacia las zonas en donde aparecen las nuevas fuerzas sociales, y se van a producir los cambios políticos más importantes.

182

—Ya sé que no es mucho, pero creo que es suficiente para situar al hombre en la sociedad de este período histórico. Y creo que con ello puede uno preguntarse qué ocurre con la ciencia médica durante el Barroco.

—Es suficiente y está bien. Digamos qué ocurre en medicina.
En medicina hay una depuración de los dogmas tradicionales y adquieren su talla Vesalio, Paré y Paracelso. De los dogmas se pasa a las doctrinas que orientan el camino de la medicina y lo importante, para la ciencia, es que se introducen nuevos modos experimentales que se verán avalados por la exactitud de la matemática.

Así, Francis Bacon (1561-1628) ofrece como instrumento mental para conocer las leyes del mundo físico la observación repetida de los fenómenos, indicando los cambios que se producen; René Descartes (1596-1650) negó que las leyes generales pudieran deducirse a partir de los métodos empíricos particulares y propuso el método deductivo de la razón; Galileo propuso trabajar con una hipótesis científica verificada por una determinada secuencia experimental, que la comprobara, aportando un revolucionario método de estudio y conocimiento. Spinoza, Leibniz, Locke y otros completan el método para el estudio de una ciencia racional, mediante la utilización del método experimental.

—Permitidme, ya que comencé, que acabe yo esta introducción sobre el Barroco, la sociedad y el desarrollo de la ciencia. He podido leer que el descubrimiento del microscopio y otros instrumentos, la discusión en las academias y la exposición de los conocimientos en las revistas hicieron avanzar la técnica,

183

la ciencia y la medicina. El siglo XVII, más conocido como la era de la Revolución Científica, representa el cambio de orientación más importante en la historia de la ciencia. Ahora me gustaría conocer, en palabras del profe, otra vez, las notas principales que distinguen a la medicina del Barroco.

MEDICINA DEL BARROCO: INTRODUCCIÓN

Si durante el Renacimiento es la anatomía la disciplina que consigue separarse de los esquemas galénicos, durante el Barroco lo hacen la fisiología y la patología modernas.

El método experimental servirá para la medición y comprobación de las hipótesis que el investigador se plantea y dar respuesta a las preguntas que a la naturaleza hace. La obra de William Harvey (1578-1657) es el mejor ejemplo a finales del Renacimiento y comienzos del Barroco.

La anatomía de Vesalio, gracias al método experimental, se convierte en funcional y pasa a servir a la fisiología. El microscopio contribuirá a ello.

Los estudios fisiológicos tomaron una orientación iatromecánica o iatrofísica, dependiendo de la formación fisiológica del investigador. Thomas Sydenham creará la base para la nueva patología moderna, que se encargarán de sistematizar Boerhaave, Stahl y Hoffman.

Lo importante en este período es la utilización en el estudio sistematizado del método experimental, que aplicado a la obra de Sydenham dará lugar al empírismo clínico racionalizado, que apoyado en la anatomopatología convierte a la medicina en ciencia.

184

CLÍNICA DEL BARROCO: SYDENHAM

Al comenzar el Barroco se puso de manifiesto que el médico práctico de esta época fue víctima del gran esplendor del período precedente, denominado Renacimiento, ya que los avances de aquel tiempo fueron aislados y no llegaron al médico general o práctico.

Con el inicio del siglo XVII y del Barroco, que se extiende entre 1600 y 1740, el médico general nota las consecuencias de un período tan brillante como fue el anterior, el Renacimiento, porque Vesalio, Paré y Paracelso son genios adelantados a su época, casos aislados, que tardaron en influir en la medicina práctica. De modo que el médico, durante el Barroco, sigue todavía caminos antiguos y clásicos sin que le hayan llegado aún los avances de esos genios mencionados o de otros como Servet o Harvey.

Entonces, ¿en qué nivel se encontraba la profesión médica en los albores del Barroco?

Hipócrates y Galeno continuaban siendo en universidades como la Sorbona los autores predilectos en la primera mitad del siglo XVII, y la mentalidad conservadora de gran parte del profesorado sitúa las enseñanzas de las Facultades de Medicina a espaldas de las verdaderas necesidades de la medicina práctica.

Las enfermedades seguían matando y existía un gran desprestigio de la medicina, inmersa en prácticas como la sangría, los purgantes y las lavativas. Hacía falta una personalidad dotada del sentido común necesario para apartar a un lado las teorías y vaguedades, llevando a cabo una depuración de dogmas y tradiciones caducas, en favor del establecimiento de doctrinas que salvaran a la medicina del caos.

El milagro se produjo gracias al nacimiento en Inglaterra, el año 1627, de Thomas Sydenham, que estudió en Oxford sin llegar a graduarse. Sydenham procedía de una

185

familia de terratenientes que participaron en las disputas político-religiosas de la época en su país y llegó a adquirir el grado de capitán de caballería, luchando al lado de Cromwell. Terminada la contienda, volvió a Londres y, movido por los cuidados que un médico observador y prudente llamado Coxe dedicó a su propio hermano, se aficionó por la medicina. Thomas ya tenía treinta años y había olvidado el latín que se exigía para estudiar en Oxford, de modo que emigró a Montpellier, donde al parecer era más fácil graduarse, y lo consiguió a los treinta y siete años. Ya en Inglaterra de nuevo y establecido en Oxford, alcanzó gran fama y sin abandonar los estudios se doctoró a los cincuenta y dos años. Los honores no corrieron parejos con la realidad pues, cuando pasó a pertenecer a la Corporación Médica Académica, hacía años que disfrutaba del reconocimiento de sus colegas y el afecto de sus pacientes.

¿Cómo entendía y llevaba a cabo Thomas Sydenham la medicina?

Como no sabía de latines ni dogmas, estuvo libre de compromisos y ortodoxias, y esto le permitió aplicar a la medicina el sentido práctico y empírico de sus conocimientos. Aconsejaba utilizar la estrategia militar para la curación de las enfermedades, a las que consideraba batallas que había que ganar. Y a los enfermos los comparaba a los caballos, cuyas tarascadas era preciso frenar y guiar dócilmente por los caminos naturales de la curación. Su método de trabajo fue muy simple y ejemplar: obtener una buena historia clínica y explorar a los enfermos detenidamente, recogiendo así síntoma a síntoma todo un síndrome, es decir, un conjunto de síntomas que reunieran un denominador común, para clasificar a partir de lo general las

186

enfermedades en particular. Proponía pensar no en el diagnóstico brillante, sino en el síndrome, y curar al enfermo, que al fin y al cabo es lo que este quiere, sin necesidad de que se aplique un nombre en latín a su enfermedad.

¿Qué significó Sydenham para la medicina?
Sydenham, que murió en 1686, marcó un verdadero hito por algo tan sencillo como fue sentarse al lado del enfermo con ánimo receptivo y ayudar a la naturaleza en la curación del enfermo. Esto recuerda el modo de hacer de Hipócrates, y podemos decir que instituye el neohipocratismo, en el modo de practicar la medicina, desechando las discusiones inútiles y los diagnósticos académicos, como hacían los médicos de la época, que recitaban de memoria sus libros olvidándose del enfermo que tenían delante.

¿Cómo definió Sydenham la enfermedad?
Como un esfuerzo de la naturaleza por eliminar la materia mórbida, lo que es también muy hipocrático, como lo fue la terapéutica que usó: muy escasa y donde lo importante era el principio *primum non nocere*, es decir, primero no hacer daño y segundo aprender de la naturaleza. El modo de hacer de Sydenham es importante porque creó un método de trabajo: el empirismo racionalizado, dando lugar a que siguieran los mismos pasos disciplinas médicas como la anatomía patológica y la anatomofisiología.

ANATOMÍA Y FISIOLOGÍA DEL BARROCO

En el siglo XVII se introducen nuevos métodos para el estudio de la ciencia y, al amparo de las academias de medicina, se crean las revistas médicas, en las que los sabios exponen sus conocimientos. Todo ello hace que la medicina avance a un ritmo vertiginoso en esta época del Barroco.

El adelanto se produce gracias, sobre todo, al desarrollo de dos disciplinas básicas donde la medicina se asentó con firmeza: la anatomía y la fisiología. Una, la primera, incorporó progresivamente el descubrimiento de nuevas estructuras del organismo; la otra, la fisiología, relacionó estos órganos con su función propia.

¿Qué aportaciones se hicieron en el campo de la anatomía?

Al principio los estudios anatómicos, que geográficamente se desplazaron a Holanda e Inglaterra, siguieron las directrices de los textos de Vesalio y solo se avanzó en una mejor edición de los libros, por la incorporación de nuevas técnicas de impresión del grabado con planchas de cobre y el uso de planchas superpuestas. Pero después nuevas técnicas en el trabajo anatómico, como la inyección y corrosión para la preparación de las piezas, perfeccionaron el conocimiento macroscópico de los órganos. Un hecho trascendente, en esta época, es el descubrimiento del microscopio, que permitió comenzar a conocer la anatomía íntima de los órganos. Así, el estudio de su función se hizo más sencillo y facilitó el desarrollo de la fisiología.

¿Quién descubrió el microscopio?

Los primeros microscopios fueron manufacturados por el holandés Jansen, sobre el año 1604, y la primera ilustración microscópica apareció en un libro de Stelluti denominado *Apiarium*, donde hay un dibujo de una abeja ampliada diez veces. El nombre de microscopio se lo dio a este instrumento Johan Faber, pero los dos grandes de la microscopia son Leeuwenhoek y Malpighi.

Anton Leeuwenhoek fue un comerciante en lino que construyó microscopios con los que se obtenían cerca de trescientos aumentos, y con ellos describió los glóbulos rojos y los espermatozoides; Malpighi, por su parte, completó la obra de Harvey al demostrar, en los alvéolos pulmonares y el mesenterio de la rana, que la sangre pasaba de los capilares venosos a los arteriales.

Con el microscopio en las manos los científicos se harían mil preguntas al descubrir estructuras desconocidas hasta entonces, ¿qué pensaron al observar los espermatozoides?

Esta es una pregunta importante que hace referencia a un gran tema, el origen del embrión. Cuando Leeuwenhoek descubre los espermatozoides en el líquido seminal, con la ayuda del microscopio, surge la pregunta de qué es aquello y qué función tiene. Mientras Aristóteles y Galeno creyeron que el semen actuaba sobre la sangre menstrual, que se encargaba de alimentar al feto durante el embarazo, Fabrici, en el post-Renacimiento, comprendió la importancia del huevo en el proceso de la generación y Harvey desechó la idea de la participación de la sangre menstrual en el crecimiento del feto.

En el siglo XVII existieron dos interpretaciones diferentes respecto al origen del embrión. Los preformacionistas creían que el individuo ya estaba formado con todas sus partes en el espermatozoide o en el óvulo, y el desarrollo embrionario no era más que una cuestión de crecimiento hasta alcanzar el tamaño de recién nacido. Otros, que seguían la teoría denominada epigenética, defendían que el organismo se originaba a partir de una substancia primitiva que va evolucionando en diversos estadios, con desarrollo gradual de las diferentes estructuras, hasta alcanzar la forma de embrión maduro. Esto último es lo que defendió Harvey, que no solo se ocupó del problema de la circulación de la sangre, que después completó Malpighi.

Respecto a la oxigenación de la sangre, ¿el descubrimiento que hizo Malpighi al observar, a través de los capilares, el paso desde las venas a las arterias aclaró el mecanismo por el que los pulmones transforman la sangre venosa en arterial?

No, pero fue explicado por un grupo de contemporáneos de Harvey. Robert Boyle (1624-1691), tras demostrar que una vela se apagaba en el vacío, comprobó que un animal se moría dentro de una campana a la que se le extrajera el aire. El aire debía contener, pues, una substancia necesaria para la vida, como ya se suponía. Años después Hooke demostró a Boyle, en la Royal Society de Londres, que un perro podía vivir sin mover las costillas si se le inyectaba aire directamente a la tráquea con un fuelle. De modo que la expansión natural de las costillas lo único que buscaba era el aire necesario para la vida; así pues, el proceso de la respiración tenía lugar en la substancia de los pulmones. En 1666 Lower hizo transfusiones de sangre entre perros y de cordero a hombre, y en sus experiencias vio que después de pasar por los pulmones la sangre tenía un color rojo más brillante, lo que le llevó a pensar que la penetración de partículas de aire en ella era la causa de ese cambio de color. Esta hipótesis se demostró bloqueando la tráquea del perro, pues de ese modo la sangre continuaba negra y no se hacía roja. Esto es algo que ven los cirujanos cuando el enfermo está mal oxigenado, porque la sangre se oscurece. Con todo lo referido no hubo más que esperar a Lavoisier para que descubriera el oxígeno, pues el camino en el estudio del proceso respiratorio estaba ya abierto. Estaba abierto también el camino hacia el conocimiento de la estructura íntima de los órganos gracias al microscopio. Con la disección cuidadosa se puso de manifiesto que, además de las arterias y venas, algunas estructuras anatómicas poseían conductos excretores por donde fluían substancias que unos interpretaron como filtrados de la sangre y otros como humores elaborados especialmente por aquellos órganos. Todo ello llevaría al firme desarrollo de la fisiología.

IATROFÍSICA Y IATROMECÁNICA DEL SIGLO XVII

En el siglo XVII se produce un gran cambio en la orientación de la ciencia al preguntarse los sabios cómo ocurren los hechos más que por qué. Los filósofos de este siglo, Descartes, Bacon, Galileo, influyen decisivamente en el desarrollo científico.

En el pensamiento médico las nuevas directrices son dos. Por un lado, la iatroquímica o química médica, fusión de la alquimia, la medicina y la química tal como la practicaron los seguidores de Paracelso en los siglos XVI y XVII, que representaba una nueva alternativa de la llamada concepción organicista; por otro lado, la iatrofísica o medicina mecánica, que intentaba explicar los fenómenos biológicos partiendo del supuesto de que los seres vivos funcionaban de manera semejante a una máquina.

¿Quiénes son los representantes de la iatroquímica, que al parecer suponía al organismo como un gran alambique donde se producían los cambios vitales?

El paraceltista iatroquímico más importante del siglo XVII fue Jan Baptista van Helmont (1577-1644), que averiguó el peso específico de la orina en relación con el del agua, y describió el aire como una mezcla de diversos gases. Él vio que los humos eran distintos dependiendo de la substancia de la que procedían e inventó la palabra gas, diciendo que los vapores participaban de las características de sus compuestos originales; estudió las combustiones y fermentaciones, y pensó que los fermentos, equivalentes a las enzimas actuales, jugaban un papel importante en todos los procesos biológicos. Desechó la participación de los cuatro elementos empedoclianos y de las tres substancias de Paracelso en la constitución de la materia y pensaba que esta, en esencia, era agua únicamente.

Consideró la enfermedad como una entidad exterior al propio organismo que, como semilla, ejercía acción sobre él y pensó que la fiebre era consecuencia no de la putrefacción de los humores, en los que no creía, sino una reacción del organismo frente a ese agente irritante externo. En el tratamiento de las enfermedades se negó a admitir la sangría y los purgantes, porque no aceptaba su eficacia en el restablecimiento del balance humoral.

¿Otros personajes de esta corriente del pensamiento médico?

Fueron Silvio y Willis. El primero, Franz de le Boë *Silvio* (1614-1672), basó su doctrina médica en la acción y neutralización de los ácidos y bases orgánicos. Se caracterizó por impartir sus enseñanzas junto a la cama de los enfermos y hacer comprobaciones de los diagnósticos con las autopsias. Hizo estudios junto al profesor Tulp, en Ámsterdam, que le llevaron a describir en el cerebro la fisura, la arteria media y el quinto ventrículo, y mantuvo que las glándulas o conglomeratas, como él las llamaba, segregaban fermentos responsables de las reacciones químicas del organismo sin la presencia de espíritus, como se venía diciendo.

192

Otro fue Thomas Willis (1621-1675), que hizo importantes aportaciones al sistema nervioso y relacionó la complejidad de las circunvoluciones cerebrales con la inteligencia; además de describir el origen y distribución de los diez primeros pares craneales, de los cuales el trazado que hizo de los seis primeros es totalmente correcto; localizó el pensamiento en el cerebro y dio su nombre a la red arterial exagonal que existe de la base de este órgano.

¿De qué elementos creían los iatroquímicos que estaba compuesto el organismo?

Willis, concretamente, mantenía que todos los cuerpos estaban constituidos por átomos de espíritu, azufre, sal, agua y tierra, que reaccionaban entre sí, y mediante fermentaciones producían el crecimiento de los seres vivos y su descomposición tras la muerte.

En el otro extremo de la citada corriente médica, la tendencia iatrofísica aceptaba la idea de que el cuerpo humano era una máquina formada por sólidos, en forma de fibras, rodeadas de líquidos. Entre los militantes más señalados que tuvo este pensamiento son representativos: Giovani Alfonso Borelli, italiano, hijo de un capitán de caballería español, y Giovani Baglivi, además de Santorio. Todos veían al hombre como una máquina y lo explicaban como si estuviera formado por poleas y palancas, que serían las articulaciones, huesos y músculos. Santorio construyó un termómetro de agua y diversos aparatos para la experimentación, y se ocupó del estudio del metabolismo humano a partir de los cambios de peso que se producen tras la ingesta de alimentos, la excreción de los mismos y la transpiración. Para recoger todos estos datos vivía en un verdadero habitáculo, que era una inmensa balanza, donde comía, dormía, llevaba a cabo todas las necesidades fisiológicas y escribía sus notas. Allí llevaba a cabo sus experimentos de fisiología.

LOS GRANDES SISTEMÁTICOS DE LA MEDICINA DEL SIGLO XVII

Al filo de los siglos XVII y XVIII, la medicina, dice Laín Entralgo, era un abigarrado conjunto de residuos tradicionales, nuevas doctrinas y aportaciones empíricas como la anatomía patológica, la patología clínica de Sydenham y la iniciada semiología mensurativa. Cabe preguntarse cuál era la situación real de la medicina a finales del Barroco.

Otra vez las nuevas conquistas científicas se integrarían muy lentamente a la medicina práctica, y el médico no comprendía totalmente qué significaban las ciencias básicas, como la física y la química, en el terreno de la patología. Además, no existía una concepción general de la medicina clínica, a la que faltaba un rector, capaz de enderezar y ordenar los conocimientos existentes para evitar perderse en disquisiciones banales ante el enfermo.

¿Quién se encargó de dar a la medicina esa orientación que le faltaba?

Tres personajes de la segunda mitad del siglo XVII ordenaron y sistematizaron la medicina. De ellos, el dotado de una visión más amplia y un conocimiento más profundo, capaz de tener una concepción general de la ciencia médica, fue quizás Herman Boerhaave (1668-1738).

¿Quién es Boerhaave?

Un ecléctico, gran admirador de Hipócrates, que supo recoger de los diversos sistemas lo útil para componer sus propias ideas. En ellas hizo sobresalir el espíritu de la

194

observación y el razonamiento para construir un sistema médico, comprensivo, que abarcara la medicina en su concepto fundamentándola dentro de la ciencia natural.

Boerhaave fue un fuera de serie, en el mundo de la enseñanza, tanto por sus conocimientos como por el trato jovial con que distinguió a sus alumnos, al que Haller dominó *communis Eurpae praeceptor.*

Hijo de un clérigo, nació cerca de Leiden y estudió teología y filosofía antes de interesarse por la medicina, en la que se doctoró en 1693. Desde ese momento abandonó la carrera eclesiástica, y se dedicó por entero a la medicina y a la enseñanza, llegando a ser profesor de teórica y medicina; escribió un currículo médico para exponer las distintas fases del aprendizaje, que ordenó así: estudiar matemáticas, mecánica e hidráulica, primero, y, después botánica y química, para seguir con anatomía y fisiología, y acabar la formación médica con la patología y la terapéutica.

No contento con su trabajo y aportaciones de cada día, expuso sus enseñanzas en dos libros de texto, las *Instituciones médicas* (1708) y los *Aphorismi de cognoscendis et curandis morbis* (1709). En la Universidad de Leiden donde trabajaba, también se ocupó del *hortus academicus*, es decir, del jardín botánico, que bajo su dirección llegó a tener más de seis mil plantas distintas y le permitió editar el *Index plantarum* más completo de su tiempo. En química escribió una obra llamada *Elementa chemiae*; después de circular varios años en forma de apuntes para sus clases, como estaban sin corregir y con errores de transcripción, cosa que le enfadaba considerablemente, acabó supervisándolos y editándolos en forma de libro.

Tal fue su fama que cada palabra que pronunciaba era considerada digna de ser escrita. Murió en 1738 después de crear un sistema que permitiera ordenar la totalidad de pensamientos válidos de la medicina de su época, sin que esta perdiera conexión con el pasado clásico.

¿Cómo creía Boerhaave que estaba formado el organismo?

Pensaba que el cuerpo humano se componía de sólidos que se movían dentro del líquido de los vasos y que los sólidos en cuestión eran esencialmente fibras de diverso tamaño. La naturaleza de estas fibras variaba según la edad, el sexo y si había enfermedad. Así, serían laxas, débiles y suaves durante la juventud, y rígidas, firmes y duras en la vejez.

Para Boerhaave la salud era la aptitud del organismo para el buen ejercicio de sus funciones y la enfermedad, todo estado del cuerpo que hiciera perder esa aptitud. El trabajo del médico consistiría en saber cómo se originan estas privaciones.

El planteamiento del interrogatorio, que actualmente se hace a los pacientes para conocer su enfermedad, debe su origen a este genio de la medicina. Elaboró la historia clínica, vigente en este siglo, que se compone de los antecedentes patológicos del enfermo, su examen físico, la discusión del diagnóstico, pronóstico y tratamiento, y eventualmente la necropsia.

¿Quién más se encargó de sistematizar la medicina barroca?

El alemán Georg Ernst Stahl (1655-1734), profesor en Halle y médico de cámara en la corte de Berlín, cuya obra principal fue la *Theoria medica vera*, muy leída aún en el siglo XIX. Fue un vitalista, autor de la teoría del flogisto, para comprender el cual es preciso referirse al quimicismo de Van Helmont y a la *fermentatio* de Silvio. Aportó el animismo como doctrina antropológica y pensaba, en resumen, que el organismo es como una retorta de laboratorio donde se llevan a cabo los procesos mecánicos elementales y las reacciones químicas, ordenadas y unificadas por un principio supramecánico y supraquímico, que denominó ánima, sin cuya acción sobrevendría la muerte y depués la putrefacción. Su otra teoría, la del flogisto, que constituye para él la noción central de la química, se comprendía admitiendo en la esencia de los cuerpos combustibles una substancia fluida y volátil, inflamable, que les hacía cambiar.

El tercer sistemático del siglo XVII es Friedrich Hoffmann (1660-1742), para quien lo principal en los cuerpos orgánicos es el tono de las fibras que los constituyen, su capacidad de contracción y relajación.

Ese tono se pone en actividad, según él, por acción del éter, cuerpo hipotético y sutil esparcido por el universo, que a través de la respiración llega a la sangre como agente de la vida, difundiéndose por todas las partes del organismo. Del éter se formaba en el cerebro el *fluidum nerveum*, o nervioso, que era el principio activo de la sensibilidad y del movimiento.

En resumen, durante el siglo XVII, Sydenham se centró en la observación del enfermo y trató de ordenar en síndromes las enfermedades; mientras Boerhaave, Stahl y Hoffmann, intentaron crear la teoría de un sistema médico basado en la concepción fisiopatológica de la enfermedad. Sydenham sería el primer ordenador de la medicina barroca y los otros tres los sistemáticos, pero junto a ellos aparecen, además, quienes introducen en csta ordenación de la clínica médica el método anatomopatológico y explican objetivamente los hallazgos de las autopsias para confirmar el origen de las enfermedades.

197

TERAPÉUTICA DEL BARROCO. NUEVAS DROGAS AMERICANAS Y LAS TRANSFUSIONES DE SANGRE

Los grandes descubrimientos anatómicos y fisiológicos del siglo XVII tuvieron una escasa repercusión práctica a nivel popular. La luz de los sabios de este período no iluminó, como las más de las veces ocurre, hasta años después: la medicina siguió adoleciendo de grandes faltas.

Los adelantos científicos del Barroco no encontraron una rápida aplicación y, así, el gran clínico que fue Sydenham no concedió mucha importancia al descubrimiento de la circulación de la sangre hecho por Harvey, pues para él tenía mucha más importancia la observación de la enfermedad y dio mayor valor a la experiencia adquirida por el examen de las lesiones visibles en el enfermo que a las novedades que podía aportar el naciente microscopio. De modo que, si así pensaba Sydenham, imaginemos qué harían los médicos menos brillantes y más alejados de los últimos conocimientos. En general, cuesta que los avances lleguen a la masa y, en medicina, un dicho aconseja no ser el primero en aceptar lo nuevo ni el último en abandonar lo antiguo. Lo que es a la vez una señal de prudencia y un aviso para no dormirse en los laureles.

Resúmanos, entonces, cuál era el panorama general del saber.

El siglo XVII fue un período de grandes innovaciones a nivel individual, pero a la mayoría de médicos no llegaron estos adelantos. La anatomía, por lo general, se enseñaba inadecuadamente y todavía según las directrices de Vesalio, Avicena y los cirujanos árabes. Las universidades aportaron poca cosa y la mayoría de los avances procedieron de las nacientes sociedades y academias científicas. También aquí hubo conflictos entre médicos y cirujanos, y entre estos y los curanderos, y aun de todos ellos con los botica-

198

rios o farmacéuticos. El título podía obtenerse de distintas formas en las diversas universidades, y las limitaciones de su ciencia y el mal uso que de ella hicieron algunos profesionales llevó a que escritores y caricaturistas las tomaran como motivo para sus sátiras, como es el caso de Molière en su obra teatral *El enfermo imaginario*.

¿Cómo se trataban las enfermedades durante el Barroco?

El tratamiento general siguió los métodos tradicionales que corresponden al concepto humoral de enfermar, como son la sangría, los purgantes y la lavativa. Sin embargo, junto a estos procedimientos, ya tradicionales, en Europa se probaron drogas procedentes del Nuevo Mundo.

Todavía las recetas prescritas recordaban a menudo aquellas que habían sido comunes en el antiguo Egipto: bilis, estiércol, órganos sexuales pulverizados, orina, sudor, que tomaban los pacientes de acuerdo con una indicación astrológica. Entre las heredadas de la centuria anterior, siguiendo a Paracelso, que arrojó aquí su luz, las substancias minerales fueron las más usadas. De ellas, el antimonio alcanzó gran fama y llegó a ser usado bajo formas medicamentosas tan curiosas como la llamada píldora perpetua. Era una bola de antimonio metálico que se administraba por vía oral, y tras ejercer su efecto laxante, era separada de las heces, se lavaba y conservaba para uso posterior, pasándose a a veces como herencia de unos familiares a otros.

¿Y entre las drogas venidas del Nuevo Mundo?

Fueron muchos productos, conocidos hoy, a los que se les dio poderes medicamentosos: el café, el tabaco, el chocolate y medicamentos como la coloquíntida, ipecacuana, el guayaco, bálsamo del Perú y de Tolú. De todos ellos el más famoso fue la quina o corteza de una planta que se denominó en Europa chinchona porque, según la leyenda, la condesa de Chinchón la introdujo en España desde Lima, donde su marido, el virrey, la utilizó pulverizada para curar unas fiebres tercianas. Entró en Europa por Sevilla sobre el año 1633, y los jesuitas controlaron el monopolio de su importación en España e Italia, por lo que se llamó polvo de los jesuitas y también polvo del cardenal, pues gracias al consejo del cardenal de Lugo, el rey Luis XIV de Francia sanó de unas fiebres después de utilizarlos.

Y en otro campo del tratamiento: respecto a la cirugía, ¿cuál era su situación durante el siglo XVII?
Su desarrollo no fue paralelo al de los progresos de la anatomía y la fisiología de la época. Los cirujanos socialmente eran menos que los médicos, y la falta de anestesia y del control de la infección frenó su desarrollo. Los cirujanos compitieron con los barberos y ambos contra los médicos, tal como ocurriera cien años atrás. Había cirujanos titulados que se reservaban las operaciones mayores, y cirujanos barberos que practicaban sangrías, aplicaban ventosas, sacaban muelas, reparaban fracturas y dislocaciones. También cirujanos itinerantes, no titulados, que operaban cataratas, cálculos de vejiga y hernias. En España cirujanos importantes fueron el sevillano Pedro López de León y su discípulo Enrique Vaca de Alfaro, que escribieron textos quirúrgicos de no muy alta calidad. En general, en España e Italia, bajó el nivel de la cirugía, mientras que en Francia, Inglaterra, Holanda y los países germánicos comienza a notarse un discreto avance.

¿Y la obstetricia?

Siguió en manos de las comadronas, pero a finales del siglo XVII se puso de moda, sobre todo en Inglaterra, que fuera ejercida por varones, y destacan entre todos una familia de hugonotes franceses que, asentados allí, los Chamberlen, introdujeron el uso del fórceps para ayudar en la expulsión del feto. Uno de ellos, Hugh, el último de la saga, trató de vender en Francia a sus colegas el invento que sus antecesores habían guardado celosamente durante años.

En esta época se practicó la operación cesárea, sin anestesia, controlando como podían la hemorragia, y también se hicieron las primeras transfusiones de sangre, que por supuesto no tuvieron éxito.

¿Qué evolución siguió la práctica de la transfusión de sangre desde el descubrimiento de la circulación mayor hecho por Harvey?

Las transfusiones de sangre se inician durante el siglo XVII y el primero en idear la técnica y el instrumental adecuado parece ser el italiano Francesco Folli (1623-1685). Pero, a la vez, en 1666, el médico inglés Richard Lower transfundió desde la arteria de un perro mastín a las venas de otro de idéntica raza. En 1667 el médico de Luis XIV, Jean Denis, profesor de matemáticas y filosofía en la Universidad de Montpellier, realizó en un joven de dieciséis años, después de practicarle una sangría de doscientos setenta gramos, una transfusión de sangre de cordero. En el mismo año, Edmund King y el propio Lower llevaron a cabo la transfusión de sangre desde la carótida de un cabrito a una vena de un brazo del estudiante Arturo Coga, utilizando un tubo formado por cañones de plumas de ave.

Los comprensibles fracasos que estas primeras transfusiones tuvieron hicieron caer la práctica en desuso hasta la segunda mitad del siglo XIX y principios del XX, recuperándose con el descubrimiento de los grupos sanguíneos, por Karl Landsteiner en 1900. Además de valerle el premio Nobel de Medicina, en 1930, se consiguió aclarar la razón de tantos accidentes postransfusiones en aquella época pasada y permitió la práctica de transfusiones sin problemas.

QUINTA PARTE

EDAD CONTEMPORÁNEA

Las nuevas ideas aportadas por el enciclopedismo y la Ilustración crearon en Francia el clima necesario para que tuviera lugar la Revolución, que determinó, sobre la destrucción del Antiguo Régimen, la unidad social del país.

Desde 1789 hasta el año 1799, se sucedieron en el país vecino cuatro regímenes políticos. Todo comenzó con la Asamblea Constituyente y la toma de la Bastilla, que llevó a la declaración de los derechos del ciudadano, para desembocar en la Constitución de 1791, y acabó cuatro años más tarde, con el Directorio, después de proclamarse la República, ser guillotinado Luis XVI y vivir bajo el terror impuesto por Robespierre.

El golpe de estado bonapartista, de 1799, nombra primer cónsul a Napoleón y establece la dictadura militar. Ahora Francia extenderá al máximo su territorio y dominará casi todo el continente europeo, gracias al pequeño gran general, convertido en emperador desde 1804; dicha que tuvo hasta once años más tarde, cuando fue derrotado en Waterloo. En ese tiempo, en Francia, se intentó conservar en el orden civil las conquistas logradas con la revolución, pero, a pesar de todo, los principios liberales se extendieron y se despertaron los sentimientos nacionalistas. Aquí en España, tras abdicar Carlos IV y Fernando VII, hubo un nuevo rey que jamás pensó serlo, José, el hermano de Napoleón. El 2 de mayo de 1802 se alzó el pueblo de Madrid y con la Independencia se pretendía la reforma político-social que el año 1812 condujo a la primera Constitución española.

Tres años más tarde, tras la derrota definitiva de Napoleón, el Congreso de Viena pretendía con la Restauración asegurar el orden europeo, volviendo a la situación política de 1792. Para prevenir posibles brotes revolucionarios se constituyó la Santa Alianza y se reorganizaron las fronteras, tras un reparto de los territorios europeos, pero no se evitó el resurgimiento de las nacionalidades a lo largo del siglo XIX.

Lo más importante de esta nueva Europa es el éxito de la Revolución Industrial, que provocó una verdadera modificación estructural dentro de las divisiones territoriales. El gran cambio socioeconómico, producto de los progresos técnicos que proporcionó la ciencia, la acumulación del capital, la mayor racionalización de la producción y el rendimiento económico, el aumento demográfico y la necesidad de mano de obra con abaratamiento de la misma, conducirá al desplazamiento de la población, a la concentración y hacinamiento de esta, dando lugar a la aparición de grandes problemas sanitarios.

La transformación económica, hija de la Revolución Industrial, determina la aparición del capitalismo y la sociedad se instituye en tres órdenes compuestos por la clase alta, la baja y una clase media de mentalidad burguesa muy elástica, que sirve de puente y posibilidad de tránsito entre las dos más distantes. La clase baja no ostentará el poder, pero va haciéndose cargo de su creciente fuerza y potencial de mando, aunque de momento la burguesía ocupará el papel principal en este sentido.

Volviendo al plano político, en este siglo, Germania se unifica al final de tres guerras. Contra Dinamarca, la guerra austro-prusiana y la franco-prusiana de 1870, en la que Napoleón III fue hecho prisionero, y por el Tratado de Fráncfort Guillermo I es proclamado káiser del II Reich Alemán, en nombre de los príncipes, los primeros días del año 1871

Italia camina hacia la unificación a partir de la ocupación napoleónica y el Risorgiminto liberal-nacional comienza el año 1800, que se toma como arranque del período denominado Romanticismo. Recordemos los nombres de Mazzini y Garibaldi, que inducen a proclamar el primer reino italiano en Turín, el año

206

1861, por el primer Parlamento italiano. Después de la guerra franco-prusiana, de 1870, Italia quedará unificada.

Por otra parte, el nacionalismo de los pueblos balcánicos redujo el Imperio otomano casi a la ciudad de Estambul, y Grecia, Servia, Rumania y Bulgaria y otros países gozaron de independencia a partir de la primera mitad del siglo XIX.

La colonización y el imperialismo son temas de finales de ese siglo diecinueve, en el que se establecen rivalidades entre las naciones, hasta que acaban, a principios del siglo XX, en la denominada hoy Primera Guerra Mundial; en ese momento aparecen nuevos mercados como consecuencia del desarrollo capitalista, las ambiciones colonialistas, el ansia de poder y el deseo de supremacía de unas naciones sobre otras.

La Primera Guerra Mundial duró cuatro años y acabó, tras la Revolución rusa y la intervención americana, con la victoria aliada y la transformación del mapa europeo. Con ello se entró en una nueva Época que comenzó ayer y estamos acabando de vivir hoy, después de haber sufrido aún otra II Guerra Mundial, que terminó en mayo de 1945.

En los nueve años de desastres que vieron ambas guerras, murieron más personas que sumadas las que perecieron en contiendas precedentes. Desde entonces los hechos se han atropellado unos a otros y los adelantos científicos, por otra parte, se han sucedido vertiginosamente dejando indiscutiblemente su impronta en la ciencia médica.

—Eso es todo, si es suficiente.

—Bien. Lo que acaba de decir nuestro compañero es el inicio de la edad que vivimos, que comenzó con la Revolución francesa y cuyo transcurso estamos viviendo hoy. A vosotros puede pareceros lejano, pero mi edad me permite ver los primeros cincuenta años

207

del siglo XX como algo actual. No de ayer. Estamos en el siglo XXI y vamos a retroceder hasta el periodo de la Ilustración, para ver la medicina que se hizo y comprender así mejor la medicina que hacemos hoy. »Conveniente, para comenzar, saber qué significó la Revolución francesa.

ILUSTRACIÓN

Si el movimiento del Barroco acaba en 1840, comienza entonces el período que a sí mismo se denominó de la luz o ilustrado, por creerse capaz de superar las tradiciones antiguas merced a la confianza que a sus hombres les confiere el poder de la razón. La razón se convierte, en este período, en la única facultad capaz de hacer llegar al hombre la verdad, y esta confianza se expresa en la obra de Kant, que le imprime tal carácter a la filosofía de la época que a la Diosa Razón la Revolución francesa le elevó un altar.

En lo ideológico, filósofos como Voltaire y los enciclopedistas hicieron tambalear la vieja escala de valores. En 1748 aparece *El espíritu de las leyes* de Montesquieu, en 1762 *El contrato social* de Rousseau y en 1789 *Los derechos y las obligaciones del ciudadano* de Mably. Se discute sobre los derechos del hombre y la libertad, tal como América acaba de exigirle al rey inglés, independizándose el cuatro de julio de 1776, y se produce el caldo de cultivo para que, el 14 de julio del año 1789, en Francia el pueblo conquiste lo que representaba el símbolo más notable de la tiranía: la prisión del Estado, la Bastilla.

La enciclopedia francesa dirigida por el escritor Denis Diderot (1713-1784) y el matemático Jean Leront D'Alembert (1717-1782) traspasó el campo de lo científico y penetró en la vida intelectual de la época, constituyéndose en transmisora de ese período de la Ilustración y en directora de nuevas ideas.

En lo económico, en Francia el rey ordenaba los impuestos sin réplica posible y la nobleza y el clero, dueños de dos tercios del patrimonio nacional, quedaban libres de ellos, recayendo toda la carga sobre burgueses, campesinos y trabajadores.

Todo esto desata la Revolución francesa, que cambiará la historia del mundo. El pueblo dio señal con la toma de la Bastilla y desde ese momento se precipitan los hechos políticos. La Revolución francesa ocurrió en varias fases, y de ser al principio un asunto de la alta burguesía, al declararse los derechos del hombre, la nobleza y el clero tuvieron que renunciar a los suyos mientras les confiscaban los bienes; la Iglesia y la familia real se vieron obligados a trasladarse de Versalles a las Tullerías. En 1790 se abolió la nobleza y la palabra burguesía aparece por primera vez. En 1791 se implanta la guillotina. A finales de ese año los girondinos sustituyen a los nobles, clérigos y grandes burgueses en la dirección. El 3 de septiembre entra en vigor la Constitución y se comienza a formar la Asamblea Legislativa. En 1792 se asaltan las Tullerías, se producen asesinatos en masa en las cárceles y se abole la monarquía. En 1793 comienza el primer año de la República francesa y la radicalización avasalla en su desarrollo como un alud, ese año es el del terror y, el 21 de enero, cae la cabeza de Luis XVI. La guillotina no cesa en su fatídico trabajo, arden castillos y conventos, se suceden las crueldades, asesinatos y violencias, y tanto se extreman las cosas que la Revolución acaba por demoler a sus propios padres e hijos: Danton, Robespierre, Marat, los girondinos. En 1794 la debilidad del gobierno del Directorio, la difícil situación militar, la inflación, el desorden y la ideología desesperada conducen finalmente al gobierno militar: un general llamado Napoleón Bonaparte toma la moribunda Revolución y conduce al nuevo siglo llevando sus ideas a los países de Europa.

La Revolución de 1784-1794 fue un gran acontecimiento lleno de violencias, asesinatos, saqueos y crueldades; pero lo que permaneció hizo efecto en Europa y, entre los pueblos del mundo, fue el inicio de una nueva democracia, una de las fuentes originarias del socialismo científico y la espoleta del nacionalismo en el siglo XIX. Muchas de las mejores ideas de la Revolución: igualdad civil ante la ley y el fisco, fraternidad ante una nueva doctrina social y libertad, dignidad humana y derechos del hombre en el ámbito particular y estatal quedaron y se salvaron para la posteridad.

A principios del siglo XIX todavía surge en Europa la Santa Alianza, pero la nunca apagada llama de la revolución se encendió de nuevo en Francia, en 1848, y al nuevo siglo ya no llegarán más que algunas monarquías, prácticamente sin poder alguno.

—No sé si es suficiente para situarnos lo que acabo de decir.

—Yo creo que es una información muy completa y, tanto en la introducción a la Edad Contemporánea como en esta hecha ahora sobre la Ilustración, tú comentario nos permite decir que estamos ante una nueva sociedad. Como el arte de curar siempre tiene que ver con la sociedad en la que se practica, sepamos qué características imprime la Ilustración a la ciencia en general y a la medicina en particular. Permitidme a mí una introducción sobre la medicina de la Ilustración.

MEDICINA DE LA ILUSTRACIÓN: INTRODUCCIÓN

La ciencia de la Ilustración es heredera de los períodos precedentes: del Renacimiento y del Barroco, y de la ciencia de Newton. En este tiempo se intenta clasificar los conocimientos y buscar la explicación biológica de la existencia del hombre.

La medicina ahora alcanza su mayoría de edad, en un tiempo que es de pausa, para elegir y ordenar los legados del siglo anterior.

En la anatomía se buscan nuevos datos y se aclararon lagunas existentes, pero se le busca una aplicación de carácter práctico: el utilitarismo, que servirá a la cirugía y la obstetricia.

La fisiología acaba constituyéndose en una disciplina autónoma. Su máximo representante será Albrech von Heller (1708-1777). Se convierte en anatomía animada y doctrinalmente se separa de la anatomía descriptiva, a la vez que los investigadores adquieren plena conciencia de la utilización del método experimental de Galileo.

La principal característica de la clínica de la Ilustración es la actualización de antiguos tratamientos, que se convierten en eficaces tras la observación clínica adecuada, exploración conveniente, interpretación de los síntomas y acertado conocimiento de la causa de las enfermedades.

El cirujano deja de ser un empírico, como demuestra la presencia de figuras de la talla internacional de Antonio de Gimbernat (1734-1816), en España, y los hermanos Hunter en Inglaterra.

La terapia medicamentosa continúa siendo pobre, pero se presta una gran atención a la prevención de las enfermedades, consiguiéndose eficaces recursos como la vacunación antivariólica de Edward Jenner (1749-1823). Si durante el Renacimiento se despierta la atención por parte del Estado hacia las enfermedades, como mal social, durante la Ilustración la higiene adquiere significada importancia como prevención de las mismas. La prevención de las enfermedades adquiere ahora la mayor importancia.

LA CIENCIA DE LA ILUSTRACIÓN

En el siglo XVIII, junto a una nobleza que disfrutaba las maravillas de los Jardines de Versalles, las calles de París eran escenario de revueltas motivadas por el hambre. Mientras, en los salones privados, los progresistas, clérigos, ilustrados y burgueses debatían ideas revolucionarias.

El ambiente que existía en Francia durante los años anteriores a la Revolución era propicio al desarrollo de los acontecimientos venideros. Cuando el rey absolutista Luis XIV comenzó a gobernar, en 1643, despilfarró el oro construyendo el Palacio de Versalles. Allí hizo venir a toda la nobleza para reducirlos a la impotencia mientras los entretenía con gastos exorbitantes. Estos excesos los pagó setenta años más tarde otro monarca con su cabeza, Luis XVI, al levantarse la Revolución. El absolutismo de los reyes fue una carga insoportable para el pueblo y, mientras las madres morían con sus hijos en las colas del pan, María Antonieta lucía vestidos que costaban un millón de libras de oro y el rey gravaba con impuestos al pueblo, de los que solo se libraban las clases privilegiadas que poseían la riqueza. Toda la carga fiscal recaía sobre burgueses, campesinos y trabajadores.

Ante una situación así al pueblo no le quedaba más remedio que reaccionar con la Revolución. Es lo que hizo, alzándose el 14 de julio de 1789: tomó la Bastilla, que fue la señal del inicio de la Revolución. Antes, Desmoulins, amigo de Danton, había incitado al pueblo a la acción en defensa de la libertad, y la Asamblea Nacional francesa juró no disolverse hasta dar al país una Constitución. Y aún antes todavía, filósofos como Voltaire, Diderot y D'Alembert compusieron la enciclopedia francesa para exponer sus ideas ilustradas, que aportaron una nueva luz.

¿Cuáles son las características de la ciencia de la Ilustración?

Es heredera de los dos grandes períodos históricos anteriores al inicio de la historia contemporánea, es decir, del Renacimiento y del Barroco, y también de Newton, del que toma los recursos matemáticos que le permiten resolver los problemas mecánicos y físicos que plantean el estudio del cielo y de la tierra. El hombre, con la fuerza que le daba la razón, se ve capaz de entender el mundo e incluso de modificarlo con todos los inventos que conducirán después a la llamada Revolución Industrial. Se tiende a clasificar los conocimientos científicos, y así lo hacen Linneo con la botánica y Buffón con la naturaleza, y en esta época los sabios se lanzan a buscar la explicación biológica de la existencia del hombre. La medicina de este período se instituye en uno de los capítulos más importantes del arte de curar siendo nosotros y nuestra ciencia actual los más directos depositarios.

¿Qué acontece, pues, con la medicina, para que eso sea así?
La medicina alcanza su mayoría de edad y su autonomía, independizándose del resto de los conocimientos científicos e, incluso, dentro de ella, lo hacen las especialidades. Se mueve entre coordenadas en un cambio ascendente. La gran efervescencia científica que se desarrolla enfrenta a escuelas y modos del pensar médico, que podrían resumirse en dos corrientes: una progresista o materialista, heredera de Sydenham y Boerhaave, y otra espiritualista o vitalista, que sigue los pasos iniciados por Stahl y Hoffmann.

¿Cuándo comienza realmente la medicina ilustrada?
Cuarenta años antes de la toma de la Bastilla, ya que el período de la Ilustración se extiende desde 1740, en que acaba el Barroco, hasta 1800. Aunque no es incorrecto hablar de medicina del siglo XVIII en lugar de medicina de la Ilustración y, en este caso, el año 1796 serviría para dar fin a tal período, pues ese año se aplica la primera

vacuna antivariólica, que supone un cambio en la postura del médico frente a la enfermedad.

¿Qué cambios se experimentan, entonces, en la medicina del siglo XVIII?

En general, hay que decir que se crean nuevos colegios y academias, mejorando lo que se inició durante el Barroco, se desarrollan las tertulias literarias y, como hay también un progreso de los transportes, se facilita la divulgación de las publicaciones médicas, que comienzan a ser una realidad. El período de la Ilustración, en muchos aspectos de la ciencia, es una época que completa y acaba los trabajos que el siglo anterior dejó en un estado muy avanzado, pero, en ocasiones, con lagunas susceptibles de ser mejoradas.

En este siglo, como en el siglo XVII, dados los pocos beneficios que en general obtenían los pacientes, con la terapéutica existente, los médicos se vieron despreciados por algunas personas cultivadas, y comenta el historiador Brian Inglis que sería fácil escribir un libro recogiendo las diatribas escritas sobre los médicos en la literatura de los siglos XVII y XVIII. La realidad es que el siglo XVIII fue uno de los períodos más importantes para la medicina por los avances que se obtuvieron.

LA ANATOMÍA DE LA ILUSTRACIÓN

El período de la Ilustración en muchos aspectos de la ciencia fue una época de pausa, de reposo, para elegir y ordenar los conocimientos que legó el siglo anterior. Así ocurrió por ejemplo con la anatomía, cuya característica principal fue convertirse en útil.

Como los conocimientos llegados del siglo anterior fueron muy completos, los anatomistas del XVIII tuvieron que seguir caminos marcados, pero buscaron nuevos datos, y aclararán temas que antes pasaron inadvertidos o quedaron incompletos.

Mientras que en los siglos XVI y XVII los anatomistas se afanaron en desvelar lo desconocido, el empeño principal de los del XVIII fue conseguir en esos descubrimientos una aplicación del carácter práctico. Buscaron el utilitarismo en la investigación. Ya en el siglo XVII la anatomía se fue transformando y de puramente morfológica pasó a ser animada, para adquirir un significado funcional. Pero este significado toma su verdadera dimensión en la segunda mitad del dieciocho, ligado a la actividad quirúrgica y ginecológica. Así, por ejemplo, Scarpa estudia el trayecto del canal inguinal para esclarecer mejor la formación y reparación del saco herniano.

¿Qué se hizo entonces de los grandes anatomistas con tradición vesaliana?

El anatomista puro va desapareciendo mientras la investigación anatómica cada vez se convierte más en dominio del cirujano y del obstetra. El anatomista antiguo continúa ocupado en buscar la clave que revele los grandes misterios de la naturaleza humana, esforzándose en reducir la utilidad de esos misterios a un orden sistemático que la inteligencia del hombre sea capaz de comprender. Intentan reunir todos los órganos del cuerpo humano en un sistema que los convierta en una unidad, como después hará Bichat al exponer el concepto de tejido en el siglo siguiente.

¿En qué países es más marcado el sentido utilitarista que se le da a la anatomía?

En países como Francia, Inglaterra y Escocia, donde los cirujanos y los obstetras dominan la disciplina anatómica como consecuencia de las necesidades prácticas que les exigía su profesión. Hay que hacer notar que el desarrollo de la anatomía tropezaba con leyes que se oponían a la libre utilización de cadáveres para su estudio y esto dio lugar a ciertos acontecimientos turbulentos, dignos de mención.

¿Cómo es eso?
Solo podían ser utilizados los cadáveres de los ajusticiados para llevar a cabo las prácticas de anatomía y esto fomentó entre el pueblo la asociación del concepto de criminalidad con la práctica de las disecciones, a las que se consideró una infamia. Como, además, el desarrollo de los estudios quirúrgicos y el aumento de estudiantes elevó la demanda de cadáveres, para fines científicos y didácticos, la escasez dio lugar en los últimos decenios del XVIII, sobre todo en Inglaterra, a un nuevo puesto de trabajo: el de desenterrador de cadáveres para abastecer las escuelas, privadas en su mayoría. La mercancía se buscaba las más de las veces por la noche y en ocasiones eran los propios estudiantes y profesores quienes iban a conseguir el material que necesitaban, como hizo John Hunter. Hubo verdaderas luchas entre resucitadores y proteccionistas, que solo consiguieron elevar el precio de los cadáveres frescos y avivar el seso de los desenterradores. Se llegó a asesinar, por unos peniques, a pobres diablos y prostitutas que pululaban por las calles, a quienes nadie iba a reclamar, para usarlos en las salas de disección.

Es un panorama propio de la literatura de Allan Poe.
Exactamente, y esto perduró aún después de que en el siglo XIX, en 1832, el Parlamento inglés se viera obligado a promulgar una ley, todavía hoy vigente, que favoreciera a los investigadores anatomistas.

216

¿Quiénes son los representantes más importantes de la anatomía inglesa de este período?

El mencionado John Hunter, hijo de una familia de once hermanos, de los que el mayor fue el también conocido William Hunter. Ambos tuvieron una escuela privada, la Great Windmil School, creada por el hermano mayor, donde se hacían demostraciones con cadáveres, de los que las escuelas oficiales no disponían. John, atraído por la fama del hermano mayor, se convirtió en su ayudante y llegó a ser en anatomía, cirugía y fisiología, uno de los grandes, que a la edad de treinta y nueve años era miembro de la Royal Society de Londres. En Escocia hubo otra familia de anatomistas, los Monro, que constituyeron una verdadera saga.

Otra escuela importante fue la holandesa, con Albinus como representante, dueño de un anfiteatro anatómico donde iban a pasear las parejas y a ver practicar disecciones; tan famoso fue. En Italia, en Padua concretamente, Giovanni Battista Morgagni (1682-1772) fue nombrado *anatomicorum totius Europae princeps* por sus conocimientos y haber destacado en el estudio de la anatomía patológica. A su atención no escapó nada en el cuerpo humano y a él dejó su nombre en distintas partes del mismo. Buen discípulo suyo y gran dibujante fue Antonio Scarpa, importante anatomista y cirujano, que describió el triángulo anatómico de la ingle, que lleva su nombre y tiene una gran importancia para los toreros, pues en él se aloja un paquete vasculonervioso muy expuesto a las heridas por asta de toro. Giovanni Battista Morgagni (1682-1771) escribió *De sedibus et causis morborum per anatomen indagatis* (1761), donde relacionaba los signos clínicos con las lesiones anatómicas. Expuso que el deterioro de alguna parte del cuerpo humano, causante de desarmonía y

217

por tanto de enfermedad, era comprobable por inspección durante la autopsia y con examen microscópico. Desarrollaba de este modo una idea iniciada por Malpighi.

FISIOLOGÍA Y CIRUGÍA DEL SIGLO XVIII

Durante el período de la Ilustración se da utilidad a la anatomía y se obtiene un conocimiento más amplio de los órganos del cuerpo humano, que permite comprender mejor sus funciones. De tal modo, en esta época, se desarrolla la fisiología hasta constituirse definitivamente en disciplina.

Conceptualmente se consuma la separación entre los términos *anatomía* y *fisiología*, que se había iniciado con el libro de Farnel *Physiologia*, al dedicar unos capítulos a lo que él denomina *de partibus* y otros a lo que llama *de elementis*. Su obra es continuada por Harvey y Boerhaave, aunque en el libro de este último llamado también *Physiologia*, ambas disciplinas van juntas. Las cosas cambian definitivamente con Von Haller, cuando distingue entre una anatomía inanimada y otra animada o estudio de la función de las diversas estructuras, que antes describe morfológicamente.

¿Cómo explican durante la Ilustración el funcionamiento de los órganos del cuerpo humano?

En el Renacimiento ya se inició una separación entre forma y función, pensando que los movimientos de la materia eran causa de una fuerza externa. El problema estaría en conocer la naturaleza de esa fuerza, para lo que la ciencia de la Ilustración da tres respuestas: que su naturaleza sea mecánica o termomecánica, que se trate de una fuerza vital concebida más o menos metafísicamente, o bien que tuviera naturaleza eléctrica y se tratara de un fluido.

218

Y, para llegar a conocer la naturaleza de tal fuerza, ¿qué método de estudio se siguió en esta nueva ciencia que era la fisiología?

El método experimental fue introducido por Galileo y, aunque en el mundo renacentista ya se practicaban experimentos en animales, faltaba todavía la conciencia metódica de quienes los realizaban. Durante la Ilustración se desarrolla esa conciencia, a través del llamado experimento inventivo, que somete al animal a una prueba. La respuesta será interpretada según la doctrina fisiológica que se profese. En el método experimental resolutivo, que introdujo Galileo, se preconcibe de antemano un resultado y con la prueba se ve si es cierta o no la hipótesis. Por contra, con el experimento analítico, se provoca artificial y convenientemente el resultado que uno desea. La Ilustración, pues, no inventa el método experimental, pero adopta una conciencia metódica para la construcción de la ciencia.

¿Qué labor llevaron a cabo los fisiólogos de la Ilustración?

Una labor ingente. Todos ellos fueron enciclopedistas que intentaron ordenar los conocimientos fisiológicos en una obra de síntesis. Es lo que pretenden individuos como Albrecht von Haller en Alemania, Stephen Halles en Inglaterra o Lazzaro Spallanzani en Italia, que se ocuparon de investigar la digestión y el jugo gástrico, utilizando esponjas con las que lo obtenían absorbiéndolo del estómago; estudiaron el latido cardíaco, la circulación sanguínea en el huevo del pollo, la morfología de las células sanguíneas, la respiración y la química de la sangre, así como los gases del aire y de los pulmones, la generación biológica y la irritabilidad muscular, entre otras muchas cuestiones. Spallanzani consiguió la primera fecundación artificial de un huevo de rana y, en 1780, fecundar artificialmente a una perra. Parece ser que el método fue utilizado también por John Hunter para fecundar a una mujer con éxito.

Haller estudió la irritabilidad de la materia viva determinando que había zonas de sensibilidad e irritabilidad. Distinguió que el nervio era sensible y el músculo irritable, marcando la diferencia entre fibra nerviosa y muscular. Se habló por primera vez de neurofisiología, de acto reflejo y de su elaboración fisiológica, de electricidad animal, y del sistema vegetativo, de un sistema cerebral nervioso y de la fisiología de los sentidos.

¿Los progresos anatómicos y fisiológicos, durante la Ilustración, originaron un particular avance de la cirugía de esta época?

El desarrollo que experimentó la cirugía en esta época se debió al incremento de los saberes morfológicos y a la mejoría de las técnicas instrumentales. El auge de la cirugía mejoró la condición social del cirujano y en ello seguramente tuvo mucho que ver la aparición de nuevos centros docentes, sin relación alguna con la universidad.

¿En qué sitios experimentó un desarrollo más importante la cirugía?

Allá donde la anatomía lo tuvo previamente. Al iniciarse el siglo XVIII París era el centro del mundo quirúrgico; desde la segunda mitad del siglo, Londres, y en particular la fama de los hermanos Hunter, atrajo a los cirujanos extranjeros, y los últimos sesenta años del siglo que comprende la Ilustración constituyen uno de los períodos más fértiles de la cirugía inglesa. El cirujano empírico e itinerante pasa a ser un técnico con sólidos criterios anatómicos y fisiológicos, que conoce la patología quirúrgica.

220

El factor humano tuvo gran importancia y destacan los hermanos Hunter como prototipo del cirujano obstinado, ambicioso e individualista, de gran actividad creadora. Antes de ellos, Chelseden, un cirujano anatomista de primera línea, mejoró la técnica de la litotomía, hizo grandes adelantos sobre oftalmología y escribió un tratado de osteología. Otro cirujano, Percivall Pott (1714-1788), consiguió grandes logros en patología ósea tuberculosa. Pott, que sufrió en cierta ocasión un accidente practicando equitación en el campo, se fracturó una pierna y solo consintió ser trasladado acostado sobre una puerta que hizo arrancar de un caserío cercano para que le sirviera de camilla. No permitió que le amputaran la pierna, pese a que para el tipo de lesiones que tenía se aconsejaba entonces.

¿Y cómo consiguió curarse?

Con reposo y tracción mecánica de los huesos fracturados. Aprovechando el tiempo de convalecencia escribió algunos tratados, sobre fracturas óseas, donde expuso sus conocimientos personales. Entre sus observaciones también describió, por primera vez, el cáncer escrotal frecuente en los deshollinadores.

En Inglaterra también, los hermanos Hunter supusieron, en Londres, el inicio y desarrollo de la cirugía científica. Tanto William como John tuvieron una gran habilidad y reputación, como profesores de anatomía quirúrgica, e hicieron grandes aportaciones a la obstetricia. El más completo fue John, que destacó también en cirugía vascular, experimental y como fisiólogo.

Y, en Francia, ¿qué ocurría con la cirugía?

En París se creó, por decreto real, en 1731, la Académie Royale de Chirurgie, que se equiparó como centro de ense-

221

ñanza universitaria a las facultades de cirugía en 1743. Su primer presidente, Jean Louis Petit (1674-1750), fue el cirujano más ilustre de la primera mitad del siglo XVIII. La Academia alcanzó gran nombre y en 1774 inició su decadencia, siendo suprimida por decreto del Régimen Revolucionario en el noventa y tres.

ANATOMÍA Y CIRUGÍA ESPAÑOLAS DURANTE EL SIGLO XVIII

En el siglo XVIII la anatomía se convierte en el principal utensilio de la cirugía y los anatomistas de Inglaterra, Francia y Alemania ponen sus conocimientos al servicio de los cirujanos.

En España, en esos momentos, ocurre lo que en el resto de los países y los anatomistas desvelan todos los secretos de su ciencia para un mejor conocimiento del cuerpo humano, que permita llevar a cabo importantes operaciones quirúrgicas con las que mitigar los padecimientos y solucionar las enfermedades del hombre.

¿Tiene interés la cirugía que se hizo en España durante el siglo XVIII?

Sí, mucho. Su programa está relacionado con el auge que experimentó la anatomía con la llegada a la corte de profesionales de la medicina extranjeros, que acompañaron al primer Borbón Felipe V cuando este vino a España. Madrid, porque allí estaba la corte, y Sevilla fueron los dos centros más importantes donde en España, durante ese tiempo, se hizo anatomía. Pero en España tuvo una influencia decisiva, en el desarrollo de la cirugía, la creación de los reales colegios de cirugía, que nacieron por una necesidad que tenían la Marina y la Armada de

222

autogenerarse cirujanos, porque la universidad de aquel momento era incapaz de hacerlos buenos y competentes.

¿Qué se consiguió, en la práctica médica, con la creación de los colegios de cirugía?

Una formación más cualificada de los cirujanos, más ilustrada y a la vez más humanista, con aumento de sus conocimientos y mayor destreza. Todo ello supuso un avance de las técnicas quirúrgicas; la creación de nuevas especialidades y, por tanto, una solución más eficaz para curar la enfermedad. Entre otras cosas, se crearon nuevos y mejores hospitales.

En España el primer Real Colegio de Cirugía se creó para la Marina, en Cádiz, el año 1748. Fue fundado por el capitán Pere Virgili, natural de Villalonga del Campo en la comarca de Reus. Virgili, en 1764, durante el reinado de Fernando VII, se desplazó a Barcelona con el que fue discípulo suyo en Cádiz, Antonio Gimbernat, y creó esta vez para el ejército el Real Colegio de Cirugía de Barcelona.

Gimbernat marchó después a Madrid y allí, durante el reinado de Carlos III, en 1784, creó el Real Colegio de Cirugía de San Carlos, que fue la tercera escuela de cirugía formada en España en esos años.

Los reyes tuvieron mucho que ver en el avance de la cirugía en España porque diversas disposiciones reales firmadas por Carlos III y Carlos IV buscaron mejorar la enseñanza de la anatomía en las universidades españolas y con ello se formaron mejores cirujanos. Pero la principal labor se llevó a cabo en los reales colegios, donde los cirujanos recibieron la más sólida formación dada la importancia de sus fundadores Pere Virgili y Antonio Gimbernat.

¿Quiénes fueron realmente Virgili y Gimbernat?

Las dos figuras más importantes de la cirugía española del siglo XVIII, que formaron cirujanos con amplios conocimientos apoyados en la experiencia adquirida en la práctica de las disecciones. Si España, en esta época, consiguió un nivel científico equiparable al resto de los países europeos, se debió precisamente a ellos dos y a los discípulos que ellos supieron formar.

Pedro Virgili nació en 1669, en la provincia de Tarragona, y estudió en Montpellier y en París, donde aprendió de maestros como Winslow y Petit; fue cirujano del ejército en España y creó el Colegio de Cirugía de Cádiz con Juan Lacomba, otro importante cirujano, y el de Barcelona con Gimbernat años más tarde. Él ideó, además, los planes de estudio y las reglas para gobernar los reales colegios, y convertir en cirujanos a sus alumnos.

Antonio Gimbernat y Arbós fue discípulo de Virgili en Cádiz, y luego profesor. Mantuvo en París relación con los más grandes cirujanos del momento, y con Mariano Ribas fundó el Real Colegio de Cirugía de Madrid.

Curiosamente, ni Virgili ni Gimbernat escribieron tratado alguno de anatomía, a pesar de sus contribuciones al saber médico, si cabe, en lo científico, más importantes por parte de Gimbernat que las de su maestro, que proclamó constantemente la importancia de la anatomía en la formación del buen cirujano: él mismo fue un disector de una gran pericia.

¿Qué aportaciones hizo Gimbernat a la cirugía?

Inventó una técnica para operar la hernia crural que expuso en Londres ante John Hunter en 1777, mereciendo la aprobación del cirujano más importante del mundo en ese momento. La técnica la llevó a cabo gracias a que describió el denominado ligamento crural, situado en la anatomía de la ingle. Fue la contribución más importante hecha por él a la anatomía española, durante el siglo XVIII, sobre conocimiento del organismo humano.

Gimbernat fue más científico que Virgili, pero Pedro Virgili destacó más en lo organizativo. Fue esta una época de grandes viajes transoceánicos en muy precarias condiciones sanitarias y él se ocupó tanto de las enfermedades de los soldados como del bajo nivel científico de los médicos. Es este último punto, precisamente, el que le animó a la creación de colegios donde obtener una buena formación para los cirujanos, al servicio del enfermo y de la nación.

CLÍNICA DE LA ILUSTRACIÓN

En esta época, aunque la medicina no alcanzó la importancia de la cirugía y no es un período de grandes progresos, en el campo de la terapéutica se rescatan de la Antigüedad y se actualizan tratamientos que ofrecen excelentes resultados.

Esta es, quizás, la principal característica de la clínica durante la Ilustración, y la inoculación es el primero de los redescubrimientos que tiene lugar en el siglo XVIII. La esposa del embajador británico en Constantinopla, lady Mary Wortley Montagu, en abril de 1717 escribía una carta a una amiga suya en la que le contaba la costumbre existente en Oriente de inocular a los niños en una vena, mediante un pequeño pinchazo con una aguja, material desecado de pústulas de viruela. Durante el otoño unas viejas mujeres se dedicaban a inocular a los hijos de quienes lo solicitaban, y gracias a esta indolora operación la viruela era en Constantinopla una enfermedad inofensiva. *Lady* Mary se había decidido por ello a probarlo en su hijo para prevenirlo de la enfermedad.

La viruela, en otros tiempos, causó grandes estragos en la cara de los pobres pacientes que la sufrían.

Es cierto, y todos los que lo hemos visto lo recordamos. Antes del XVIII, en el siglo anterior, la viruela llegó a ser la epidemia de Europa más temida: una de cada cuatro de las personas que la contraían moría. Los que sobrevivían quedaban marcados para toda la vida con típicas cicatrices.

Con anterioridad al siglo XVIII ya se habían ensayado remedios, muy semejantes al mencionado, para curar esta enfermedad.

Sí y es por ello que hablamos de redescubrimiento. La costumbre llegó a Europa desde Oriente: en los libros vedas, de la literatura hindú, se describe el proceso de escarificación introduciendo líquido de pústula varicelosa en una herida hecha previamente en el brazo. Esto provoca fiebre pasajera y una enfermedad atenuada, que no presenta peligro. También en China, para prevenir la misma enfermedad, se aspiraba por la nariz polvo de pústula de viruela desecada, aunque esto, como se ve, no es realmente una inoculación. Parece ser también que Paracelso, en alguno de sus viajes, observó que alguien ponía en una miga de pan una mínima cantidad de escretas de infectado de viruela y tomaba esta especie de píldora para conseguir liberarse del contagio de la enfermedad.

Entonces, ¿quién introdujo realmente el método de la vacunación antivariólica en Europa?

La introducción de la costumbre se debe a *lady* Mary, al conseguir que en Inglaterra se inoculara a los hijos del rey, no sin antes tomar este la precaución de experimentar el tratamiento en seis condenados a muerte de Newgate.

226

Como es lógico, no se trataba de un método de vacunación perfeccionado y muchos de los enfermos inoculados contraían la enfermedad.

Todo esto es empírico y parece formar parte de la medicina popular, pero gracias a ello se incorporó la vacunación a la medicina racional. Fue la medicina popular la que proporcionó la clave para que se intentara una protección contra la enfermedad a partir de ella misma y sin necesidad de sufrirla. Su descubrimiento es una de las historias más conocidas de la medicina. El médico inglés Edward Jenner (1749-1823) había oído que una granjera cuidadora de vacas, Sarah Nelmes, se jactaba de no contraer la viruela humana gracias a unas pústulas que había adquirido en las manos, ordeñando a vacas afectadas por esa enfermedad: esto hizo pensar a Jenner y descubrir la clave. Tomó linfa de una de aquellas pústulas de viruela bovina y se la inoculó a dos muchachos de la localidad. Días después les inyectó linfa de viruela humana y cuando el tiempo de peligro pasó, y se vio que no contraían la enfermedad, la vacunación antivariólica estaba descubierta racionalmente.

Esto le concedería a Jenner gran popularidad.

La verdad es que el estamento médico no mostró mucho entusiasmo y la Royal Society de Londres no hizo caso del informe de Jenner, que, por otra parte, no dejaba de ser la exposición de un principiante. La publicación que hizo en 1718, con sus experiencias, fue acogida con indiferencia y tuvo que esperar hasta 1799, en que las autoridades austríacas, basándose en su descubrimiento, hicieron sus propios experimentos comprobando el éxito de la vacunación. Jenner acabó consiguiendo una pensión del Gobierno inglés y su método se ensayó en

227

EE.UU., pero como continuaba teniendo efectos secundarios después de algún tiempo cayó en desuso.

¿Qué otras medidas terapéuticas ya conocidas antes del XVIII se rescataron para este siglo?
Otro de los redescubrimientos fue el uso de la dieta equilibrada. A medida que la población aumentaba, la vida en la ciudad era peor y los alimentos llegaban cada vez menos frescos por las dificultades del transporte; otro tanto ocurrió a los marineros que iniciaron los viajes transoceánicos. Todo favorecía las dietas incorrectas y por ello, en esta época, las gentes enfermaban en la ciudad y morían en los barcos. Pues bien, James Lind, un médico militar en Portsmouth, a mediados del XVIII publicó, en 1757, un trabajo en el que aconsejaba a los marineros tomar fruta fresca durante las travesías, para prevenir las enfermedades. El capitán Cook siguió sus consejos y en un viaje, que duró tres años, comprobó satisfactoriamente que no había perdido ni uno solo de sus marineros por enfermedad. A pesar del éxito, la Administración se mostró indiferente y se tardó años en adoptar, como práctica común, una dieta tan simple como la aconsejada por Lind, capaz de reportar tan grandes beneficios. El retraso, lógicamente, se acompañó de la consiguiente pérdida de vidas humanas.

¿Y en tierra mejoró la situación sanitaria del ejército?
Sí, gracias a *sir* John Pringle. En tierra el peligro principal de aquella época eran las fiebres. Pringle era en 1740 general, y advirtió que las fiebres epidémicas no solían aparecer cuando los soldados estaban en campamentos abiertos. Pensó que la causa de algunas enfermedades contagiosas de los cuarteles, cárceles y hospitales eran el hacinamiento y la suciedad, y preconizó para evitarlas algo tan

sencillo como evitar las aglomeraciones, abrir las ventanas para airear los establecimientos y estimular la limpieza, cambiando de lugar los muebles con cierta frecuencia.

SIGLO XVIII: ENFERMEDADES MENTALES Y MESMERISMO

En el siglo XVIII el espíritu de revisión general, que asiste al quehacer clínico, alcanza todos los campos de la medicina y la recuperación de métodos ya olvidados, que pudieran beneficiar al enfermo, alcanzó el área de las enfermedades mentales.

En esta época la brujería ya está abolida oficialmente y racionalmente no se admite que los enfermos mentales estén poseídos por demonios, como se creyó en otros tiempos. A pesar de todo, eran maltratados cuando no se encontraba una explicación satisfactoria a su falta de cordura. Las ideas médicas no estaban claras respecto a las enfermedades mentales y se creó un clima en el que los términos se confundieron. Como advirtió el novelista Daniel Defoe, se llegó a encerrar en los manicomios a individuos sanos de quienes sus familiares querían desembarazarse. No fueron pocas las denuncias en este sentido. Hacía falta, como se ve, una dirección racional y competente al frente de este tipo de instituciones sanitarias.

¿En qué condiciones tenían a los dementes en aquellos manicomios?

En unas condiciones infernales. Basta decir que la gente iba a verlos para divertirse, como se puede ir hoy a un espectáculo público. Los enfermos eran maltratados y encadenados a las paredes, amordazados y apaleados, recibiendo como único tratamiento baños fríos y sangrías hasta la extenuación física.

229

Esta situación requería que alguien se rebelara y le pusiera fin, sentando bases racionales de tratamiento. Y así fue. Casi simultáneamente, William Tuke fundó el retiro de Cork en Inglaterra, el año 1792, y un año después Philippe Pinel, en París, cortó los grilletes a los pobres dementes del asilo de Bicêtre. Pinel fue un personaje que tuvo la suerte de escapar a los desastres de la Revolución francesa. Pensaba que la falta de libertad dañaba la mente de los ya deficientes y, en una época tan turbulenta como la que vivió, trató a los locos simplemente como pacientes y no como prisioneros. Siendo director de la Bicêtre se constituyó en fundador de lo que hoy se denomina hospital de puertas abiertas, pues permitió salir a enfermos seleccionados que él pensaba que podían mejorar con tal medida.

El experimento tuvo buen resultado y los pacientes mejoraron, pero, como muchas veces ocurre, el método era bueno aplicado por quien lo creó y, en este caso particular, por su modo de hacer y su personalidad. Porque, ante la incapacidad de otros terapeutas, los pacientes respondieron mal y, de nuevo, en poco tiempo, los enfermos se vieron privados de libertad volviendo a imponerse las camisas de fuerza y las celdas anteriores a Pinel.

¿Cuál era, en general, la situación real del pensamiento médico en el siglo XVIII?

El siglo XVIII se caracterizó, en el campo de la medicina, por ser una época en la que la charlatanería y el curanderismo estuvieron en auge. Por ello no es extraño que se reintrodujeran métodos de curación poco racionales. Una de las más célebres panaceas de este tiempo es lo que el escocés James Graham inventó y denominó el lecho celestial. Graham, en 1780, abrió en el Londres elegante un edificio que llamó Templo de Salud, donde los pacientes

230

eran atendidos por bellas señoritas vestidas con suaves y escasas gasas, que velaban sus cuerpos casi desnudos. Lo más importante de este centro de salud era una inmensa cama, de casi cuatro metros de largo por tres de ancho, adornada con cristales de colores, con un dosel de espejos, asistida con música y ambientada con perfumes. Esa cama tanía la virtud de recoger la potencia electromagnética que le suministraban quince quintales de imanes. Su finalidad no era otra que proporcionar salud y ayudar a las parejas a conseguir una concepción feliz.

Aparte de lo anecdótico, en todo esto se ve cómo estaba introduciéndose el magnetismo en la terapéutica.

Un siglo antes del que nos ocupa, Greatrakes utilizó una barra magnética para frotar las partes enfermas de los pacientes y conseguir así curaciones, y más tarde, ya en el siglo XVIII, el padre Gassner utilizó estas técnicas, con las que Mesmer, que había nacido en 1733, llegó a concluir que el poder de curar enfermedades no estaba en el individuo sanador, sino que este era simplemente un medio, a través del cual se transmite desde el cosmos hacia el enfermo una fuerza sanadora. Lo de menos era el médico, simple mediador, lo importante era esa fuerza: la labor del médico era saber canalizarla.

¿Esta idea terapéutica es el mesmerismo con el que durante toda una época se pretendió curar a los enfermos...?

Sí. Una fuerza cósmica, recogida por el médico, transmitida al enfermo para curarlo. Es decir, un magnetismo de naturaleza no mineral, sino animal, que tenía sin embargo muchas afinidades con aquel, porque también podía almacenarse en barras de hierro. Mesmer construyó un baquet o especie de mesa alrededor de la cual, para curarse, un

231

grupo de personas se agarraban a barras de hierro, que de esa mesa salían, para recibir a través de ellas el magnetismo en ella almacenado. Con esa influencia algunos enfermos entraban en trance y otros convulsionaban, pero lo cierto es que todos notaban alivio de sus dolencias, si no mejoraban del todo.

¿Y qué hubo de cierto y racional en todo ello?
Por la popularidad que alcanzó llegó a tomar cartas en el asunto la Academia de Ciencias de París, que designó una comisión para investigar el hecho. La constituyeron Pinel, Franklin, Bailly, Lavousier y el Dr. Guillotin, que acabaron por informar, en 1784, que no podían afirmar que aquello tuviera base científica alguna y que de allí se desprendiera algún fluido; pero sí que ciertas personas se curaban con los tratamientos. Lo atribuyeron al poder personal de Franz Mesmer. La verdad es que Mesmer, más que un farsante, era un excelente psicólogo y sabía que las curaciones por la fe necesitaban de un cierto ceremonial, además de una atmósfera de ocultismo para mejorar los resultados.

¿Las teorías de Mesmer han tenido utilidad posterior en medicina?
Sí, la han tenido. Mesmer estaba seguro de tener en sus manos un gran poder, herencia de toda la mística antigua, pero desconocía lo eficaz que puede ser la sugestión en terapéutica. Las técnicas de sugestión fueron evolucionando con los años, y el concepto de Mesmer entronca con el hipnotismo y con las posteriores técnicas del psicoanálisis de Freud.

¿Qué otros redescubrimientos terapéuticos hubo en el siglo XVIII?

Durante algún tiempo se puso de moda la idea de que lo semejante curaba a lo semejante, en contra del concepto que en otras épocas, se denominó *Contrataria contraris curantur*. La idea de curar con algo de la misma naturaleza de la enfermedad o del organismo enfermo fue ya utilizada por Hipócrates y en el siglo XVII por Sydenham. En el siglo XVIII recogió esta idea Samuel Hahnemann, nacido en Sajonia en 1755, que probó dosis más que pequeñas infinitesimales para curar. Era pues un vitalista, para quien más que la dosis lo importante era la fuerza del medicamento. El éxito de la homeoterapia u homeopatía, que así se llamó este modo de curar, hay que verlo en la oportunidad de su aparición, pues, en esa época, Jenner exponía sus ideas con la vacuna antivariólica: la curación de una enfermedad, al fin y al cabo, con el uso de su semejante.

Todavía hay dos aportaciones importantes en la medicina del dieciocho: una es el descubrimiento de la técnica exploratoria por la percusión torácica, hecha por Auenbrugger, que publicó sus trabajos en 1761, pero que popularizó el médico de Napoleón, Corvisart; la otra fue obra del discípulo de este último, llamado René Laennec, al describir la auscultación pulmonar.

También conviene mencionar el nuevo humoralismo que se descubrió en esta época. Theophile de Bordeu, médico vitalista en la corte de Luis XV, sugirió que ciertos órganos del cuerpo producen emanaciones o secreciones, que son absorbidas por la corriente sanguínea para mantener la salud cuando sus proporciones están equilibradas en el organismo.

La idea se le ocurrió observando los efectos de la castración en los animales y, aunque su pensamiento fuera puramente especulativo, cuadraba perfectamente con los estudios

233

fisiológicos realizados en el siglo anterior y con los descubrimientos anatómicos de Giovanni Morgagni, que argumentó que las enfermedades eran entidades relativas a órganos específicos del cuerpo, y los síntomas consecuencia de los cambios en esos órganos.

A finales de siglo Xavier Bichat expuso sus trabajos sobre esta misma idea, que desarrollaron más tarde Virchow y Claude Bernard, ya en el siglo diecinueve.

ROMANTICISMO

En la primera mitad del siglo XIX acontecen tres fenómenos históricos que van a caracterizar dicho período: son la Revolución Liberal Burguesa, la Revolución Industrial y el Romanticismo. Los dos primeros se habían iniciado en las últimas décadas de la centuria anterior, pero su triunfo definitivo tiene lugar pasadas varias décadas del diecinueve. La Revolución Liberal Burguesa aparece como consecuencia de la incapacidad del despotismo ilustrado para superar los problemas del Antiguo Régimen; la Revolución Industrial, gracias a las innovaciones técnicas que tienen lugar en los dos siglos anteriores, constituyendo el fenómeno social más importante de la humanidad desde que se inventara la agricultura. Esta, la Revolución Industrial, va a determinar la transformación del proceso de producción de bienes cambiando por completo la estructura social. Las máquinas y la explotación de las fuentes naturales de energía suponen la inversión de grandes cantidades de dinero y la necesidad de mano de obra que desplace a la población. En definitiva, con todo ello se produce un gran cambio que alcanza a la mentalidad de los hombres de este período, con un nuevo estilo de pensamiento que reivindica las posibilidades del conocimiento no racional e intuitivo, frente al racionalismo ilustrado: es el Romanticismo, que históricamente se podría establecer entre 1800 y 1848.

En este tiempo Napoleón es derrotado en la batalla de Leipzig, el año 1813; se reajustan las fronteras de las naciones, y tiene lugar la Restauración, con la que se pretende volver al Antiguo Régimen. Ahora, los que perdieron las riendas del poder, aprendida la lección, pretenden con la Santa Alianza evitar nuevas revoluciones.

En 1815 Europa parece haber recobrado la paz, pero el orden impuesto no evitará que subsistan las fuerzas que darán lugar a la victoria del liberalismo y el nacionalismo.

España, que contaba con Constitución desde 1812, servirá de ejemplo al resto de las naciones al conseguir la capitulación de Fernando VII con el pronunciamiento de Riego en 1820. Portugal, Nápoles y el Piamonte le secundaron, y las revoluciones de Francia de 1830 conducirán de nuevo a la victoria de la burguesía.

Las revoluciones europeas de 1848 darán fin a la eclosión de un período, denominado Romanticismo, en el que el sistema del Antiguo Régimen pasará a formar parte de la historia acontecida. Daniel Ricardo, en 1817, publica los Principios de la economía política que constituye el primer cuerpo de la doctrina socialista. A corto plazo el liberalismo, socialismo y capitalismo formarán parte de la historia.

—*Parece un momento muy importante de la historia y el comienzo de una nueva época. Durante este período, dados los cambios sociales y tecnológicos que se producen, uno imagina que los cambios en la ciencia médica no serán ajenos.*

—*Así es. Los avances son muy importantes y se crea un nuevo concepto de ver y atender la enfermedad. Los enfermos, ahora, disfrutarán de una medicina que es verdadera ciencia.*
Vamos a hacer una pequeña introducción sobre el nuevo concepto de la ciencia médica.

MEDICINA DEL ROMANTICISMO: INTRODUCCIÓN

El trabajo de Marie-François-Xavier Bichat (1774-1802) ve la luz a la vez que lo hace el Romanticismo. Sus obras, *Traite des membranes en general et des diverses membranes en particular*, editada en 1800, *Anatomie generale*, en 1801, y *Recherches physiologiques sur la vie et la mort*, de 1802, se publicaron, como se ve, en los tres primeros años del siglo XIX, con el nacimiento del Romanticismo.

Gracias a Bichat, la anatomía va a ser uno de los capítulos de mayor importancia del Romanticismo, que permitirá el desarrollo de la moderna Histología. Anatomía descriptiva, comparada, embriología, histología y citología van a constituir el desarrollo secuencial de los saberes morfológicos en esta época: en la búsqueda de una anatomía común, explicativa de todos los órganos, tendrá lugar el nacimiento de la teoría celular.

La célula, como unidad elemental de la materia viva, va a permitir la culminación de la fisiología y de la patología. Lo más importante de la obra de Bichat será la aportación del concepto anatomoclínico de la medicina, que permite establecer una relación exacta entre la observación clínica y las lesiones que la necropsia revela.

En la patología y en la clínica del Romanticismo, el escenario va a ser la Escuela de París, heredera del concepto anatomoclínico de Bichat. Este concepto cambiará las prácticas de la cirugía y la obstetricia. En este campo el Romanticismo es una etapa de consolidación en la que solo faltan la antisepsia, anestesia y hemostasia en el intento de alcanzar el cenit.

De todos modos, los tres acontecimientos mencionados son logros del siglo XIX: su desarrollo tiene lugar entre el período que ahora nos ocupa y el venidero, llamado Positivismo.

CIENCIA DEL ROMANTICISMO

La batalla de Leipzig, denominada de las Naciones, puso fin al Imperio napoleónico. Desde ese momento suenan por primera vez términos como libertad, independencia, honor y patria, y comienza un nuevo período histórico: el Romanticismo, que del mismo modo que influye en la ciencia influirá en la medicina.

A partir de ahora se configura políticamente un nuevo mapa de Europa y comienza la Restauración, que pretendía restituir el Antiguo Régimen. Sin embargo, desde 1800, en que se inician las revoluciones europeas, la burguesía se establece otra vez y es España quien da la pauta con su Constitución al resto de las naciones. Pero otros hechos que acontecen, como la Revolución Industrial, impiden el retroceso de la historia. Por otra parte, en el campo de la ciencia, según Alfred Russell, los progresos del siglo XIX son superiores en número e importancia a todos los logrados en el conjunto de los miles de años anteriores.

Pero, realmente, estos progresos parece ser que arrancan del siglo anterior.

Efectivamente, y alcanzan su plenitud en la segunda mitad del siglo XIX. Pero es en la primera época de este siglo, durante el Romanticismo, cuando realmente se prepara lo que después será su apogeo. Los adelantos que acontecen en el campo de la física, sobre el calor, la teoría ondulatoria de la propagación de la luz, el estudio del campo electromagnético, los progresos sobre la conservación de la energía o la teoría atómica y tantos otros avances científicos, se traducen en la práctica nada menos que en el dominio de las fuerzas naturales gracias a la máquina de vapor, el buque y la locomotora, el telégrafo, el motor eléctrico y la dinamo, y tantos inventos que conducen a la supremacía del hombre sobre la naturaleza.

De modo que en los adelantos producidos durante el Romanticismo hay que buscar el arranque de toda nuestra tecnología actual y moderna, ¿y respecto a la ciencia médica?

Acontecen dos hechos importantes: se crea y desarrolla la teoría celular y progresa la anatomía comparada.

La anatomía ya experimentó un gran desarrollo durante la Ilustración, ¿qué ocurrió con ella en el Romanticismo?

Los saberes morfológicos alcanzan aquí su máximo progreso y, así, a la anatomía descriptiva, a la que durante la Ilustración se le buscó la utilidad para ponerla al servicio de la cirugía, ahora se le busca funcionalidad creando una anatomía que sea común y sirva para explicar la composición unitaria de todos los órganos. Para conseguirlo se recurre a los estudios microscópicos, a la investigación embriológica y al estudio comparado de la anatomía, dando lugar al nacimiento de la histología y la citología.

En Francia aparecen importantes manuales de anatomía descriptiva y son famosos los nombres de Beclard, Cruveilhier y Cloquet, así como los de Bell en Inglaterra o Meckel en Alemania. Todos ellos darán su nombre a distintas partes del cuerpo humano.

¿Pero qué hizo realmente esta gente, si en anatomía ya estaba hecho casi todo?

Reunieron los saberes anatómicos acumulados durante siglos y los ordenaron topográficamente para que sirvieran de puente de unión a la cirugía y, sobre todo, como hizo Soemmerring en Alemania, le dieron a la anatomía un sentido funcional superando la visión arquitecturalista de Vesalio.

Así correlacionaron las distintas formas y funciones del cuerpo humano y las compararon con la anatomía de otras especies para su mejor conocimiento.

Geográficamente, la principal protagonista de este período fue Francia, con centros como el College Royal o el Jardin du Roi, que rivalizaron con las universidades. Con ella, Italia e Inglaterra se llevan la palma.

¿Y en España?

En España la brillante ciencia morfológica del setecientos naufragó, durante esta etapa, como consecuencia de la guerra, de la Revolución y el reinado de Fernando VII. En estos momentos los médicos aquí son meros traductores de la literatura francesa. En Portugal ocurre lo mismo. Tiene, sin embargo, gran interés Alemania, con centros como Gotinga y Halle, y la figura de Soemmerring, que escribió un libro, *De corporis humani fabrica,* en el que como hemos apuntado intenta poner la anatomía al servicio de la función.

En resumen, fue Francia el principal centro donde se desarrolló la anatomía comparada, sobre todo en el denominado Jardin du Roi o Jardin des Plantes, que en 1793 pasó a denominarse Museu d'Histoire Naturale y se convirtió en centro de enseñanza superior, dotado de doce cátedras. De ellas, tres estaban dedicadas a la zoología y regidas por Lamark, Saint Hilaire y Cepede, con quienes sobresale el gran disector que fue Frederic Jean Cuvier. Gracias a ellos la anatomía comparada pasa a ser la disciplina fundamental de las ciencias naturales y sirve a otras disciplinas. En esta época el tema de la generación y el desarrollo, es decir, la embriología, que en el siglo anterior estaba llena de especulaciones y era más rica en teorías que en hechos, denota un gran progreso merced al avance de la histología y la citología, que, a lo largo del siglo XIX, se constituyen en uno de los fundamentos básicos de la biología y de la medicina contemporánea.

BICHAT Y LA ESCUELA ANATOMOCLÍNICA

Durante el Romanticismo tuvo lugar uno de los acontecimientos más importantes de la medicina: la eclosión de la escuela anatomoclínica de Bichat, directamente relacionada con el desarrollo, en ese momento, de la teoría celular.

Tal evento forma parte del conocimiento de la evolución estructural del hombre, porque la teoría celular consiguió la unión de los distintos seres vivos, al evidenciar su composición elemental. Desde que se descubrió el microscopio, en el siglo XVII, se inicia febrilmente el estudio de las distintas partes del cuerpo humano, bien fueran fibras, vasos, glóbulos, tejido graso u otros componentes, constituyéndose la base para estudiar las formas elementales del organismo.

A finales del siglo dieciocho aparece un gran personaje, Xavier Bichat (1771-1802), que, siendo contrario a la microscopía, va a llevar a cabo, sin embargo, los estudios decisivos para que avance y evolucione la histología, que analiza la composición celular de los tejidos orgánicos.

Bichat muere al comenzar el Romanticismo.

Sí, si este comienza en 1800. Aunque Xavier Bichat, por el tiempo en que vivió y realizó su trabajo, es realmente un hombre del período de la Ilustración. Vivió únicamente treinta y un años, y falleció cuando comienza el Romanticismo; pero sí, el fruto de su trabajo se da plenamente en este último período.

240

Bichat trabajaba días enteros disecando, en los sótanos del hospital parisino del Hôtel Dieu, donde además comía y dormía. Ahí hace una labor enfebrecida de investigación con la única compensación de esporádicas salidas, que dedica al amor fugaz, para sumergirse de nuevo en su trabajo, que solo abandonó como consecuencia de una hemoptisis. Una premonición de la enfermedad tuberculosa que acabaría con él, en 1802, después de haber publicado sus trabajos sobre el estudio de las membranas y los tejidos del cuerpo humano.

¿Qué ideas desarrolló Bichat con su labor?
Pensaba que el anatomista debía observar, experimentar, analizar, describir y ordenar el fruto de sus estudios. De ese modo clasificó las membranas, que serían la tesis de su trabajo. Ante un órgano, Bichat se propone conocer los sistemas simples que lo componen. A estos sistemas anatómicos los denomina tejidos, que para él equivalen a los elementos químicos que forman los cuerpos minerales; de la misma manera que, en química, esos elementos, al combinarse entre sí, darían lugar a nuestro organismo.

Entonces, ¿qué es para Bichat un tejido orgánico?
Una formación anatómica irreductible, por análisis, a otras composiciones más elementales, cuya naturaleza se muestra constante cualquiera que sea el objeto real a que pertenezca. Para él, el tejido es la unidad morfológica y funcional del ser vivo. De tal modo, el hueso o el músculo serán siempre hueso o músculo, independientemente de su localización en el cuerpo humano.

Las partes similares de Aristóteles y Galeno, la fibra de Fernel, la textura de Fallopio y el urdimiento de d'Acquapendente acaban en el *tissu* de Bichat, que no hace referencia como los anteriores a una trama de fibras, sino a la unidad morfológica y funcional del ser vivo. Para Bichat el tejido está definido por la homogeneidad y apariencia sensorial, cualesquiera que sean los órganos de que procede y las manipulaciones a las que se le someta. Sometía las distintas partes del organismo a disección, desecación, maceración, ebullición, adición de ácidos y álcalis, y después de todo concluía de qué tejido se trataba. Así describió varios tejidos o sistemas simples: entre ellos el nervioso de la vida animal y orgánica, el arterial, óseo, medular, tendinoso, y hasta veintiuno en total, como constituyentes del organismo.

Para llevar a cabo este estudio, ¿no utilizó el microscopio?

No lo utilizó y, a pesar de ello, con Bichat la histología se convirtió en una doctrina básica de la medicina, iniciándose el estudio de la composición microscópica del ser humano. Del modo que, con Sprengel en microcopia vegetal, se desarrolló el concepto de célula, al dedicar este su atención al estudio de las celdillas que constituyen la celulosa, y en microcopia animal los estudios de Raspaill son el inicio de la teoría celular. La histología tiene su arranque en Bichat y no hubiera sido posible sin él.

El comienzo de la teoría celular hay que buscarlo en la figura de Bichat y también el de la anatomía patológica actual, como comprobación de la causa de la enfermedad. El principal lema de Bichat fue la necesidad de buscar en el cadáver las lesiones anatómicas que explicaran el origen de la enfermedad. Creaba así una nueva escuela médica, la de la anatomía anatomoclínica.

¿Qué trascendencia real tuvo la escuela anatomoclínica?

Nace esta escuela de las propias palabras de Bichat: «La medicina tendrá derecho a asociarse a las ciencias exactas, por lo menos en lo tocante al diagnóstico de las enfermedades, cuando la rigurosa observación del enfermo se haga unida al examen de las alteraciones que presentan sus órganos». Es decir, cuando se establezca una relación exacta entre la observación clínica y las lesiones que la necropsia permita descubrir.

Hasta Bichat la lesión se hallaba subordinada al síntoma. Para él, estos deben subordinarse a la lesión anatómica que los determina. Es un paso muy importante dentro de la medicina.

LA TEORÍA CELULAR Y LA CLÍNICA DEL ROMANTICISMO

Los trabajos de Bichat, su escuela anatomoclínica y el desarrollo de la teoría celular, durante la primera mitad del siglo XIX, fueron el punto de partida de la patología y la medicina interna contemporánea.

La teoría celular explicaba secuencialmente el origen de los seres vivos y su composición elemental.

¿Cómo tuvo lugar el progreso de estos avances?

En 1873, el botánico Schleiden, estudiando la fitogénesis u origen de los vegetales, afirmó que la célula era la unidad elemental de la estructura de la planta al tiempo que anunció una doble vida en cada célula, como organismo independiente y como parte de la planta.

243

Su teoría fue comprobada en el reino animal por el biólogo Schwann (1810-1882), que estableció con sus estudios la identidad entre las células animales y vegetales comparativamente. Creía que los animales estaban compuestos por células o substancias elaboradas por ellas y que toda célula poseía vida propia, a la vez que estaba subordinada a la del organismo donde vivía.

En Alemania, Purkinje (1787-1869) estudió la estructura de gran diversidad de tejidos aprovechando las tesis doctorales que como profesor dirigió, y Virchow (1821-1902), uno de los más grandes anatomopatólogos de la época, que fue llamado por ello el Papa de la medicina europea, completó la teoría celular dejando a la célula como figura principal y elemental del mundo viviente. Él demostró que toda célula, como todo animal o planta, proviene de otra, y asentó así la teoría de la citogénesis. Su principio de individualización biológica, que publicó en 1857, lo concretó en la frase «*omnis cellula e cellula*»: «toda célula procede de otra célula». Cambió tanto el pensamiento médico que alcanzó al concepto de enfermedad.

Desde ahora el origen de las enfermedades habría que buscarlo en el estado estructural de la célula orgánica. Dicho de otra forma, a partir de este momento la causa de las enfermedades de las personas habría que buscarla en sus células enfermas.

Con los orígenes de la medicina moderna, ocurre al parecer como con nuestra técnica actual. Hay que buscarlos en el primer período del siglo XIX.

Sí, porque en este período cristalizaron conocimientos de las anteriores centurias en conceptos médicos concretos que destierran a sistemas de otras épocas y son aceptados universalmente. Al extremo de mantener su vigencia en la

244

actualidad, y haber entrado a formar parte de la patología y medicina interna de nuestro tiempo. La cristalización de los conocimientos médicos fue más manifiesta en Francia, después de la Revolución, y concretamente en París, que se convirtió en el centro de la nueva patología y la nueva clínica. Allí se acabó definitivamente con la separación entre médicos y cirujanos, y se impuso una enseñanza de carácter práctico que convirtió a los hospitales en protagonistas principales de la enseñanza de la medicina.

¿Qué médicos son los más significativos de esta época?
En este período habría que diferenciar tres etapas. Una anterior al programa de Bichat, encabezada por Pinel; otra posterior, donde lo principal sería la medicina fisiológica de Broussais, y en el centro la orientación anatomoclínica, del grupo del hospital parisino de la Charité, formado por Corvisart, Bayle y Laennec, que siguieron a Bichat.

Pinel, que murió en 1826, época posterior a la Revolución francesa, fue la figura indiscutible de los médicos que trabajaron en París conscientes de estar abriendo una nueva etapa en la historia de la medicina. Además de ocuparse de las enfermedades mentales, fue un importante patólogo y clínico, que se convirtió en el eslabón de unión entre la medicina de la Ilustración y la escuela anatomoclínica que hereda el pensamiento de Bichat, verdadero inspirador y maestro de Broussais, Laennec, Corvisart, Cruveilhier, Dupuytren y otros seguidores que pueden agruparse en dos tendencias: la medicina fisiológica de Broussais y la patología fisiológica propiamente dicha, ambas enfrentadas.

¿Y en qué diferían las dos escuelas?
Broussais quiso transformar la medicina y escribió un manifiesto en el que atacó todo el hacer anterior al siglo

245

XIX, desde Hipócrates, y expuso unos falsos conceptos de la medicina que tuvieron un gran éxito inicial, pero afortunadamente fugaz. Creó la llamada medicina fisiológica, donde el concepto principal era la irritación que los estímulos exteriores producían sobre el organismo animándolo así a mantenerse vivo. Si la irritación que actuaba principalmente sobre el aparato respiratorio y digestivo era excesiva, sobrevenía la enfermedad.

Frente a él, René Theophile Hyacinte Laennec (1781-1826), representante máximo de la escuela de orientación clínica de la Charité, tiene sus raíces en Bichat y en el gran prupulsor que fue Corvisart, médico de Napoleón. Defendió a ultranza la investigación del cuerpo enfermo en busca de la lesión que explicara los síntomas de la enfermedad. Laennec, pese a este hecho y a sus importantes trabajos, entre ellos los que hacen referencia a la peritonitis, es más conocido por haber descubierto la auscultación torácica como método de exploración. En definitiva, son, conceptualmente, anatomoclínicos.

¿Laennec descubrió el estetoscopio con el que los médicos auscultan el tórax?
Se cuenta que en una ocasión en que precisaba atender a una dama gruesa y pudorosa, y quizás para preservarse del sudor, en lugar de aplicar directamente el oído al tórax de la paciente, como era costumbre, para oír los ruidos pulmonares, se le ocurrió construir un cucurucho cilíndrico de papel, que aplicó al pecho de la enferma mientras él escuchaba con su oído por el extremo opuesto del cucurucho. Se dice que la idea le vino a la cabeza recordando los juegos de los niños, que golpeaban un tablón de madera mientras otro escuchaba con el oído puesto en el otro extremo del tablón. Después de comprobar que a

246

través del cilindro de papel se transmitían los ruidos pulmonares, hizo otro cilindro de madera, mejor conductor, y el estetoscopio estaba inventado para la posteridad.

En 1816 publicó *L'auscultation medical*, donde describe el método del estudio y la semiología de las enfermedades pulmonares. Curiosamente, su invento sirvió para conocer, entre otras, la enfermedad que acabó con su vida: la tuberculosis.

Además de Francia, ¿en qué otros sitios de Europa se desarrolló la clínica médica?
El esplendor de París eclipsó a las figuras del resto de Europa, pero es preciso nombrar a Parkinson, discípulo de Hunter, y sobre todo a los médicos del Guys Hospital, Bright, Addison y Hodgking, que fueron los máximos representantes de la medicina victoriana en Inglaterra. En Alemania, es necesario destacar a Schelling y Novalis, y en España muy poca cosa, envuelta como estaba en problemas políticos importantes.

Tiene interés en este período la individualización que experimentan las especialidades de la medicina, como son la pediatría, psiquiatría, neurología y dermatología.

LA CIRUGÍA Y LA OBSTETRICIA DURANTE EL ROMANTICISMO

La primera mitad del siglo XIX sirvió para que se consolidaran, definitivamente, avances aparecidos en la centuria anterior. A la vez, cirujanos y médicos olvidaban definitivamente sus diferencias y unificaban criterios.

El cirujano, que en la Ilustración dejó de ser un empírico de bajo nivel social para convertirse en un técnico de prestigio,

247

durante la segunda mitad del siglo XIX compartió su prestigio con los médicos internistas. Los cirujanos de esta época trabajan sobre una anatomía topográfica, reglada, de la que conocen sus funciones; por otra parte, su formación profesional les convierte en patólogos además de reconocidos técnicos. Pero su labor se ve todavía limitada por el dolor, la hemorragia y la infección, que no tardaron en ser vencidos.

¿Dónde tuvo un mayor desarrollo la cirugía de principios del siglo XIX?

Otra vez en Francia. No en vano se desarrollaron allí, en este período y en el anterior, los conocimientos anatómicos necesarios para que así ocurriera.

La máxima figura quirúrgica de esta primera etapa del siglo XIX es Guillaume Dupuytren (1779-1833), discípulo de Desault, Bichat y Corvisart. Fue un gran anatomista y fisiólogo experimental de primera talla, pero sobre todo cirujano de éxito, sin precedentes, al que por su carácter duro y despiadado se le denominó el primero de los cirujanos y el último de los hombres.

En Italia, después de Anton Scarpa, poca cosa; y en España, donde los colegios de cirugía creados durante la Ilustración prometían grandes avances, se experimentó un gran frenazo por la crisis general política que impidió la continuidad de la obra de Virgili y Gimbert. Inglaterra tuvo más interés y disputó la primacía a Francia.

De entre las especialidades quirúrgicas, ¿cuáles experimentaron un mayor avance?

La obstetricia y la oftalmología. En obstetricia destaca la personalidad de Ignaz Philipp Semmelweis (1818-1865), que hizo descender el índice de mortalidad después del parto, al dar con la clave de las infecciones puerperales. Böer, que trabajaba y dirigía la maternidad de Viena, pensando que la fiebre puerperal podía producirse por contagio, implantó una serie de medidas encaminadas a evitarla y consiguió con ellas que la mortalidad, después de los partos, descendiera allí al 0,9 %.

Cuando Klein, otro obstetra, le sucedió en la dirección de la maternidad, abandonó las precauciones de Böer. De modo que no tenía inconveniente en practicar una autopsia a una mujer muerta por fiebres puerperales y a continuación asistir un parto, con el consiguiente peligro de contagio para la parturienta. Es preciso decir que estos profesionales no se lavaban para asistir a los enfermos o lo hacían inadecuadamente, favoreciendo la transmisión de infecciones.

La mortalidad, que con Böer había bajado, subió ahora al 8 % y en varios meses hasta el 29 %. En este momento, en Viena, había dos clínicas donde las mujeres podían ir a parir. Una dedicada a la enseñanza de médicos y enfermedades, donde se practicaban autopsias y se atendían partos, y otra clínica en la que solo se formaban comadronas, no se practicaban autopsias y aprendían a atender los partos usando el maniquí anatómico de Böer. En esta última maternidad la mortalidad de las parturientas era prácticamente nula, mientras que en la clínica universitaria era tan elevada que las mujeres se negaban a ser atendidas allí.

¿En qué acabó todo esto y qué papel jugó Semmelweis?
Él tuvo la oportunidad de trabajar en ambas clínicas y no aceptó la diferencia de mortalidad, como tampoco la terminología de miasmas e influencias telúricas que se utilizaba para explicar el contagio de la enfermedad puerperal, porque se había formado anatomopatológicamente con Rokitansky.

249

Un accidente, la muerte del catedrático de Medicina Legal al cortarse con el bisturí que había utilizado para practicar la autopsia de una puérpera, dio la clave del problema a Semmelweis. Todo ocurrió estando Semmelweis de vacaciones. A la vuelta pidió el protocolo del caso y vio que las lesiones de la enferma y del catedrático, descritas en la autopsia, eran idénticas. Comprobó que se trataba de una enferma de fiebres puerperales. Al indagar vio que la enfermedad del catedrático era idéntica a la de la paciente y, siguiendo la escuela anatomoclínica de Bichat, comprobó que los síntomas expresaban la misma lesión.

Y ¿qué lección práctica sacó Semmelweis?

Una muy simple. Aconsejó que los médicos y el personal se lavaran y cepillaran las manos con una solución de hipoclorito de calcio después de las autopsias y antes de asistir los partos, para evitar que la materia cadavérica infecta contagiara la enfermedad. Hubo sus más y sus menos, porque, así como Klein no lo aceptó, la mayoría tampoco. El final de Semmelweis fue trágico; acabó ligado al alcohol, internado en centros psiquiátricos por alteración de su conducta y murió, se dice, por infección a raíz de una herida que se hizo en una mano.

¿Hay un final feliz en el tratamiento de las enfermedades durante el Romanticismo?

Aparece la auténtica farmacología gracias al conocimiento racional de los medicamentos de naturaleza física, química o mineral, pues el avance de los estudios químicos permitió conocer los mecanismos de actuación y la fisiología de dichos fármacos. Se constituye así la farmacología como especialidad, que experimentó un avance extraordinario, porque el Romanticismo fue una época de gran morbilidad y mortalidad debido a los efectos de la Revolución Industrial, que desplazó a la población y la apiñó en los suburbios de las ciudades. Se pusieron a trabajar mujeres y niños, en condiciones insalubres, y se movilizaron los estamentos de la sociedad, a los que tuvo que adaptarse la profesión médica. Resultado indirecto de todo ello fue la necesidad de médicos y de ampliar la docencia.

POSITIVISMO

Sobre el año 1848 tienen lugar las revoluciones del proletariado industrial y la sustitución del pensamiento romántico por el positivismo, punto de partida de una nueva era.

En este período la ciencia se convierte en natural, ya que a su conocimiento se llega como resultado de la observación directa o instrumental. Es decir, por la mera contemplación y como fruto del experimento. A partir de tales hechos se establecen relaciones de causa a efecto; con ello comienza la ciencia verdadera y el resultado de las observaciones se convierte en datos numéricos, que confieren carácter científico a los conocimientos que se van adquiriendo.

Cuando la relación entre los datos numéricos resultado de un experimento conduce a formular una ley de la naturaleza, el saber científico logra su perfección.

Entre los acontecimientos ocurridos durante el Positivismo sobresale, para Jover Zamora, el aumento demográfico que da lugar, entre 1885 y 1890, a la gran migración transoceánica y determina en todos los países cultos el desplazamiento humano del campo a la ciudad.

La gran migración se convierte en protagonista de la vida histórica y social; la revolución industrial, iniciada en las Islas Británicas, se extiende a todos los países europeos y a los Estados

Unidos, afectando a todos los campos del trabajo humano, industria, siderometalurgia y textil; se incrementa así la producción, a la vez que tiene lugar la explotación del hombre por el hombre; aumentan técnicamente los medios de destrucción, y acontecen los conflictos bélicos mundiales de nuestro siglo.

En este período de tiempo se produce el progreso de la civilización técnica occidental y la división entre el Romanticismo y el Realismo, con la inclinación del hombre a lo concreto y observable, hacia un conocimiento racional y científico de las cosas, con la primacía de las ciencias naturales.

Por otro lado, la revolución intelectual, iniciada en el siglo XVII, va a culminar en la primera mitad del siglo XIX cuando aparece la figura y la obra del creador y difusor del positivismo Augusto Comte (1798-1857), muy influido en su formación por el socialismo utópico de Saint-Simon. Para Comte, en la historia de la humanidad, podrían distinguirse tres etapas: un estadio teológico en el que el hombre, incapaz de alcanzar a comprender los misterios de la naturaleza, intenta explicárselos admitiendo la existencia de fuerzas sobrenaturales; otro período, el período metafísico, en el que trata de sustituir la creencia por la reflexión y la existencia de agentes sobrenaturales por las ideas abstractas, y por fin un último estadio positivo, en el que el espíritu humano al ver su incapacidad para obtener nociones absolutas, renuncia a buscar el origen y el destino del universo, y pretende llegar al conocimiento mediante el razonamiento tras la observación de sus leyes efectivas.

Comte es el creador del término sociología. Enuncia los principios de esta ciencia y conserva la organización jerárquica de la Iglesia católica. Para él la religión de la humanidad vendría a sustituir al cristianismo, cuyo Dios sería reemplazado por el *Gran Etre*: es decir, por la humanidad.

La influencia del Positivismo comtiano sobre el pensamiento europeo sigue tres líneas principales en el campo de las ciencias

252

según Laín Entralgo: la obra fisiológica de Bernard, la biológica de Darwin y el pensamiento científico de Herbert Spencer, que no se concebirían sin el precedente de la obra de Comte. Como doctrina, el Positivismo, durante el segundo tercio del siglo XIX, constituye la esencia de la cultura europea. De modo que ni la arrolladora importancia de las ciencias naturales, ni la orientación de la literatura o las artes plásticas y la cada vez más fuerte aparición de los regímenes burgueses serían explicables sin la mentalidad impuesta por el Positivismo en la sociedad y su cultura.

—*Todo esto es lo que yo aporto como introducción al Positivismo.*

—*Bien está. Entramos en el período más cercano de nuestra historia. Dejadme que ahora yo sitúe la medicina que a este período histórico corresponde. En él está toda la medicina que disfrutamos hoy en día y, sobre todo, el saber quirúrgico.*

MEDICINA Y CIRUGÍA DEL POSITIVISMO: INTRODUCCIÓN

El positivismo es la edad heroica de la medicina. El período de la historia de la humanidad que concede una imagen de unidad coherente a la naturaleza y origina en el campo de la ciencia el comienzo del poder tecnológico.

En fisiología, las ciencias auxiliares y la utilización del trabajo analítico experimental llevan en medicina a la clínica de observación, produciéndose un cambio en la visión del organismo. La nueva fisiología será antivitalista y determinista, que analiza, mide y recurre al uso de instrumentos y aparatos, para llevar a cabo la experimentación animal. C. Bernard escribe la *Introduc-*

ción al estudio de la medicina experimental y da las pautas para llevarla a cabo: no se puede trabajar empíricamente, la crítica constante es precisa y hay que evitar la mera estadística; son sus postulados.

En este período la microbiología y el estudio del sistema nervioso y la anatomopatología experimentan el desarrollo definitivo y final; pero es la cirugía, con la ayuda de estas disciplinas y de las ciencias auxiliares, la que experimenta el avance más importante para bien de la humanidad enferma.

El avance del saber quirúrgico se desarrolla entre 1848 y 1914 y abarca tres épocas: entre los años 1848-1867, se difunde y perfecciona la anestesia y las técnicas quirúrgicas; 1867-1914 son los años en que aparecen la antisepsia y la asepsia, y entre 1890-1914 la cirugía se convierte gracias a esos logros en restauradora y funcional.

Los cirujanos, durante el Positivismo, adquieren su actual categoría merced a los tres avances técnicos que son la anestesia, la antisepsia y la hemostasia. Con ellos se vencía definitivamente al dolor, la infección y la hemorragia.

FISIOLOGÍA DEL POSITIVISMO

Los grandes adelantos que disfrutamos actualmente hacen que veamos lejana la ciencia y la medicina de la segunda mitad del siglo XIX y principios del XX, aunque de ella nos separan escasos años. Su importancia ha sido definitiva en el desarrollo de la ciencia médica actual.

El período denominado Positivismo constituye el inicio de lo que hoy disfrutamos y la culminación de la revolución intelectual que se inició en el siglo XVII. Es una época heroica de la medicina influida por las ideas de Augusto Comte, que pretende llegar al conocimiento de las cosas no a través de lo intuitivo, como se hizo durante el Romanticismo, sino a través de la observación y el razonamiento, para obtener leyes particulares desde las generales que rigen los fenómenos de la naturaleza. Esto es el Positivismo.

Realmente, ¿en qué años se da este período denominado Positivismo?

Desde 1848 a 1914. En este tiempo, siguiendo el esquema de Jover Zamora, ocurren alrededor de la primera fecha las revoluciones europeas y la revolución de las clases trabajadoras, el Manifiesto Comunista de Marx y Engels, y en América el descubrimiento del oro en California, y en la segunda fecha, el inicio de la Primera Guerra Mundial, que sería el comienzo de una nueva era histórica.

¿Y qué tiene de extraordinaria esa época en el campo de la ciencia?

Las ideas del hombre se hacen coherentes porque quedan entrelazadas gracias al desarrollo alcanzado por la ciencia que se inició cien años atrás. De tal modo, la termodinámica, la electricidad, la física y la química unen ahora las distintas partes del cuerpo humano y dan explicación a los fenómenos que en él tienen lugar. La citología, las leyes mendelianas y la teoría de Darwin ligan al hombre con el resto de las especies y, en general, todo constituirá una unidad que puede ser estudiada merced a los avances tecnológicos y científicos y ponen al hombre, como dice muy gráficamente Laín Entralgo, en disposición de despegar de la tierra y elevarse merced al aeroplano.

La fisiología, a mediados del siglo XIX, significa el comienzo de una nueva era científica, ¿cómo tuvo lugar su evolución y consolidación?

Los adelantos de la física y la química en el pensamiento positivista mueven a buscar un nuevo método de trabajo, que podemos denominar analítico-experimental, basado en la observación empírica, la descripción y la comprobación de los fenómenos. En fisiología el creador del método empírico, elaborado a través de la observación y el ensayo, es Magendie.

Gracias a la nueva ciencia del Positivismo y a los avances que se iniciaron en los años precedentes, el hombre es ahora un complejo de elementos inorgánicos en donde tienen lugar reacciones físico-químicas, regidas por fuerzas termomecánicas y eléctricas, cuyas reacciones son susceptibles de ser observadas, reproducidas y medidas; de este modo es posible conocer las leyes que servirán para pronosticar la evolución de las enfermedades. Esto es lo que hicieron un grupo de estudiosos de Alemania que se denominaron de orientación física, y pretendían llevar a término una concepción analítico-casual de la fisiología.

¿Alguien más se dedicó al estudio experimental de la fisiología?

Sí. Junto a ese grupo referido, otro estudió la estructura microscópica del organismo para resolver así los problemas fisiológicos. Son estos los asociados a la morfología, que recibieron el nombre de histiofisiólogos. En el siglo XVII se inició el estudio de la fisiología glandular y en el Romanticismo el microscopio acromático permitió el desarrollo de la histomorfología, al conocer microscópicamente estructuras a las que ahora se les busca su función; la histología, a partir de este momento, es para muchos el principio de la fisiología y para otros la misma cosa. De modo que aparecen los primeros libros de fisiología con ilustraciones histológicas y la histología se convierte en el puente de unión entre la

256

fisiología animada de Heller, del siglo XVII, y la fisiología funcional físico-química que podemos estudiar desde ahora.

¿Dónde se produce el cambio?

El gran cambio se produce en Alemania, entre 1840 y la década siguiente, donde la fisiología analítico-causal que analiza, mide y necesita para ello instrumentos y aparatos se convierte en experimental, y mediante el análisis y la repetición de pruebas llega el conocimiento de las leyes que determinan las reacciones o respuestas del organismo: lo que permite orientar previamente sus procesos en la dirección que se desee.

A todo esto, ¿cuál era la situación de la fisiología francesa?

En Francia la introducción de la fisiología analítico-experimental fue más tardía que en Alemania, quizás por la influencia de Bichat y sus reservas al microscopio, y también por la labor de Cuvier y la falta de laboratorios que denunció Claude Bernard, quien se constituyó en el astro indiscutible de la fisiología francesa de la segunda mitad del siglo XIX.

El gran fisiólogo Bernard nació en 1813 en Saint Julien y fue a los veinte años aprendiz de farmacéutico, poeta y actor de teatro, antes de llevar a cabo su doble doctorado en Medicina y Ciencias Naturales. Cuando contaba cuarenta años se creó para él una cátedra de Fisiología General de la Sorbona de París, tales eran sus conocimientos, y a la muerte de Magendie, en 1855, le sucedió en la cátedra del College de France.

¿Cuál fue la labor de Claude Bernard?

Mientras Virchow se ocupaba de la patología celular, Bernard formuló una teoría que sería la base científica del humoralismo antiguo y del vitalismo de la época. Escribió la *Introducción al estudio de la Medicina Experimental* y llevó a cabo grandes descubrimientos sobre la digestión, el metabolismo de los azúcares y el sistema nervioso. Pero tan importante como sus contribuciones al estudio del organismo son los trabajos sobre la metodología de la fisiología y los principios de la fisiología general. Es el fundador de la medicina experimental, es decir, del estudio de la enfermedad artificialmente inducida y controlada. Su mayor aportación fue perfeccionar la teoría de Von Haller sobre cómo llevan a cabo su trabajo los órganos del cuerpo.

¿En qué fundamentaba Bernard la función de los órganos del cuerpo?

La característica fundamental de los organismos vivientes consiste, según él, en que son capaces de mantener su medio interno, que él llamó *milieu*. Todos los mecanismos vitales no tienen otro objetivo que preservar constantes condiciones de vida en el interior del cuerpo. Gracias a esta regulación podemos pasar, por ejemplo, de un lugar frío a otro caliente sin que nuestra temperatura interior sufra grandes variaciones. Eso, porque existen unos reguladores encargados de conservar el equilibrio interior, gracias a lo cual no es preciso tomar grandes medidas ante cambios del medio exterior mientras estos no sean extremos.

¿Qué repercusión tuvo esta teoría respecto al concepto de enfermedad y el modo de enfermar?

Si la homeostasis, es decir, el equilibrio del medio interior, se altera, sobreviene una enfermedad. O de otra forma, si una agresión origina enfermedad es porque el medio interno no ha podido oponerse a ella; de modo que ante la enfermedad deben buscarse las medidas que resta-

258

blezcan ese equilibrio. En casos de mala salud, la investigación debería dirigirse, pues, a descubrir no solo cuál fue el agente de la enfermedad, sino por qué la homeostasis o medio interno no cumplió la tarea de resistir al mismo.

¿Quién y cómo completó el estudio de esta teoría?
El estudio del medio interno de Claude Bernard fue completado por Brown-Sequard, que averiguó el funcionamiento de la homeostasis mediante el estudio de las glándulas de secreción interna. En 1880 se inyectó a sí mismo líquido de los testículos de cerdos de Guinea y luego se presentó en la Sociedad Médica de Bélgica, para mostrar cómo el tratamiento le había rejuvenecido. No es fácil medir la validez de este ensayo. En la misma época Voronoff y Steinach llevaron a cabo trasplantes de testículos de mono, con dudosos resultados, que consiguieron poner en entredicho la reputación de Sequard. De todos modos, los malos resultados no le quitan el mérito de quedar como iniciador de la endocrinología, pues adivinó que por aquellas fibras que él estudiaba, células y ganglios, corrían ríos de sangre que portaban substancias químicas capaces de originar reacciones distintas en el organismo.

Volviendo a Bernard, ¿cuál era su filosofía científica?
Bernard creyó que el organismo era como una unidad integrada, cuyas manifestaciones vitales son de naturaleza fisiológica y tienen lugar en elementos organizados a partir de una fuerza vital, cuyas causas primeras no pueden ser objeto de investigación, pero sí sus inmediatas o secundarias. Para él, todo lo vivo es una cuestión más de calidad que de cantidad.
Fue de los pocos que se planteó con profundidad el método que era preciso llevar a cabo para que el trabajo,

siendo efectivo, diera resultados verdaderos. Todo ello lo explicó en 1865 en su *Introducción al estudio de la medicina experimental,* donde trata sobre la observación, el experimento, el experimentador y la duda; las condiciones del experimento animal; el perjuicio de utilizar experimentos complicados y el uso abusivo de estadísticas en la investigación.

Con todo lo importante que fue su obra, no estuvo plenamente apreciada en su tiempo porque sería eclipsada por la del eminente bacteriólogo Pasteur.

LA MICROBIOLOGÍA: PASTEUR

Con sus ideas y un meticuloso trabajo de investigación, el francés Louis Pasteur transformó la microbiología, que era un revoltijo de nuevos conceptos, y se convirtió en creador de esa disciplina al ordenarla y sistematizarla para luchar contra las enfermedades de la especie humana.

Si no fue el iniciador, es justo que se le conceda el primer lugar, porque sus intuiciones ordenaron un campo y unas ideas: el de la propagación de las enfermedades causadas por organismos invisibles. Ya en la antigua Roma intentaron explicar el origen de las epidemias, y en el siglo XVI Fracastoro pensó, por primera vez, que las enfermedades se transmitían por contagio a partir de unas semillas invisibles, que se desprendían del enfermo y originaban enfermedad en el individuo sano. Todo ello constituye el desarrollo secuencial de lo que podemos denominar la teoría del *contagium vivum.*

¿Cómo se completaron estas ideas?
Antes de llegar al conocimiento de las bacterias se supo del papel patógeno de algunos vegetales y animales, pues

260

en ellos habitaban ciertos parásitos microscópicos. En 1836 Agostino Bassi mostró que la enfermedad del gusano de seda era causada por un hongo parásito, la morfología y sistematización de las bacterias apareció por primera vez en un libro de Ehrenberg y quien las separó del resto de los animalucos fue Ferdinand Cohen.

Estaba en estudio por ese tiempo el tema de las fermentaciones y se conocía que para que tuvieran lugar era necesaria la presencia de oxígeno; hizo falta que pasaran veinticinco años más para llegar a conocerse las levaduras. También se estudiaba el tema de la putrefacción y la septicemia para alcanzar el conocimiento de la microbiología médica. Así las cosas, Gaspard demostró el contagio de enfermedades inyectando sangre pútrida a perros, Piorry creó el término septicemia y Sedillot acuñó por primera vez la palabra microbio.

Y, realmente, ¿con quién se inicia de modo definitivo la microbiología médica?

Indiscutiblemente con Casimir Davaine, cuyos estudios sobre el carbunco o ántrax en los animales le permitieron descubrir unos filamentos en la sangre enferma que denominó bacteridia. Demostró que eran los mismos que producían la enfermedad en el hombre.

El terreno estaba preparado para Pasteur; de las dos principales contribuciones que hizo a la medicina, la que tuvo mayor influencia hace referencia a los microbios específicos. Después de los trabajos de Davaine llegamos a Pasteur y su obra.

Louis Pasteur nació en 1822 y tras estudiar Química se doctoró también en Ciencias Naturales. Sus trabajos, iniciados en varios y diversos campos, le llevaron a consagrar su vida a la microbiología o, mejor dicho, a la bacte-

261

riología, en la que tuvo que luchar arduamente para establecer la conexión entre microbios y enfermedad, porque los tradicionalistas se negaban a creer que las enfermedades pudieran ser originadas por microorganismos.

¿Cuáles fueron las etapas de trabajo desarrolladas en la obra de Pasteur?

Primero ocuparon su interés las fermentaciones y dedicó atención al estudio de la fermentación láctea, alcohólica y butírica. Son conocidos sus estudios sobre la transformación del vino en vinagre descubriendo que era una bacteria, el *Acetobacter aceti*, la responsable de este cambio. Es sabido que propuso un método para eliminar los gérmenes, denominado hoy pasteurización, consistente en destruirlos a temperaturas de 150 ºC, durante dos segundos. Se ocupó también de la polémica sobre la generación espontánea de insectos y animales pequeños, pues, aunque en el siglo XVII se dio fin a esta teoría, en el XIX continuaba sin tenerse las ideas claras respecto a animalucos e infusorios. Pouchet hizo una publicación donde decía que podía provocar la generación espontánea de animalucos a partir de materia putrescible, y con la polémica que se despertó indujo a que el Instituto convocara un premio sobre el tema. Pasteur se interesó por él y, entre 1860 y 1864, una serie de trabajos suyos dieron al traste con el asunto demostrando que, en el vacío y sin oxígeno, no se descomponía la materia y por ello no nacían animalucos.

Se interesó también por la enfermedad de los gusanos de seda, ¿no es cierto?

Sí. Se sabía que existían dos enfermedades, la *pebrina* y la *flecherie*. En la primera los gusanos se afectaban con unos gránulos idénticos a los que sufrían las hojas del árbol

262

del que se alimentaban, por lo que se dedujo que se trataba de la misma enfermedad infecciosa. Llevado por esa idea estudió la enfermedad del carbunco y la septicemia.

Aisló un vibrión séptico, como origen de las septicemias, cuyo estudio inició Davaine, y siguiendo este camino descubrió en 1880 el estreptococo de la fiebre puerperal.

Con Chamberland y Roux consiguió una vacuna anticarbunosa, para proteger el ganado, tras llevar a cabo una célebre experiencia en Poville le Fort el año 1881.

¿Cómo fue eso?

Inyectó dos inoculaciones de cultivo mitigado de carbunco a venticuatro corderos, una cabra y seis vacas, los días 5 y 7 de mayo de 1881; el 31 de mayo fueron inoculados con cultivo virulento de carbunco, inyectando ese día también a veinticuatro corderos, una cabra y cuatro vacas, testigos, con la misma emulsión. Todos los animales vacunados previamente, menos uno que murió por otra causa, salvaron su vida y no sufrieron enfermedad, y los testigos no vacunados previamente a la inyección virulenta enfermaron de carbunco y murieron.

Con anterioridad había llevado a cabo investigaciones similares estudiando el cólera de las gallinas, producido por el *Pasteurella avicida*, a las que aplicó vacunas de cultivos envejecidos a raíz de los estudios jennerianos. A partir de la información obtenida con todo esto hizo también estudios sobre la erisipela del cerdo y la rabia, pero aún tardó en llevar sus experimentos a la especie humana.

De modo que su principal aportación sería relacionar la enfermedad con los microbios, como origen de las mismas, e iniciar la lucha contra aquellos a partir de la creación de vacunas.

Exactamente. Respecto a lo primero, él mismo insistió constantemente en que no había probado que los microbios fueran la causa de las enfermedades. Incluso cuando se vio que era el bacilo de ántrax y no sus propiedades tóxicas el origen de la enfermedad, insistió en que podía no ser directamente responsable. La importancia de tanta reserva tuvo gran interés, porque después se vio que muchos hombres y mujeres eran portadores, que llevaban en su organismo una forma inocua del germen transmisor sin sufrir, como huéspedes que eran, síntomas del proceso. Esto sugirió que la causa de la enfermedad debía ser unas veces el germen o virus, y otras no él mismo, sino el terreno que este encontraba. Esa idea había sido la opinión de Claude Bernard, ahora defendida por Max von Pettenkofer, para quien lo principal a la hora de enfermar era la disposición del individuo.

Pettenkofer, llevado por sus propias ideas, le compró a Ludvig Koch una dosis letal de virus del cólera, en 1892, que se tomó sin sufrir más que una ligera diarrea, afortunadamente.

Se movían, pues, entre dos tendencias, al interpretar el concepto de enfermedad. Una daba prioridad a los gérmenes y la otra al terreno. Pero lógico es pensar que a Pasteur no le preocupara mucho, pues él había desarrollado, en lo que constituye una de sus dos grandes aportaciones a la medicina, ideas que satisfacen a las dos tendencias; es decir, a ambas doctrinas. Esa aportación era la renovación de las inoculaciones que inició Jenner, con la notable diferencia de que en las experiencias de Pasteur la dosis de inmunización inyectada estaba controlada. Estamos hablando ya de las vacunas.

PASTEUR. LA VACUNACIÓN CONTRA LA RABIA

El tratamiento de la rabia fue el resultado lógico de las investigaciones de Pasteur sobre los microbios. Tales estudios constituyen la etapa más espectacular de su obra científica.

Fueron investigaciones llevadas a cabo por el gran genio de la microbiología en el último período de su vida, entre 1880 y 1885, realizadas en colaboración con Roux, Chamberland y Thuillier, dando fin a la polémica que se estableció en su época entre las escuelas que consideraban que los microorganismos eran lo importante en la determinación de la enfermedad y quienes creían, con Pattenkofer, que lo importante era el terreno sobre el que aquella asentaba. Es decir, la propia disposición del enfermo. Los trabajos de Pasteur sobre la vacunación dieron como resultado que ambas cosas eran importantes en el concepto de la enfermedad.

¿Qué significó el descubrimiento de las vacunas hecho por Pasteur?

Lo que en realidad hizo Pasteur fue racionalizar algo que ya estaba descubierto, porque, esencialmente, su método es la renovación de la inoculación preconizada por Edward Jenner. Pero en su caso consiguiendo el control de la dosis capaz de conferir inmunización. Al parecer, Pasteur acertó en su descubrimiento de una manera casual, pues en 1879 había comenzado a experimentar la inoculación del cólera en pollos, y en las vacaciones de un verano se quedaron en las estanterías del laboratorio frascos con gérmenes. Pasado el período estival, al reanudar el trabajo, el contenido de aquellos frascos fue inoculado a pollos que no solo sobrevivieron a esa dosis, sino que al inyectarles a continuación una dosis fresca y letal, de gérmenes de cólera, tampoco murieron.

Pasteur recordó y vio la analogía existente con el caso de la joven vaquera que se jactaba, ante Jenner, de no adquirir la viruela humana por presentar pústulas en sus manos, contagiadas por vacas afectadas, que, aunque ella lo ignoraba, le habían producido la enfermedad en forma atenuada y le conferían inmunidad. En atención a Jenner adoptó Pasteur el término vacunación, para describir un método que pronto iba a salvar innumerables vidas librándolas de diversas enfermedades.

Según se desprende de esto, se abría una gran puerta en la lucha contra las enfermedades.
Efectivamente, aunque las cosas no fueran tan rápidas como deseadas, pues, aunque la vacuna de Pasteur se mostró eficaz en animales y fue probada sobradamente, para luchar contra las enfermedades que sufría el ganado, con los seres humanos actuó con más prudencia. Tardó más en aplicar sus métodos y hoy todavía se duda si el más conocido de sus trabajos, el tratamiento de la rabia, fue en principio tan eficaz como se dijo.

Entonces, ¿cómo comenzó a experimentar la vacuna de la rabia para el hombre?
Al inicio buscó el agente de la enfermedad en la saliva de un niño muerto por rabia y, con una emulsión de aquella, inoculó a conejos con el fin de intentar hacer crecer el germen causante de esa enfermedad. De la sangre de esos conejos se aisló una bacteria en forma de ocho, rodeada de una cápsula, que en realidad era un neumococo, no el agente de la enfermedad. Pasteur se dio cuenta en sus investigaciones de que el agente causante de la rabia no se podía ver. Pero existía y se le podía seguir la pista porque estaba allí. Más tarde se supo que era un virus. A pesar

266

de todo, continuó su trabajo, inyectando fragmentos de tejido cerebral de perro rabioso a otros perros sanos y, tras diversos pases de fluidos de unos animales a otros, llegó a obtener cultivos atenuados del virus de la rabia.

Una vez preparada la vacuna, ¿cuándo llevó a cabo la primera inoculación al hombre?
En julio de 1885 se decidió a aplicar el tratamiento al hombre. Le fue remitido un niño que había sido mordido por un perro rabioso y, analizadas sus pocas posibilidades de vida, tras penosa deliberación optó por probar la vacuna en él. La misma que había utilizado para conejos que, inoculados virus fresco, sin ese tratamiento ideado por él morían entre la tercera y sexta semana.

Del 7 al 16 de aquel mes, Grancher, el ayudante de Pasteur, aplicó al enfermo varias inoculaciones de emulsión atenuada de médula de conejo rabioso, cada vez de mayor virulencia, y la última inoculación procedente de un individuo muerto la víspera de rabia aguda. El muchacho lejos de morir en el plazo previsto, fue mejorando, pues la hipótesis y el experimento de Pasteur se mostraron correctos.

Desde ese momento se extendió la práctica de la vacunación antirrábica. La bacteriología y la inmunología siguieron un camino ascendente y un año después casi dos mil quinientas personas habían sido vacunadas pese a las críticas iniciales.

El método de Pasteur se extendió con tal éxito que el 14 de noviembre de 1888 fue inaugurado el Instituto Pasteur en París. Allí entró a trabajar años después, como conserje, un hombre llamado Josep Meister, que de niño había salvado su vida gracias al tratamiento que le aplicó el genio a quien iba dedicado al instituto.

¿Qué alcance llegó a tener la microbiología?

La obra de Pasteur no estuvo exenta de críticas, pero encontró sin embargo esforzados colaboradores entre los que se hallaba Metchnikoff, que al ver en el microscopio el comportamiento de los leucocitos, que encontraba en gran número en caso de infección, interpretó que las vacunas estimulaban la producción de glóbulos blancos para defender al organismo del contacto con la enfermedad cuando el contagio tenía lugar.

Entonces, podría interpretarse que las vacunas, al estimular las defensas, podían librar al organismo de todas las enfermedades.

Y como consecuencia se desarrolló ampliamente el campo de las vacunas. Así, Behring demostró que el suero de animales utilizado para conferir inmunidad contra la difteria podía ser utilizado para el hombre; Smith descubrió que podían conseguirse los mismos efectos de inmunidad usando gérmenes muertos en lugar de atenuados; Vright perfeccionó la vacuna antitifoidea, y en resumen se produjo una verdadera carrera que a menudo encontró importantes obstáculos que fueron salvándose y hubo también en ese camino errores, como el descubrimiento de la tuberculina que Kock consiguió al filtrar cultivos del bacilo tuberculoso descubierto por él. Pensó que la tuberculina sería el tratamiento de la enfermedad y con ella atrajo a Berlín infinidad de enfermos en busca de un remedio que resultó ser ineficaz.

De todos modos, Kock revolucionó la bacteriología y la tuberculina se usa hoy en día en el diagnóstico de la enfermedad, ¿qué más hizo?

Desarrolló técnicas para el cultivo bacteriano que permitieron llevar a cabo estudios de investigación; hizo avanzar el método de esterilización por vapor; descubrió la causa de muchas enfermedades, e introdujo medidas efectivas para prevenir el tifus, la peste y el paludismo.

El camino de la microbiología estaba abierto y, entre el siglo diecinueve y el veinte, llegaron a descubrirse los virus, los productos de las bacterias por los que se originaban las enfermedades, y a ver que el organismo es capaz de fabricar substancias con las que actuar frente a aquellos productos tóxicos. Se pudieron crear sueros antitóxicos neutralizados, gracias a los trabajos de Behring; Ehrlich denominó inmunización pasiva al uso de suero antitóxico en el tratamiento de las enfermedades, para distinguirla de la inmunización activa, en la que se inoculaban cultivos atenuados de organismos patógenos o toxinas para producir anticuerpos protectores del organismo, y con todo ello se dio uno de los pasos más importantes de la medicina en la histórica lucha contra la enfermedad.

RAMÓN Y CAJAL: SU VIDA

En su niñez construyó un cañón, durante su juventud asistió a un gimnasio, que pagó enseñando anatomía al dueño del mismo, y de adulto fue un infatigable trabajador que alcanzó el premio Nobel. Es, según López Piñero, el médico de quien más se ha escrito: don Santiago Ramón y Cajal, que fue famoso en vida.

Un signo, inequívoco, de haber conseguido popularidad es llegar a que la gente hable de uno sin que conozca realmente su trabajo: esto le ocurrió a don Santiago, en los medios extracientíficos. Un éxito que no fue tarea fácil, producto de una labor constante hecha con método. La inquietud por saber, el orden y el método parecen una constante en su vida.

Un sabio, del que se dice que no fue muy buen estudiante.

No muy bueno, si nos referimos a los primeros años de su niñez, en los que sin embargo ya se adivinaba lo genial de su personalidad, en hechos como ese del cañón que hizo, al parecer, ahuecando con una gubia el interior de un tronco de árbol, que explotó a pesar de haberlo reforzado con cuerdas y alambres, al estallar la carga de pólvora. No contento, dice Santiago Loren, hizo otro de metal que también reventó al hacer explosión, pero el proyectil destruyó la tapia del huerto de su casa y la del vecino. Las clases que pagó años más tarde, enseñando anatomía al dueño de un gimnasio en Zaragoza, las tomó para poder vencer a un compañero que antes le había derrotado echando un pulso. En todas estas anécdotas hay que adivinar su ingenio y tesón, nada comunes, que serían la tónica en toda la obra de su vida.

¿Es cierto que, en los primeros años, su padre llegó a sacarlo de estudiar?

No fue un estudiante cómodo para sus maestros porque no aceptaba la memoria como método y se negaba a admitir, como bueno, aquello que por el modo de haber sido explicado no comprendía. Como el resultado no fue bueno, para que aprendiera un oficio su padre lo puso a trabajar de aprendiz primero en una barbería y después de zapatero. Todo esto corresponde a su niñez, sería el año 1863, en que contaba once años, cuando estudiaba bachiller en Jaca. Había nacido en Petilla de Aragón, el año 1852. Su juventud transcurrió en Ayerbe, donde era cirujano de segunda clase su padre, don Justo, un hombre con el tesón y la valentía para alcanzar esa categoría siendo un simple barbero de la época. Justo Ramón, su padre, fue un

270

hombre de gran entereza que influyó mucho en Santiago: Santiagué, como le llamaban en tierras de Aragón.

Cuando Ramón y Cajal volvió a los libros, ya mozalbete, se reveló como un brillante estudiante de gran voluntad y facilidad que se licenció a los veintiún años en la Facultad de Medicina de Zaragoza.

¿Cómo se desarrollaron los estudios de licenciatura de Ramón y Cajal?

Brillantemente. No sin que por ello tuviera sus más y sus menos con algunos profesores, siempre debido a su espíritu inquieto, crítico y a sus ansias de saber, que hacían que no se contentara con las explicaciones inexactas e incoherentes que a veces recibía. Por otro lado, no podía ser de otro modo, dado el estado de la ciencia en aquel momento.

Cajal fue ayudante de disección de anatomía, por méritos propios, gracias a un brillante examen y sin que influyera en ello su padre, que, en aquel momento, era director de la sala de anatomía. El cargo de su padre le sirvió para tener una gran preparación, tanto es así que, en el referido examen, uno de los catedráticos creyó que Santiago había copiado. Tal era la exactitud de sus respuestas. Lo cierto es que Cajal se convierte durante la carrera en un gran anatomista que alterna esa labor con los estudios, y falta en muchas ocasiones a clases por su ocupación en la sala de disección, donde adquiere una sólida formación.

¿Cómo nació su afición por la microscopía?

Inconformista, incorregible, a pesar de sus grandes conocimientos anatómicos, no estaba satisfecho con la anatomía macroscópica y descriptiva porque le daba la impresión de quedarse en la superficie. Se trataba de un callejón sin salida donde todo estaba hecho y no aclaraba lo principal. Él pretendía buscar el secreto de la vida y comenzó a encontrar un camino, que colmara sus aspiraciones, al entrar en contacto con las preparaciones microscópicas a raíz de un examen que hizo para el doctorado. En ellas creyó que hallaría la respuesta a todas sus dudas al poder ir, mediante un estudio profundo de la anatomía, en busca del origen de los secretos del ser. Desde ese momento la investigación de los tejidos y las células se convirtió en la orientación de su trabajo.

¿Cuál era la situación sobre el estudio de las células en aquel momento?

La teoría celular había sido completada por Virchow al demostrar que toda célula procede siempre de otra célula, como la planta y el animal proceden de otra planta y otro animal, asentando así el principio de individualidad biológica en su libro *Celular pathologie*.

Pero existían problemas técnicos que hacían referencia a la conservación de los órganos y tejidos, la obtención de cortes adecuados y la coloración de los tejidos para su estudio. Una vez vencidas estas dificultades, se pudo estudiar todo tipo de tejidos, aunque en lo tocante al sistema nervioso continuaba existiendo una gran ignorancia.

¿El estudio del sistema nervioso lo inició Cajal?

El punto de partida fue la distinción entre substancia gris y substancia blanca, que hizo Ramark, indicando que la primera es central en la médula y periférica la segunda, tanto en la corteza cerebelosa como en la cerebral.

Deiters demostró que el tejido nervioso está constituido esencialmente por células y fibras, aunque no conoció la relación entre ambas, y Golgi introdujo innovaciones importantes en el conocimiento de la histología

272

del sistema nervioso al descubrir un sistema de tinción, por impregnación argéntica (1879), con el que pudieron ponerse en evidencia un pequeño número de células provistas de unas prolongaciones que constituían una red. Es lo que se denominó la teoría reticularista.

El mérito de Cajal fue emplear un método de tinción argéntica con el que consiguió independizar la célula nerviosa y aislar las prolongaciones nerviosas de aquella maraña o red, que hacía imposible su estudio. Evidenciando de ese modo la verdadera organización anatómica del sistema nervioso.

Cajal fue un gran aficionado a la fotografía.

Y eso le sirvió en sus estudios histológicos. Fue un empedernido seguidor del daguerrotipo, la máquina de fotografiar que inventó Daguerre, con la que él obtuvo una gran documentación gráfica durante su vida. En un importante libro, de Albarracín Teulón, está recogida gran parte de esta documentación y se puede disfrutar viendo e imaginando cómo sería don Santiago. Hay en el libro muchos autorretratos con los que el lector puede suponer el psiquismo y la autovaloración que el sabio hacía de sí mismo. Vale la pena conocer, fotografiados por él, a toda su familia; sus hijos y su esposa doña Silveria, a la que retrató en muchísimas ocasiones.

¿Cómo era doña Silveria? Parece que D. Santiago fue un Don Juan, pero ¿cómo fue doña Silveria?

Hay anécdotas sobre los amoríos de Santiago en sus años mozos. Todas propios de su edad, aunque, en definitiva, don Santiago supo siempre lo que quería. Según él mismo, casó con Silveria, la muchacha de cabellos rubios que le sedujo por su inocencia y belleza infantil, no sin

273

antes estudiar su psicología y comprobar que se complementaba con la suya. Se casó casi en secreto, sin molestar a sus parientes, y con un exiguo sueldo que pronosticaba malos augurios. Contra todos ellos, ya casado, publicó, como él mismo refiere, sus primeros trabajos y ganó por oposición la cátedra de Anatomía en Valencia. Doña Silveria, mujer de hogar y grandes economías, fue la perfecta compañera de don Santiago, que comprendió sus inquietudes y le ayudó haciendo posible su trabajo. Fue, efectivamente, su complemento psicológico y moral. Le dio seis hijos y amor, al que Cajal correspondió con el trabajo que se vio coronado, en 1906, con el premio Nobel de Medicina: recompensa y reconocimiento a una labor que hemos de admirar.

RAMÓN Y CAJAL: SU OBRA

Ni la derrota en las primeras oposiciones a cátedra ni el éxito al obtener la plaza de director del Museo Anatómico de Zaragoza alteraron el ánimo de Ramón y Cajal apartándolo de su microscopio un solo día. Así fue su vida, dedicada por entero al trabajo, al margen de los acontecimientos emocionales, que sabía dominar.

A pesar de su amor propio, el dolor de la derrota jamás le restó fuerzas para seguir sus relaciones casi matrimoniales con su Vericke, el microscopio que un día compró a plazos. Cajal se presentó sin éxito dos veces a cátedra, en Zaragoza y Granada, antes de conseguir la de Anatomía de Valencia a los treinta y dos años. En Valencia repartió su tiempo entre la universidad, las clases particulares y el casino, donde se reunía con varios y buenos amigos que le contagiaron la alegría de vivir en la tierra de la luz. Aquí abandonó momentáneamente la labor científica, pero desarrolló su vena literaria y escribió, también sin descanso.

274

Durante su estancia en Valencia tuvo lugar la famosa y cruel epidemia de cólera.

Y en el año 1885 se enfrentó a Jaime Ferrán, que había ido a Valencia a solucionar el problema. Estar en desacuerdo con los métodos del sabio tortosino le provocó no pocas enemistades en aquel momento; sin embargo, cuando en Zaragoza vieron que la epidemia se aproximaba, le encargaron a él que estudiara la enfermedad aprovechando que se encontraba en el centro del campo de batalla. Cajal preparó una monografía en la que desechaba el método de Ferrán y preconizaba la inyección hipodérmica de bacilos coléricos muertos por el calor. El tiempo ha demostrado que la verdad estaba ahí y al final Ferrán confesó haber llegado a las mismas conclusiones que él. En 1886 los americanos Salmon y Smith pasaron a ser para siempre los descubridores de la vacuna anticolérica con bacilos muertos por el calor y recibieron el premio Nobel de Medicina.

Cajal también fue catedrático en Barcelona.

Sí, a los treinta y seis años obtuvo una cátedra de Histología en Barcelona, cuando sus trabajos ya comenzaban a ser conocidos en el extranjero y había escrito el *Manual de histología* que sirvió de texto en todas las facultades de Medicina.

En la Ciudad Condal vivió primero en la calle Riera Alta, cerca de la calle del Carmen, donde estaba entonces la facultad en el antiguo Hospital de la Santa Cruz. Después vivió en la calle Bruch. En Barcelona inició una última y decisiva etapa de su vida, rompiendo definitivamente con todo lo que pudiera apartarle del laboratorio, en busca del funcionamiento del sistema nervioso central, mediante el estudio histológico.

¿Cuáles eran las teorías sobre el sistema nervioso en aquel momento?

Primaba la idea reticularista de Golgi, que Cajal conoció en el año 1887 gracias a Luis Simarro, su gran amigo de Madrid. En Madrid se instaló Cajal, definitivamente, el año 1892, al obtener la cátedra de Histología. Sus trabajos eran ya tan conocidos que en 1899, cosa excepcional en aquel tiempo, fue llamado desde EE.UU. para dar un ciclo de conferencias. Por aquellas fechas recibió el Premio Internacional de Medicina.

Cajal perteneció a la escuela anatomoclínica y, positivista como fue, no aceptó jamás el hipotético espíritu vital que se invocaba en aquel tiempo para explicar todo cuanto en el cuerpo humano no se acababa de comprender.

El concepto que se tenía sobre la estructura del sistema nervioso le producía un gran desasosiego, porque encontraba inconciliables las teorías existentes. Por ello se dedicó de lleno a estudiarlo, trabajó siempre con método, una hipótesis previa y en busca de datos objetivos que la complementaran.

¿Cómo inició el estudio del sistema nervioso?

En este momento sus conocimientos ya eran amplios, y estaba en disposición de iniciar el estudio final. El problema era desarrollar el método. En la teoría reticularista expuesta por Golgi, según la cual el sistema nervioso era una red en la que todo se comunicaba con todo, le preocupaban las relaciones intercelulares, el origen y la terminación de las fibras nerviosas dentro de los centros.

Según la teoría reticularista, el camino seguido por las corrientes sensitivas o motoras tendría que ser propagado gracias al dichoso espíritu vital. A Cajal le preocupaba precisamente esa duda: saber cómo se transmitía la corriente nerviosa desde una fibra sensitiva a otra motora. No podía comprender que el acto reflejo fuera tan rápido, si se producía utilizando una red tan enmarañada como preconizaba la teoría reticularista. Para él tenía que ser una célula motora la que devolvería la orden a través de otro axón o filamento nervioso. Es decir, pensaba que tenía que existir la individualización de las células nerviosas.

¿Y cómo lo consiguió demostrar?

No sin poco trabajo. Golgi había inventado un método de coloración argéntica, para teñir las piezas microscópicas, que le confería a las preparaciones nerviosas el aspecto de una malla, y Cajal se empeñó en desbrozar de aquel zarzal nervioso la noble célula del pensamiento, según sus propias palabras. Aunque el nombre de neurona se debe realmente a Waldeyer, Cajal la identificó como unidad nerviosa, descubrió el itinerario de las raíces sensitivas, la estructura y función de las células nerviosas y cómo se efectuaba la conducción nerviosa.

El problema no era fácil, pero le atrajo en todo momento porque, para él, conocer la textura del cerebro permitía construir una psicología racional, y equivaldría a saber de dónde arrancaba el cauce del pensamiento y la voluntad.

Puestos manos a la obra, revisó el método de tinción con cromato de plata de Golgi, y como observó que se obtenían resultados inciertos y contradictorios, desarrolló a partir de aquel un nuevo método para el conocimiento del sistema nervioso.

En contra de Golgi, que llevó a cabo sus estudios en tejidos adultos, Cajal comenzó con tejidos embrionarios y jóvenes para desarrollar así una secuencia evolutiva, desde el embrión, de la estructura de los centros nerviosos. Algo así como si buscara el desarrollo histórico de la célula

277

nerviosa. Él pensaba que para conocer una cosa el mejor método es averiguar cómo llegó a ser lo que es. Sin desfallecer empezó a cortar y teñir, hasta conseguir que en sus preparaciones apareciera cada célula nerviosa y su fibra, perfectamente dibujadas, con toda claridad. Así pudo ver que no había redes ni mallas, como se decía. De este modo comprobó la independencia genética de la célula nerviosa y la comunicación entre célula y célula, que, descubierta por él, se efectuaba no por continuidad, sino por contigüidad.

Quedaba por explicar la transmisión nerviosa.
Con el hallazgo de la neurona y sus conexiones construyó una nueva teoría sobre la anatomía del sistema nervioso y las transmisiones nerviosas. Desechó las ideas reticularistas y expuso que el axón o fibra nerviosa que nace de una neurona jamás se fusiona con otras células, no forma red con ninguna, y su contacto se efectúa por cargas eléctricas.

Con Cajal la célula nerviosa fue tan independiente como la de otros tejidos y pasó a formar parte integrante de la teoría celular de Virchow.

¿Qué transcendencia real tuvieron los estudios de Cajal?
Sus descubrimientos fueron una revolución no solo en histología, sino también para el desarrollo de la neurología.

Alternando reiteradamente su labor profesional con la vida intelectual del momento, en la que dejó los ecos de su carácter republicano y socialista, llegó al año 1903 y publicó, cuando tenía cuarenta y cinco años y fruto de quince años de trabajo, su obra cumbre, donde ofrece, en tres volúmenes, una minuciosa revisión de lo más original aportado por él a la neurología mundial: mil ochocientas páginas bajo el título *Histología del sistema nervioso del hombre y de los vertebrados»*.

El mayor reconocimiento a su carrera de investigador lo recibió en 1906: el premio Nobel de Medicina, que compartió con el italiano Golgi, y se siguió de gran número de distinciones nacionales y extranjeras hasta su muerte acaecida en 1934.

CIRUGÍA DURANTE EL POSITIVISMO

Por fin, a partir del Positivismo, cualquier lesión que el hombre sufra en su cuerpo podrá ser atendida con una cirugía técnica y científica, alejada de las prácticas empíricas propias de cirujanos itinerantes, barberos y flebotomos.

La cirugía pseudocientífica y las prácticas heterodoxas persistirán, pero desde el Romanticismo y sobre todo con el inicio de la época positivista, la cirugía, que ha recogido las enseñanzas de Hunter en Inglaterra y Dupuytren en Francia, se convierte en una técnica científica gracias sobre todo al desarrollo de tres avances técnicos importantes, cuya carencia hasta ahora impedía su avance: la anestesia, la asepsia y la hemostasia, que permitieron al cirujano poder penetrar en cualquier parte del cuerpo humano. Estamos diciendo que, en esta época, se vence definitivamente el dolor, la infección y la hemorragia; pilares básicos para el mantenimiento de la cirugía.

¿Quiénes son ahora los artífices del auge de la cirugía?
El avance de la cirugía en esta época fue labor de hombres de gran mérito, verdaderos pioneros, que recogen al fin y al cabo el mandamiento de la escuela anatomoclínica de Bichat: «Los síntomas han de ser referidos a una lesión anatómica bien conocida y bien clasificada, en la mesa de autopsia». Con esta orientación anatomopatológica se inicia la verdadera cirugía, a partir de 1848.

Uno de los principales centros donde brilló con más fuerza la cirugía fue Francia, cargada tradicionalmente de grandes anatomistas y cuna de avanzadas ideas científicas. Allí, en hospitales como el Hôtel Dieu, trabajaron Roux, Laugier, Verneuil y Duplay. En la Maison de Santé, más tarde llamada Hospital de Saint Louis, ejercieron personas de la categoría de Malgaigne, Nelaton y Pean. El Hospital Laennec, antes de los Incurables; el de los Enfants Trouves, que se llamó después Trouseau, donde Jules Guerin creó un importante servicio de cirugía infantil, y en tantos otros hospitales trabajaron hombres con los que uno se tropieza en la actualidad constantemente, al estudiar la historia del inicio de la cirugía técnica actual.

Sin embargo, siendo tan importante la escuela francesa, el genio real de la cirugía moderna apareció en Viena y fue Theodor Billroth, con él se cumple el proceso de conversión definitiva de la cirugía en ciencia. Billroth aparece como padre de la cirugía actual y por sus conocimientos lo reclamó la Facultad de Medicina de Viena.

¿Cómo fue eso?

A la muerte de Schuch hubo una propuesta de la Facultad, inequívocamente alusiva a la personalidad de Billroth, pues para ocupar la plaza del fallecido se exigía tal prestigio científico y humano, y tal responsabilidad y genialidad como operador y escritor, y tal brillantez, que solo era posible encontrarlas en la persona de Theodor Billroth, porque no existía nadie más que él capaz de reunir todas esas condiciones.

Ante todo se exigía al ponente a la cátedra que fundara una escuela quirúrgica que sirviera a la humanidad y concediera al país la mayor honra y utilidad, dando la más moderna orientación a la cirugía en sus relaciones con la fisiología y la anatomía patológica.

¿Qué operaciones llevó a cabo este eminente cirujano?
Aún antes de la época de la antisepsia realizó seis ovariectomías, entre 1865 y 1870, que le hicieron famoso. Su escuela ha sido una de las más duraderas y eficaces, que se extendió por toda Europa, y apenas hay un órgano en el cuerpo humano al que no se accediese quirúrgicamente en su clínica: el estómago, el esófago, el intestino, la vejiga urinaria, el riñón, el bazo, el hígado y hasta el pulmón y el cerebro fueron intervenidos por él.

La cirugía en manos de Billroth se convirtió en una ciencia racional y moderna. Cronológicamente, su obra se veía favorecida por un gran acontecimiento histórico: el descubrimiento de la antisepsia, que tuvo lugar por aquella época. Sin ese descubrimiento hubiera sido imposible aventurarse por campos quirúrgicos en los que trabajó él.

¿Cómo se llevó a cabo el descubrimiento de la antisepsia?
A finales del siglo XIX nació el método antiséptico en Inglaterra, y su aparición y rápida difusión marcó el comienzo de una nueva era en la historia de la cirugía. Ocurrió de manos de Joseph Lister (1827-1912), que se doctoró en Medicina el año 1852. En Edimburgo fue colaborador y asistente de Syms, catedrático de Clínica Quirúrgica, con cuya hija se casó. Ocupó su cátedra más tarde viéndose obligado a hacer frente a la enorme mortalidad que sufrían los enfermos ingresados en aquella época.

La gangrena hospitalaria, erisipela, el edema purulento y las hemorragias eran las causas principales de esa mortalidad. En 1860 Lister fue catedrático en Glasgow, donde el problema era el mismo, y allí llevó a cabo los primeros estudios sobre antisepsia y desinfección del aire.

¿Cuál era la causa de tanta mortalidad en las manos de los operadores de aquella época?

Pasteur había demostrado que las substancias putrescibles podían preservarse de la putrefacción evitando la llegada a ellas de gérmenes. Los gérmenes patógenos eran la causa de las infecciones y con ello de las muertes.

Lister pensó que atacando la vieja doctrina del pus loable impedía la putrefacción de los tejidos heridos o escindidos quirúrgicamente, y para evitar la producción del pus lo mejor sería impedir que los gérmenes entraran en las heridas. Siguiendo las ideas de Pasteur, para destruir todos los gérmenes que pudieran entrar en las heridas, recurrió al ácido fénico.

¿Y por qué precisamente este producto?

Del ácido fénico se conocía, desde 1859, su poder para evitar la putrefacción e incluso su utilidad en el tratamiento de las heridas. En Francia Lamaire, un farmacéutico de París, lo había utilizado demostrando que los microorganismos no se desarrollaban en su presencia. Lister, quizás sin conocer esto, pero sabiendo que en su país el ácido fénico se utilizaba para evitar la fetidez de los albañales y que en los campos vecinos por donde discurrían las aguas fenicadas, desaparecían los enterozoos que comúnmente parasitaban al ganado, pensó en esta substancia, capaz de destruir los parásitos de los animales, para destruir los gérmenes que originaban la infección en las heridas quirúrgicas.

En diciembre de 1870, él mismo intervino una fractura de cúbito, cercano al codo, que convirtió al abrir el campo en una fractura abierta, algo muy arriesgado en aquel tiempo por el peligro de infección. Para evitar la infección espolvoreó el campo, ayudándose de un espray, con una solución fenicada. Así trabajó con mayor tranquilidad, pensando

282

que los gérmenes morirían, pero además la herida curó sin putrefacción y el codo recobró su vitalidad.

El método consistía en pulverizar el medio ambiente y cuantos objetos entraran en contacto con la herida. Esta era exhaustivamente limpiada y en todos los casos se aplicaban sobre ella pomadas fenicales y compresas empapadas en ácido fénico.

¿Disminuyó con este método el porcentaje de infecciones?

Fueron menos. La mortalidad en su experiencia pasó a ser del seis por ciento y rara vez tuvieron que sufrir sus enfermos amputaciones, tan frecuentes entonces, en las heridas profundas y abiertas de las extremidades inferiores, casi siempre mortales antes de utilizar este ácido.

Publicó su método en 1867, que permitió acciones quirúrgicas en las que el técnico podía ocuparse más de la habilidad y práctica cuidadosa de la intervención que de la rapidez tan necesaria para los cirujanos anteriores en aras de disminuir la posibilidad de infecciones. Se pudo abordar cavidades del organismo hasta entonces inalcanzables sin fatales consecuencias. Se pudo acceder a los abscesos vertebrales, las articulaciones y el tórax, algo imposible anteriormente.

De todos modos y pese al adelanto que su método supuso, presentó algunos inconvenientes debidos a la peligrosidad del producto utilizado, porque irritaba los tejidos descarnados, originando trastornos tóxicos en los pacientes y en los médicos, pues era nocivo para el riñón. Por ello, siguiendo la misma idea, se sustituyó el ácido fénico por láctico, cloruro de zinc y alcohol etílico diluido. Este último producto fue utilizado en España por el gran cirujano don Salvador Cardenal.

En definitiva, aparecieron detractores y defensores de los seguidores del método antiséptico, quienes de todos modos se constituyeron en omnipotentes de la cirugía.

Lo cierto es que el camino estaba abierto para unos hombres que creyeron en la posibilidad de abordar cualquier parte del cuerpo humano y lo habían soñado desde años antes, sin poderlo conseguir. Ahora se les brindaba la posibilidad de ayudar a que la cirugía avanzara definitivamente.

LA LUCHA CONTRA EL DOLOR: LA ANESTESIA

La infección, el dolor y la hemorragia, principales enemigos de la cirugía, fueron vencidos definitivamente durante el Positivismo gracias a la antisepsia, la anestesia y la hemostasia. El beneficio que recibía el enfermo era incalculable, el cirujano adquiría la categoría social que posee actualmente y el enfermo la casi absoluta confianza con la que hoy entra a un quirófano.

Tales descubrimientos permitieron el abordaje de todas las cavidades internas del cuerpo humano y, en favor de un mejor hacer, las prisas fueron sustituidas por la tranquilidad que conferían al cirujano estos avances. Podemos decir que aquí se establece definitivamente el reinado del cirujano, al ganar la batalla que de siempre venía librando con los internistas.

Realmente, la lucha contra el dolor debe ser tan antigua como la humanidad.

El dolor, de siempre, ha sido lo más temido por el hombre; a veces más que la muerte. Fue uno de los frenos para la cirugía, que, durante miles de años, intentó paliar el dolor con analgésicos y narcóticos, habiéndose utilizado a lo largo de la historia plantas como el hachís, la mandrágora y el beleño, el opio de las amapolas y productos como el vino y el alcohol; recordemos mezclas como las usadas por los Borgognoni, cirujanos de la Edad Media, en su famosa esponja soporífera.

Todo ello con muy poco éxito, porque el triunfo sobre el dolor no comienza hasta el siglo XVIII, durante el período de la Ilustración, con el desarrollo de una nueva química que permitió más tarde, en el Romanticismo, estudiar determinados fármacos y llevar a cabo el examen de los gases que iniciara Lavoisier, acercando su estudio a la medicina.

¿Cómo se llevó a cabo el descubrimiento de la anestesia?

La palabra *anestesia* fue puesta por Holmes cuando ya se usaba el éter sulfúrico, pero antes de ello hubo que recorrer un largo camino. Las primeras experiencias comienzan sobre 1772, cuando Priestley descubrió el óxido nitroso en Inglaterra, donde se creó la Pneumatic Institution. Allí se llevaron a cabo importantes estudios sobre el oxígeno, éter y óxido nitroso. Este último gas llegó a popularizarse porque su inhalación producía euforia y se usó en reuniones sociales, ya que provocaba ataques de risa que animaban el sarao. Al acabar estas *parties*, quienes habían inhalado el gas observaban con sorpresa que, bajo su efecto, podían haber sufrido heridas y contusiones sin experimentar dolor.

Humphry Davy, impresionado por ello y por los efectos que producía a los animales, lo probó en sí mismo y pensó utilizar este gas hilarante, que así se llamó el óxido nitroso, en cirugía. Pero su iniciativa fue ignorada.

¿Cuál fue, entonces, el primer gas que se utilizó como anestésico?

Esto y quién fue el primer autor de este acontecimiento no es fácil de contestar. Más o menos las cosas ocurrieron como vamos a referir.

Quizás el primero que propuso usar éter en un quirófano fue Hill Hickman, en 1829, que lo presentó en la Academia de París después de haber realizado algunas intervenciones. El gran cirujano Velpeau se opuso a su utilización y hubo que esperar a que otro cirujano, esta vez el americano William Long, interviniera a varios enfermos previa narcosis con gas de la risa y a que, por fin, en 1842, utilizara el éter para llevar a cabo una intervención: la extirpación de un tumor del cuello, que fue un verdadero éxito. Sin embargo, Long no se dio cuenta de lo que acababa de hacer y ni se molestó en publicar sus experiencias.

Parece ser que, en América, un dentista se arrancó a sí mismo un diente bajo los efectos de la anestesia.

Fue en Connecticut, en 1844, el doctor Horace Wells. Lo realizó bajo los efectos de óxido nitroso. Después lo probó en varios pacientes y, dados los excelentes resultados que obtuvo, se atrevió a llevar a cabo una demostración en la clase del profesor Warren en Harvard, que, incomprensiblemente, fue un fracaso porque el enfermo se puso a gritar. Sin embargo, su discípulo Morton tuvo más suerte cuando en 1846, utilizando éter, efectuó otra demostración pública ante el mismo profesor: esta vez en el Hospital General de Massachusetts. La sesión no estuvo falta de expectación y escepticismo, más cuando Morton se retrasó y Warren hizo el comentario de que quizás se lo había pensado mejor. Pero Morton apareció en el momento oportuno y anestesió al Sr. Gilbert Abbot, que fue intervenido, extirpándole un tumor submaxilar, sin que experimentara el más mínimo dolor, según declaró después de la intervención. La operación se practicó bajo los efectos de una anestesia con éter, aplicado con la técnica denominada abierta. Al acabar, el cirujano Warren declaró en público que aquello no eran patrañas.

¿Qué es la técnica abierta de la anestesia, a la que se ha referido?

El modo de aplicar el gas anestésico al paciente. La técnica abierta se llevaba a cabo aplicando unas compresas o toallas sobre la cara del enfermo, formando una mascarilla sobre la que se vertía el anestésico gota a gota, para que inhalara sus vapores. Esta técnica más adelante fue sustituida por la denominada cerrada, que se usa hoy y consiste en aplicar una mascarilla por la que se inhalan los gases anestésicos y se elimina el gas anhídrido carbónico. La llamada técnica abierta se inició en 1840, pero todavía se utilizaba hace algo más de medio siglo.

¿Qué pasó desde la experiencia de Morton?

A partir de aquel momento la reputación de la anestesia se extendió velozmente. Warren compró la patente del gas, pero no le sirvió de nada porque pronto se supo que era éter, pero la noticia atravesó las fronteras. A partir de 1846 en todas partes de Europa se operaba ya con el nuevo método y desde ese momento se inició una desenfrenada carrera por ver qué anestésico era el mejor y tenía menos efectos secundarios; muchos de ellos, como ocurría con el éter y con el gas hilarante, tenían importantes consecuencias desagradables.

Se utilizó el cloruro de etilo, bromuro de etilo, etileno y, en general, se empleó como vía de administración la respiratoria, pero se ensayó también la intravenosa y la rectal.

La anestesia local se comenzó para desechar el empleo de hielo y sal, que se habían venido utilizando, y se usó ahora cloruro de etilo.

Se practicó la anestesia por planos y se abrió, en definitiva, una nueva era para la cirugía, que no habría tenido lugar sin el desarrollo de la nueva ciencia anestesiológica, que con el tiempo fue pasando de manos de técnicos a especialistas. Una nueva era en la que el hombre estaba en condiciones de librar la gran batalla a las enfermedades que tuvieran solución quirúrgica por escondidas que se mostraran, en el cuerpo humano, a las manos del cirujano.

LA PSIQUIATRÍA MODERNA

Bajo la dirección de Mesmer, grupos de personas que acudían a él para ser curados entraban en trance hipnótico y convulsionaban violentamente, a la vez que emitían gritos tomando la personalidad de otros seres. Acabada la sesión se sentían aliviados de sus molestias.

Esto ocurría en París en el siglo XVIII y en ello hay que ver el comienzo de la psiquiatría actual. Buscando una explicación, James Braid investigó el método usado por Mesmer e interpretó que los beneficios que con él recibían los pacientes no se debían a una fuerza oculta, como decía el autor, sino que eran fruto de la transferencia que se establecía entre el médico y el paciente, que confortaba a este último. Braid llamó hipnosis al estado de sueño en el que entraba el paciente y denominó hipnotizador al que llevaba a cabo la acción o el método. Después del estudio efectuado, Braid se convenció de que aquella relación hipnotizador-hipnotizado podía usarse en beneficio del enfermo para liberarle de sus dolencias.

288

¿Qué hipnotizadores de ese tiempo son importantes?

Por aquel entonces en Francia Jean Charcot llevaba a cabo importantes experiencias en el campo de la hipnosis, en el Hospital de la Salpetriere, y son clásicos sus trabajos. Charcot inducía artificialmente la histeria en pacientes bajo estado de hipnosis y les hacía manifestar desórdenes que en realidad no padecían. Charcot motivaba estos síntomas y fue capaz de inducirlos, pero no obtuvo del hipnotismo las posibilidades terapéuticas que se le podían sacar. Lo importante de sus experiencias fue demostrar, científicamente, que existía el hipnotismo.

¿Y cómo pasó el hipnotismo a la práctica clínica habitual?

Liebeault lo utilizó siendo consciente de lo que quería conseguir. Su método consistía en hacer entrar a los pacientes en un suave sueño para sugerirles que iban a mejorar porque sus síntomas iban a desaparecer; no tendrían más dolor, comerían mejor y dormirían sin problemas. Lo cierto es que los enfermos, al salir del sueño inducido, comenzaban a decir que se sentían aliviados. Libeault llevó a cabo su obra en un medio rural y no tuvo gran difusión académica; tanto es así que fue ignorada hasta que Hyppolite Bernheim, convencido del método hipnótico, publicó sus experiencias propias en 1886 y difundió el método de Liebeault.

¿De qué forma interpretaba Bernheim la labor de Liebeault?

Fueron curiosas sus conclusiones. Llegó a pensar que la voluntad, al igual que ocurría con los hipnotizados, podía convertirse en esclava de determinados hechos que acontecen en nuestra existencia; hechos muy concretos que marcan la voluntad del individuo. De modo que, según él, vivimos alucinados la mayor parte de nuestra vida por esos acontecimientos y sugestionados por ellos, al extremo de poder convertirnos en criminales bajo su influencia y muy a pesar nuestro.

Ahí habría que buscar entonces el concepto legal de responsabilidades disminuidas.

Claro, y por ello hay quien piensa que los infractores de la ley deberían ser tratados como pacientes, más que como criminales. Lo cierto es que la obra de Liebeault y Bernheim interesó bien poco en general, pero sin embargo despertó el interés de un médico llamado Coué, que, en 1880, se fue en busca de ellos para aprender. Coué pensó que el mérito del hipnotismo no había que buscarlo en el poder del hipnotizador, sino en la capacidad de sugestión del enfermo; así, lo importante era la autosugestión y los enfermos podían hipnotizarse a sí mismos si se les indicaban las órdenes precisas para ello.

Coué aconsejaba a sus enfermos que repitieran todos los días unas frases hechas; una fórmula como pudiera ser: «Me encuentro bien y ya no tengo dolor». O bien: «Hoy me encuentro mejor que ayer». Coué creía que, cuando alguien se imaginaba que se encontraba mejor, acababa por estarlo. Después de todo, esto sería una explicación al éxito de ciertas prácticas mágico-religiosas de la medicina heterodoxa, que frecuentemente han dado soluciones felices a los enfermos.

En el camino hacia la construcción de una ciencia psiquiátrica hemos hablado ya del hipnotismo y de la sugestión, ¿cómo siguieron las cosas?

El camino lo continuó el genial y conocido personaje Sigmund Freud, que comenzó haciendo hipnotismo y se interesó por él a raíz del caso de la enferma Anna O., que estaba muda y habló después de ser hipnotizada y exteriorizar el trauma que le indujo el mutismo, que hasta ese momento había permanecido dormido y olvidado en su mente, por voluntad propia. Con la hipnosis limpió la chimenea, como decía expresivamente otra enferma, hizo lo que se denominó catarsis: de este modo pudo curar.

Freud conoció en París el método de hipnosis que llevaba a cabo Charcot con sus enfermos. Estuvo también en Nancy, que fue el lugar donde trabajaron Liebeault y Bernheim, y quedó asombrado al comprender que existían poderosos procesos mentales que permanecían ocultos en la conciencia de los hombres, sin aflorar a la superficie, quizás porque el hombre mismo no quería enfrentarse con ellos y los mantenía apartados inconscientemente o voluntariamente, en el fondo de su conciencia.

Al parecer, con Freud se llega al final de un camino que se inició con Mesmer, Al comienzo de una nueva ciencia que es la psiquiatría. ¿Freud fue un buen hipnotizador?

Es cierto, Freud comenzó usando la hipnosis para investigar el subconsciente, pero la verdad es que no fue un buen hipnotizador y tuvo que recurrir a un nuevo método o sistema mediante el que intentaba persuadir a los enfermos para que dejaran en libertad sus recuerdos. Todo consistía en relajarlos en un diván, inducirlos a contar sus vivencias para que afloraran a la superficie desde el subconsciente, y que la voluntad del enfermo se enfrentara con su propia personalidad para así reconocerla y aceptarla. Hacer aflorar esos pensamientos reprimidos era hacer catarsis.

La confesión en los creyentes es algo así y tras ella uno se siente mejor, porque se quita un peso de encima. Pues bien, con la desaparición de estas cargas, los enfermos aliviaban sus molestias o solucionaban sus problemas.

El método, entonces, parece basarse en algo así como iluminar todo lo que permanecía escondido en el subconsciente.

Exactamente, y hacer desaparecer las sombras que bloqueaban la mente, con lo que se conseguía la curación. En 1900 Freud publicó su *Interpretación de los sueños* y provocó una verdadera revolución en el campo de la psiquiatría. A partir de 1895, en los *Estudios sobre la histeria*, que escribió con Joseph Breuer, hace destacar la idea sobre el comportamiento humano y el papel de las experiencias infantiles en el posterior desarrollo del hombre.

Los continuadores más directos de Freud fueron Jung y Adler, que como seguidores iniciaron sus estudios a partir de él. Pero, en suma, en todas las nuevas escuelas psiquiátricas que aparecen en ese momento se busca persuadir a los pacientes para que hablen libremente acerca de sus neurosis y el médico pueda adquirir así las claves que le permitan manipular la enfermedad.

¿Qué ocurrió con la teoría denominada behaviorista o costumbrista?

Ha influido decisivamente en la psiquiatría del siglo XX y podemos decir que fue iniciada en Rusia por Paulow, al descubrir que podía provocar experimentalmente neurosis en perros. Procedía condicionándolos con determinados estímulos, de modo que les hacía asociar la hora de la comida al sonido de una campanilla y más tarde les confundían con descargas eléctricas en lugar de darles de comer. Cabía preguntarse entonces, viendo los trastornos que esto producía en los animales, si la causa de la neurosis en los seres humanos no estaría en un fallo de adaptación a situaciones perturbadoras similares.

¿Esto no recuerda el tema de La Naranja Mecánica*?*
Es esto. Watson en América procedió a experimentar la teoría referida y condicionó a un muchacho, que tenía un gran amor a los animales, para que se despertara en él una fobia hacia los mismos. Cada vez que iba a tocar unas ratas blancas golpeaba detrás de él fuertemente una barra de hierro y el niño, que asoció lo desagradable del ruido con los animales, acabó desarrollando una adversión hacia las ratas blancas.

Era posible, pues, condicionar y desacondicionar a las personas y esto hizo concebir esperanzas para eliminar determinados hábitos y fobias, mediante técnicas conductistas. De modo que se usó en alcohólicos y homosexuales, a estos últimos monstrándoles retratos de hombres atractivos a la vez que se les sometía a experiencias desagradables, como podían ser descargas eléctricas, con el fin de hacerles odiar aquello.

Como se ve, el tema de *La Naranja Mecánica* de Anthony Burgess (1971), efectivamente, se basa en esta teoría, que, por otra parte, constituye una técnica psiquiátrica de tratamiento.

LOS AGENTES ANTIBACTERIANOS

El primero en usar el ácido carbólico o fenol, para la prevención de las infecciones en el tratamiento de las heridas, fue Joseph Lister en 1865. Desde entonces el desarrollo de los agentes antibacterianos ha sido espectacular.

293

El método antiséptico, que introdujo Lister en los quirófanos, sin duda alguna demostró que la putrefacción que se producía en los tejidos, después de las intervenciones, era debida a la presencia de organismos vivos. Pero lo más importante de la utilización de su método fue mostrar que la putrefacción se podía evitar usando el fenol como antiséptico.

El fenol tenía inconvenientes, ya que es un veneno citoplasmático y es tan tóxico para las bacterias como para las células del cuerpo humano. Destruye los leucocitos polimorfonucleares, que se encargan de atacar a las bacterias. De tal modo, la administración de fenol podía favorecer de algún modo el crecimiento bacteriano.

Entonces, podía llegar a ser peor el remedio que la enfermedad.

Sí, porque la propiedad esencial de una droga antibacteriana debe ser su toxicidad selectiva. Es decir, la droga debe ser tóxica para la bacteria en concentraciones que sean inocuas para el ser humano.

Hoy, al hablar de agentes que destruyen las bacterias para acabar con las enfermedades, resulta difícil imaginarse lo que era el ejercicio médico años atrás, porque el prestigio actual de la medicina deriva de los métodos de que disponemos para combatir la enfermedad. Hasta hace cien años la terapéutica era sumamente modesta. Inglis refiere con ironía las palabras de un personaje de Dostoievski que, a finales del siglo XIX, comentaba entusiásticamente en favor de la medicina que los enfermos podían morir teniendo perfecto conocimiento de su enfermedad gracias al avance de la medicina. Y es cierto, porque se había experimentado un gran avance en el campo diagnóstico, pero no ocurría lo mismo con los métodos terapéuticos.

294

Y, sin embargo, hubo médicos de gran prestigio, perfectos conocedores de su trabajo.

Sí, pero su calidad se medía por la justeza en el diagnóstico y el acierto en el pronóstico, de lo que ya se había ocupado sobradamente Hipócrates. Sin embargo, la terapéutica usada era escasa y de eficacia reducida, a pesar de las fórmulas magistrales y el arte que se demostraba al recetar. Hace un siglo ya existía digital, piramidón, aspirina y un pequeño arsenal de depurativos, jarabes para la tos, linimentos, antiálgicos, laxantes, purgantes y antidiarreicos; pero prácticamente no existían medicamentos antiinfecciosos sacados los mercuriales, la quina y la emetina, que se usaban para la sífilis, el paludismo y la amebiasis.

¿De modo que el enfermo estaba totalmente indefenso ante las infecciones bacterianas?

Así es, y durante años los médicos no pudieron hacer nada ante la pulmonía, por ejemplo, y solo quedaba esperar a ver si la enfermedad hacía crisis; es decir, ver si el enfermo era capaz de superar el proceso infeccioso o sucumbía antes. Lo único que podía hacer el médico era aumentar la fuerza del enfermo o disminuir el dolor y, sobre todo, mantenerlo vivo mientras la naturaleza hacía por él.

Todo fue así hasta la aparición de los antibióticos, que ofrecieron una nueva perspectiva.

¿El primero que se conoció fue la penicilina?

La primera droga antibacteriana que apareció en la escena clínica fue la sulfanilamida en 1935. De esto hace solo cuatro días, aunque parezca que han transcurrido mil años por los avances experimentados. Fue descubierta por Domagk tres años antes que la penicilina. Estudiando

295

ciertos colorantes, Domagk vio que el tinte llamado prontosil rojo protegía a los ratones contra dosis mortales de estreptococos y estafilococos. Administró el medicamento a su propia hija afectada de una infección estreptocócica grave y obtuvo un éxito completo que le animó a seguir los estudios. A partir del prontosil rojo se extranjeron sus derivados, las sulfamidas, más activas y menos tóxicas, que demostraron un efecto espectacular en el tratamiento de la fiebre puerperal estreptocócica y desde el año 1935 se usaron para combatir, además, la meningitis, la sífilis y otras muchas infecciones.

A Gerhard Domagk se le concedió el premio Nobel de Medicina, en 1939, por el descubrimiento de los efectos antibacterianos del prontosil. Existe una anécdota sobre la concesión de este Nobel: notificado Domag de la concesión del premio, escribió a la Academia sueca aceptándolo. Esto ocurría en el mes de octubre y a finales del mismo mes dirigía al Comité Nobel una segunda carta renunciando al premio. En ese espacio de tiempo, Domagk había sido arrestado por la policía nazi y, al parecer, la segunda carta fue redactada por las autoridades germanas; de modo que la dotación económica del premio revertió a la Fundación Nobel. Acabada la Segunda Guerra Mundial, en 1947 Domagk visitó la sede de la fundación y recibió entonces la medalla y el diploma que acreditaba la concesión del premio.

Insisto, cuando hablamos de agentes antimicrobianos y de antibióticos, todos pensamos en la penicilina. ¿Algo sobre ella?

Varios años antes del descubrimiento de la primera sulfanamida, Fleming observó, en 1928, el efecto inhibidor de un hongo que contaminó accidentalmente una placa de cultivo sembrada de estafilococos. El líquido del cultivo del

296

hongo, que era un penicilo, impedía el crecimiento de los estafilococos, y a esa supuesta substancia antibacteriana, que producía el *Penicillium notatum*, la denominó penicilina.

Sin embargo, no se utilizó en clínica hasta los años cuarenta. Fleming se dio cuenta de las posibilidades terapéuticas de aquella substancia, pero no era fácil aislarla y carecía de la asistencia química necesaria para conseguirlo. De modo que su aislamiento y purificación no se consiguió hasta diez años después, en Oxford, gracias a la labor de Chain y Florey; porque durante la Segunda Guerra Mundial se hizo sentir la necesidad de medicamentos antibacterianos para combatir las múltiples heridas bélicas y sus infecciones; Fleming, Florey y Chain, con una beca de la Fundación Rockefeller, comenzaron en 1939 una investigación sobre la penicilina que permitió su empleo en clínica a partir de 1940.

La penicilina se reveló como un antibiótico muy eficaz y, aunque pronto aparecieron cepas de gérmenes resistentes, esto favoreció la investigación y la aparición, en 1960, de penicilinas semisintéticas y de amplio espectro, ampicilinas y carbenicilina, con lo que las penicilinas cubrían prácticamente todo el campo de las infecciones bacterianas. El campo que escapaba a su acción quedó cubierto con el descubrimiento que años antes, en 1943, hizo Waksman al aislar un nuevo hongo que originó otro antimicrobiano, la estreptomicina. Su acción completó el espectro limitado de las primitivas penicilinas y tuvo un amplio uso en el tratamiento de la tuberculosis.

Es sabido que a Fleming también se le concedió el premio Nobel.

El bacteriólogo escocés Alexander Fleming recibió el título de *sir* el año 1944, y un año más tarde se le concedió

297

el premio Nobel de la Medicina y Fisiología. Pero no solo a él. Ese año también lo recibieron el australiano *sir* Horvard Walter Florey y el alemán Ernest Boris Chain, que compartieron con Fleming los honores por el descubrimiento de la penicilina y el estudio de su actividad terapéutica en determinadas enfermedades infecciosas.

Otro aun, Selmon Abraham Waksman, por su descubrimiento de la estreptomicina, recibió también el galardón de la Academia de Ciencias Suecas en 1952. Él creó la palabra *antibiótico* para designar las substancias químicas que elaboran microbios como los mohos, actinomices y las propias bacterias, capaces de inhibir el crecimiento y el metabolismo de otros microbios.

Con el trabajo de todos estos premios Nobel se abría un importante camino que inauguraba una nueva época en la terapéutica. A partir de ahora, tras hacer un un diagnóstico adecuado, el médico podía dar un final feliz a su labor en el arte de curar.

BIBLIOGRAFÍA

BIBLIOGRAFÍA CONSULTADA DE HISTORIA DE LA MEDICINA

1. ALBARRACÍN TEULÓN, A. (1962), *Santiago Ramón y Cajal*, Labor S.A. Barcelona.
2. BAINTON R. H. (1973), *Servet, el hereje perseguido*, Taurus, Madrid.
3. CID, F. (1978), *Breve historia de las ciencias médicas*, Espaxs, Barcelona.
4. FERRER, D. (1963), *Pedro Virgili*, Ed. Col. Oficial de Médicos, Barcelona.
5. FREUD, S. (1969), *Autobiografía. Historia del movimiento psicoanalítico*, Alianza Edit., Madrid.
6. GRANGEL, L. S. (1968), *Premios de medicina*, Antibióticos S.A. Barcelona.
7. GUERRA, F. (1982), *Historia de la medicina*, Ed. Norma, Madrid.
8. HUARD, P., IMBAULT HUART, M. J. (1980), *Andrea Vesalio*, Edit. Dacosta. París.
9. INGLIS, B. (1968), *Historia de la medicina*, Grijalbo, Barcelona.
10. LAÍN ENTRALGO, P. (1978), *Historia de la medicina*, Salvat, Barcelona.
11. LAÍN ENTRALGO, P. (1972), *Historia universal de la medicina*, Salvat. Barcelona.
12. LÓPEZ PIÑERO, J. M., GARCÍA BALLESTER, L. (1972), *Introducción a la medicina*, Ed. Ariel, Barcelona.

13. LÓPEZ PIÑERO, J. M. (1971), *Medicina, historia, sociedad*, Ariel, Barcelona.
14. LOREN, S. (1975), *Historia de la medicina*, Ed. Anatole, Zaragoza.
15. LYONS, A. S., PETRUCELLI, R. J. (1980), Historia de la medicina, Ed. Doyma, Lab. Made, Barcelona.

BIBLIOGRAFÍA DE HISTORIA GENERAL

1. AGUILERA, V. (1972), *La vida en la era de las revoluciones*, Mas Ivars Edit., Valencia.
2. BARBERO, A., VIGIL, M. (1982), *La formación del feudalismo en la península ibérica*, Ed. Crítica, Barcelona.
3. BEALS, L., HOIJER, H. (1978), *Introducción a la antropología*, Aguilar, Barcelona.
4. BENNESSAR, M.B., JACQUART, J., LEBRUN, F., DENIS, M., BLAYAU, N. (1980), *Historia Moderna*, Akal, Madrid.
5. BUENO, J. (1971), *La vida en la era de los descubrimientos*, Mas Ivars Edit., Valencia.
6. CARDINI, F. (1981), *Magia, brujería y superstición en el Occidente medieval*, Ed. Península, Madrid.
7. CHARA, C. S. (1980), *El nombre de la prehistoria*, Verbo Divino, Estella.
8. DOMÍNGUEZ ORTIZ, A. (1984), *Sociedad y Estado en el siglo XVIII español*, Ariel, Barcelona.
9. GAIL, M. (1970), *La vida en el Renacimiento*, Mas Ivars Edit., Valencia.
10. GOUBERT, P. (1984), *El Antiguo Régimen*, Siglo XXI de España, Madrid.
11. KHUON, E.U. (1974), *Culturas, pueblos e imperios de tiempos pasados*, C. de Lectores, Barcelona.

12. PIRENNE, E. (1983), *Las ciudades de la Edad Media*, Alianza Edit., Madrid.
13. RACHEL, A. (1981), «España musulmana. Siglos VIII-XV», en Tuñon de Lara, M., *Historia de España* (t.III), Labor, Barcelona.
14. RIV, M. (1982), *Lecciones de Historia Medieval*, Teide, Barcelona.
15. RUIPÉREZ, M. J.; TOVAR, A. (1979), *Historia de Grecia*, Montaner y Simon, Barcelona.
16. SAYAS ABENGOECHEA J. J. (1981), «Romanismo y Germanias. El despertar de los pueblos hispánicos», en Tuñon de Lara, M., *Historia de España*. (t.II), Labor, Barcelona.
17. ZIERER, O. (1974), *Grandes acontecimientos de la historia*, C. de Lectores, Valencia.

ÍNDICE

Este libro, escrito en 1984, ha sido revisado en el año 2013 con la intención de publicarlo por considerarlo útil al lector, ya que su contenido no ha perdido vigor al tratarse la que ya es Historia antigua del arte de curar.